# 주요국의 재외국민 보호제도와 영사조력

## 주요국의 재외국민 보호제도와 영사조력

초판 1쇄 발행 2025년 8월 31일

지은이 한동만, 이상진, 백범홈, 하태역, 김완중, 안영집,
      마영삼, 이정규, 장명수, 이희철, 한의석

펴낸이 김선기
펴낸곳 (주)푸른길
출판등록 1996년 4월 12일 제16-1292호
주소 (08377) 서울시 구로구 디지털로 33길 48 대륭포스트타워 7차 1008호
전화 02-523-2907, 6942-9570-2
팩스 02-523-2951
이메일 purungilbook@naver.com
홈페이지 www.purungil.com

ISBN 979-11-7267-058-0 93340

＊이 책은 (주)푸른길과 저작권자와의 계약에 따라 보호받는 저작물이므로 본사의 서면 허락 없이는 어떠한 형태나 수단으로도 이 책의 내용을 이용하지 못합니다.

이 책은 2025년도 외교부 영사 인력 양성을 위한 대학교와의 협력사업과 2025년도 성신여자대학교 부설연구소 지원 과제에 의하여 연구되었음.

# 주요국의
# 재외국민 보호제도와
# 영사조력

한동만, 이상진, 백범흠, 하태역, 김완중, 안영집,
마영삼, 이정규, 장명수, 이희철, 한의석

**재외국민 보호를 위해
한국이 나아가야 할 방향은 어디인가?**

## 추천사

오늘날 우리는 국경을 넘는 시대를 살아가고 있습니다. 유학, 취업, 여행, 투자, 체류 등 다양한 이유로 매년 수천만 명의 우리 국민이 세계 곳곳을 오갑니다. 2025년에는 해외 출국자 수가 3천만 명을 넘을 것으로 예상되며, 이는 역대 최고치이자 우리 사회가 진정한 글로벌 시대에 진입했음을 보여주는 상징적 수치이기도 합니다.

이처럼 세계와의 접촉면이 넓어질수록, 해외에서 우리 국민이 직면하는 사건·사고의 유형도 더욱 복잡해지고 있습니다. 단순 여권 분실이나 교통사고 등을 넘어, 자연재해와 신종 감염병, 보이스피싱과 같은 신종 금융 범죄, 심지어는 납치나 테러 같은 위협까지도 마주하게 되는 것이 현실입니다. 해외에서 마주하는 위난의 종류는 이제 과거와는 차원이 다르며, 이에 발맞춘 대응체계와 노하우가 그 어느 때보다 절실합니다.

바로 이러한 시점에서 『주요국의 재외국민 보호제도와 영사조력』이 발간되었다는 것은 매우 시의적절하며 반가운 일입니다. 이 책은 외교 현장의 최전선에서 수년간 재외공관을 지켜온 전직 대사들이, 자신의 생생한 경험과 실전 노하우를 토대로 엮어낸 결과물입니다. 책 속에는 단지 제도의 소개나 매뉴얼적 설명을 넘어, 위기 상황 속에서 고군분투하며 영사조력을 수행했던 구체적인 현장의 사례들이 진솔하게 담겨 있습니다.

그렇기에 이 책은 단순한 교양도서나 참고서가 아닙니다. '현장에 기반한 통찰'이라는 점에서, 영사 업무에 종사하는 실무자는 물론, 관련 정책을 다루는 공무원, 학계와 연구자, 그리고 더 나아가 해외여행이나 장기 체류를 앞둔 독자에게도 실질적인 도움이 될 것입니다.

특히 주목할 점은, 미국, 일본, 중국 등 10개 주요국의 재외국민 보호 및 영사조력 제도를 면밀히 분석하고 이를 한국의 제도와 비교했다는 것입니다. 이를 통해 우리는 우리 제도의 현재 위치를 객관적으로 점검할 수 있으며, 글로벌 스탠다드에 부합하는 방향으로 어떻게 개선해 나가야 할지에 대한 시사점을 얻을 수 있습니다. 단지 해외 사례를 수집하는 데 그치지 않고, '우리 제도의 미래'를 성찰하는 방향으로 연결시킨 점이 이 책이 가진 중요한 가치입니다.

외교부는 2021년 「재외국민 보호를 위한 영사조력법」 시행 이후, 5년 단위의 재외국민 보호 기본계획을 수립하는 등 제도 정비에 박차를 가하고 있습니다. 그러나 법과 제도만으로는 모든 현장을 감당할 수 없습니다. 예측 불가능한 위기 상황에서 요구되는 것은 현장의 감각, 유연한 대처 능력, 그리고 경험에서 축적된 실천적 지혜입니다. 이 책은 바로 그 '현장의 지혜'를 가장 설득력 있게 전달해 주고 있습니다.

이 책이 독자들에게 던지는 질문은 명확합니다. '한국의 재외국민 보호제도를 어떻게 하면 더 높은 수준으로 끌어올릴 수 있을까?' 그리고 그 답 역시, 타국과의 비교를 통해 설득력 있게 제시합니다. 독자들은 이 책을 통해 단순히 정보를 얻는 데 그치지 않고, 타국의 정책적 노력이 우리의 재외국민 보호제도에 어떻게 접목되는지에 대한 화두에 접하게 될 것입니다.

그동안 우리는 '사건이 발생하면 돕는다'는 사후적 대응에 익숙해져 있었는지도 모릅니다. 하지만 이제는 한 발 앞서 대비하고, 국민이 스스로를 지킬 수 있도록 지원하며, 위기 예방과 대응의 전 과정을 아우르는 통합적인 접근이 요구됩니다. 이 책은 바로 그런 방향성을 제시하는 등불이 되어 줄 것입니다.

재외국민 보호와 영사조력의 강화는 선택이 아닌 필수입니다. '외교는 국민을 지키는 것에서 시작된다'는 말처럼, 이 책은 외교의 본령을 다시금 되새기게 합니다. 해외에 있는 국민이 곧 국익이며, 국민이 안전할 때 비로소 국격도 빛날 수 있습니다.

그런 의미에서, 『주요국의 재외국민 보호제도와 영사조력』은 외교 관계자뿐 아니라, 국민 안전에 관심 있는 모든 이에게 일독을 권할 만한 귀중한 안내서입니다. 아울러 이 책이 더 많은 이들에게 읽히고, 더 나은 제도로 이어지는 씨앗이 되기를 기대합니다.

2025년 7월

외교부 공공외교대사 겸 재외국민 보호·영사담당 정부대표

정기홍

# 차례

**추천사** *4*

**서장: 재외국민 보호를 위한 영사조력과 영사외교**
   1. 영사 업무와 영사외교 *10*
   2. 책의 구성 *15*

**제1장 미국의 재외국민 보호제도와 영사조력**
   1. 미국의 재외국민 보호제도 *21*
   2. 영사조력의 구체적 내용 *28*
   3. 미국의 여행경보 제도 *31*
   4. 미국의 영사조력 사례 *40*
   5. 맺음말 *45*

**제2장 일본의 재외국민 보호제도와 영사조력**
   1. 일본의 재외국민 보호제도 *50*
   2. 일본의 주요 영사조력 제도 *54*
   3. 최근 일본의 재외국민 보호 정책 동향 *70*
   4. 일본 재외국민 보호제도에 대한 평가 *73*
   5. 맺음말 *79*

**제3장 중국의 재외국민 보호제도와 영사조력**
   1. 중국의 재외국민 보호제도 *83*
   2. 중국의 재외국민 보호 관련 법령 *85*
   3. 재외 중국 국민 보호 *87*
   4. 중국의 영사보호 사례 *92*

5. 재외국민 보호 관련 중국 법규의 문제점  95

6. 맺음말  99

## 제4장 러시아의 재외국민 보호제도와 영사조력

1. 러시아의 재외국민 보호제도  102

2. 재외국민 보호의 법·제도적 구조와 운용 방식  105

3. 러시아의 재외국민 보호 사례  109

4. 포스트소비에트 공간에서의 영사보호  122

5. 맺음말  126

## 제5장 호주의 재외국민 보호제도와 영사조력

1. 호주의 재외국민 보호제도  132

2. 호주의 여행경보 제도  141

3. 호주의 영사조력 사례  146

4. 맺음말  148

## 제6장 싱가포르의 재외국민 보호제도와 영사조력

1. 싱가포르의 재외국민 보호제도  151

2. 사안별 영사보호 정책  156

3. 영사조력 사례 및 영사조력 범위  164

4. 우방국과의 재외국민 보호 협력  169

5. 맺음말  171

## 제7장 이스라엘의 재외국민 보호제도와 영사조력

1. 이스라엘 재외국민 보호제도의 원칙  176

2. 재외국민 보호를 위한 제도  180

3. 유대인 집단 구출 및 귀환 사례  189

4. 이스라엘 재외국민 보호제도의 특징  197

5. 맺음말  200

## 제8장 스웨덴의 재외국민 보호제도와 영사조력

1. 스웨덴의 재외국민 보호제도 *205*

2. 여행경보 제도 *208*

3. 영사재정지원법 *210*

4. 스웨덴의 영사조력 제도와 사례 *214*

5. 맺음말 *219*

## 제9장 아르헨티나의 재외국민 보호제도와 영사조력

1. 아르헨티나의 재외국민 보호제도 *223*

2. 영사조력 체제 *224*

3. 시행 중인 영사보호 제도 *230*

4. 아르헨티나의 영사조력 사례 *235*

5. 맺음말 *239*

## 제10장 튀르키예의 재외국민 보호제도와 영사조력

1. 튀르키예의 재외국민 보호제도 *242*

2. 튀르키예 외교부의 재외국민 보호제도 *249*

3. 여행경보 제도 *262*

4. 해외위난 영사조력 사례 *264*

5. 맺음말 *270*

## 제11장 결론: 재외국민 보호 강화 방안

1. 재외국민 보호를 위한 그동안의 성과 *274*

2. 재외국민 보호 정책의 한계 *276*

3. 재외국민 보호 강화 방안 *278*

부록. 스웨덴 영사 재정 지원법 전문 *285*

저자 소개 *291*

서장
# 재외국민 보호를 위한 영사조력과 영사외교

한의석(성신여대 정치외교학과 교수)

## 1. 영사 업무와 영사외교

### 가. 영사 업무의 증가와 영사조력법 제정

영사관계에 관한 국제 협약은 1963년 4월에 비엔나에서 채택되었고(Vienna Convention on Consular Relations) 1967년 3월에 발효되었다.[1] 협약의 제5조는 영사의 13가지 기능 중 제일 첫 번째로(a항) '국제법이 인정하는 범위 내에서 파견국의 이익과 개인 및 법인을 포함한 그 국민의 이익을 접수국 내에서 보호하는 것'이라고 규정하고 있다. 영사관계 협약이 영사의 개념이나 기능에 대해 구체적으로 기술하고는 있지만, 역사적·학술적 관점에서 영사(직)의 개념과 범위에 대해 명확하게 합의되지 않은 부분들이 있다. 이는 오늘날의 영사와 유사한 직위와 역할이 적어도 수백년 또는 그 이

---

1 https://www.law.go.kr/LSW/trtyInfoP.do?vSct=%EC%98%81%EC%82%AC%EA%B4%80%EA%B3%84&mode=4&trtySeq=2357. 우리나라에서는 1977년 4월에 발효되었음.

전부터 존재했으며 시대적 변화와 함께 변용되었기 때문이다. 현대적인 영사 업무의 두 가지 핵심은 문서 서비스와 어려움을 겪고 있는 재외국민에 대한 조력이라고 할 수 있다.[2]

탈냉전과 세계화 시대가 되면서 노동 이주, 이민 등의 이유로 국제적 인구 이동이 증가했으며, 타국을 여행하는 사람들의 수 또한 급증했다. 그 결과 타국에서 범죄를 비롯한 다양한 어려움을 겪거나 테러나 지진 같은 재난을 겪게 되는 사람들이 늘어나면서, 자국민의 생명과 안전 보장이라는 국가의 역할이 자국 영토를 벗어나 더욱 확장되었다. 이러한 변화는 영사(직)의 역할과 기능의 중요성을 더욱 심화시켰다. 특히 1990년대 후반부터 영사 서비스에 대한 수요가 증가했는데 해외여행의 급격한 증가, 대규모 이주(mass migration)에 따른 비자 및 기타 문서 서비스에 대한 수요 증가, 아동 납치나 강제 결혼처럼 다루기 힘든 국가 간(cross-border) 문제, 언론이나 의회의 주목을 받으며 외교 문제로 비화하는 대형 사건들의 등장을 그 이유로 꼽을 수 있다.[3]

우리나라는 2019년 1월에 「재외국민 보호를 위한 영사조력법」을 제정했으며, 2021년 4월에 일부 개정했다. 영사조력법의 제정은 헌법 제2조 제2항 '국가는 법률이 정하는 바에 의하여 재외국민을 보호할 의무를 진다.'는 규정을 구체화하는 것으로, 영사조력법 제1조는 '이 법은 재외국민의 생명·신체 및 재산을 보호하기 위한 국가의 영사조력(領事助力)과 관련한 제반사항을 규정함으로써 국민의 안전한 국외 거주·체류 및 방문을 도모함

---

[2] Márquez Lartigue, Rodrigo. 2021. "Rethinking Consular Diplomacy." https://www.consulardiplomacy.com/home/rethinking-consular-diplomacy.

[3] Melissen, Jan. 2011. The Consular Dimension of Diplomacy. p.5.

을 목적으로 한다.'고 규정하고 있다.[4] 영사조력법의 제정으로 법률에 근거하여 체계적이고 강화된 영사조력을 제공할 수 있으며, 영사조력의 범위가 구체화 되고 법적 의무가 명확해졌다는 점에 의의가 있다.[5] 영사조력법이 제정된 배경 중에는 앞서 언급한 바와 같이 우리 국민들의 해외 이주와 여행 증가, 해외 사건·사고의 증가가 있다. 법안 제정 이전인 2017년의 경우 해외출국자 수가 2천 650만 명으로 해외에서의 사건·사고 발생 건수는 1만 8천 410여 건에 달했으며, 재외국민의 수는 260만 명으로 추산되었다.[6] 코로나19로 인해 줄어들었던 해외여행자 수는 2024년에는 2019년의 99.4% 수준에 도달하여 2천 872만 773명이 출국한 것으로 집계되었다.[7] 또한 2024년 해외에서의 사건·사고로 피해를 본 국민은 1만 5천 769명으로 알려졌다.[8] 이처럼 영사 분야의 중요성이 늘어나는 것에 비해 이에 대한 정책적, 학술적 관심과 연구 성과는 국내는 물론 해외에도 소수에 불과하다. 영사 업무의 급증과 복잡성의 증가, 시민 중심 외교로의 전환, 영사 분야의 외교화(diplomatization)라는 변화에 걸맞은 영사 제도 및 행태, 사례 및 이론 연구의 필요성이 늘어나고 있다.

### 나. 영사(직)의 변화와 영사외교의 등장

현대 국제관계에서 영사(직) 및 영사 제도는 국가 외교(diplomacy) 활동의 일부가 되었지만, 영사는 근대국가의 공식적 대표 또는 정부 간 교섭을 의

---

[4] https://www.law.go.kr/LSW/lsInfoP.do?lsId=013242&ancYnChk=0#0000
[5] 한동만·이정관·이상진. 2024. 『영사외교의 이론과 실제』. pp.81-82.
[6] 백주현. 2019. 『영사법무학개론』. pp.84-85.
[7] 여행신문. 2025.02.03. https://www.traes.co.kr/news/articleView.html?idxno=410755
[8] 연합뉴스. 2025.07.04. https://yonhapnewstv.co.kr/news/MYH20240917008500641

미하는 외교보다 더 오랜 역사를 지닌 구별되는 영역이었다.[9] 외교와 영사 분야가 구분된다는 점은 외교관계에 관한 비엔나 협약(1961)과 영사관계에 관한 비엔나 협약(1963)이 별도로 합의되었다는 것으로도 알 수 있다. 오늘날 영사(제도)의 기원이라고 할 수 있는 여러 제도 중 하나로 고대 그리스의 프록시니아(Proxenia 또는 Proxeny)를 꼽을 수 있는데, 이들은 외국 정부가 자신을 대표하기 위해 임명한 주재국(host polity)의 시민으로 해당 외국인들의 법적 대표 또는 상업적 대리인으로 활동했다.[10] 중세 유럽, 특히 지중해 지역에서는 무역 영사(consuls of traders)나 해상 영사(consuls of the sea)라는 직책이 등장하기도 했다.[11] 대사(ambassador)나 외교관(diplomat)과 구별되는 영사는 근대 초기의 국제법에서는 대체로 해외의 상인 공동체 대표자를 지칭했다.[12] 영사(제도)는 17세기와 18세기에 주권 국가 체제가 공고해지면서 점차 국가의 통제하에 놓이게 되었다.[13] 무역과 같이 영사가 주로 관여하던 중요한 분야들이 국가 중심의 외교 영역으로 전환되면서 영사 업무는 중요성이 떨어지는 것으로 인식되기도 했다.[14] 하지만 이민, 해외여행, 전쟁과 국제적 위기 등으로 인해 20세기 전반에 영사 업무의 분명한 전환이 있었고, 영사관은 현지 국민(외국인) 또는 자국민의 국가(정부)에 대한 일상적 접촉 창구로서 기능하기 때문에 그 중요성이 더욱 커지게 되었다.[15]

---

[9] Leira, Halvard and Iver B. Neumann. 2011. "The Many Past Lives of the Consul." in Consular Affairs and Diplomacy. p.225.
[10] Ibid. p.231.
[11] Ibid. p.233.
[12] Chmiel, Piotr. 2022. "Prehistory of consular diplomacy. A new perspective on th eactivity of 17th-century Venetian consuls in the Ottoman Empire." The Seventeenth Century. 37 (6): 1009.
[13] Leira and Neumann. Ibid. p.243.
[14] Melissen. Ibid. p.9.
[15] Melissen. Ibid. pp.9-10.

영사 분야는 특히 20세기 후반, 즉 탈냉전과 세계화가 본격화된 1990년대부터 다시 주목받게 되었는데, 단순한 영사 서비스(consular service) 차원을 넘어 영사 외교(consular diplomacy)로 부를 수 있는 단계로 진화한 것으로 평가할 수 있다.[16] 영사 업무는 점차 영사의 법·제도적인 틀과 미디어, 대중, 정치인들로부터 상당한 관심을 끌어내는 개별적인 영사 사례들에 관한 국제 협상을 포괄하는 '영사외교'를 수반하게 되었다.[17] 영사 서비스 업무가 이제는 중요한 의제(agenda)가 되고 외교적 사안이 되고 있다. 예를 들어, 해외에서 구금된 자국민에 대한 사형선고, 국제적인 아동 납치 사건, 자연 재난과 테러 공격 등은 상당 기간 언론의 관심을 받으며 정부의 이미지와 위신에 직결되는 문제가 되고, 외교적인 위기이자 고위급 외교 교섭의 대상이 된다.[18] 오카노-헤이만스는 영사외교가 예방적이고 실천적인 영사조력의 방식에 대한 국가 간 협상, 그리고 언론이나 정치인들의 면밀한 조사와 고위 관료들의 관심을 끄는 즉각적인 영사조력이라는 두 가지 수준에서 이루어진다고 주장한다.[19] 코로나19는 영사 업무(consular affairs)가 영사외교로 전환되는 것을 잘 보여 준 사례라고 할 수 있다. 각 국 정부가 코로나 팬데믹으로부터 해외의 자국민을 보호하기 위해 영사조력을 제공하는 과정에서 자국 외교정책과의 조율은 물론 다른 나라들과의 파트너십과 협력이 중요해졌다.[20]

---

16 Melissen. Ibid; Márquez Lartigue. Ibid.
17 Okano-Heijmans, Maaike. 2011. "Changes in Consular Assistance and the Emergence of Consular Diplomacy." in Consular Affairs and Diplomacy. p.21.
18 Okano-Heijmans. Ibid. pp.24-25.
19 Okano-Heijmans. Ibid. p.40.
20 Birka, Ieva, Didzis Klaviņš, and Roberts Kits. 2023. "Duty of Care: Consular Diplomacy Response of Baltic and Nordic Countries to COVID-19." The Hague Journal of Diplomacy. 18: 133-164.

멜리센은 과거는 물론 최근까지 외교사 및 국제관계 분야에서 영사 관련 연구가 부족함을 지적하면서, 외교관들이 영사 업무가 외교정책 내의 중요한 문제들과 어떻게 연관되는지에 대한 이해를 높여야 할 때라고 주장한다. 외교부의 활동 중 영사조력은 국민과 정치인들로부터 많은 관심을 받는 분야로, 외교관들은 시민들의 우선 사항과 행태를 잘 이해할 필요가 있다.[21]

## 2. 책의 구성

이 책의 제1장은 미국의 재외국민 보호제도와 영사조력 사례를 분석하고 있다. 미국의 영사보호 시스템, 영사실의 역할과 책임, 영사조력의 내용과 사례에 대해 분석하고 있으며, 또한 미국이 북한과 한국에 대해 여행경보를 어떻게 적용했는지를 보여 주면서 재외국민 보호를 위한 주요 수단인 여행경보 제도를 잘 설명하고 있다. 미국의 영사조력의 특징 중 하나인 자력구제의 원칙에 대해 언급하고 있으며, 미국과의 영사협력과 영사협의체 구성, 디지털 기반 영사 서비스 분야의 협력을 제안하고 있다.

제2장은 일본의 재외국민 보호제도와 영사조력 사례를 다루고 있다. 일본은 우리와 같은 영사조력법은 없지만 다수의 법에 근거하여 영사보호, 영사조력 활동을 수행하고 있다. 일본의 재외국민 보호정책은 '예방'에 중점을 두고 있다는 것이 특징적이며 해외에서의 안전에 있어서 자기 책임을 강조한다. 특히 영사조력에 있어서 해외에 진출한 기업이나 단체와의 민관

---

[21] Melissen, Jan. 2020. "Consular diplomacy's first challenge: Communicating assistance to nationals abroad." Asia & Pacific Policy Studies. 7: 217-228.

협력 시스템이 잘 구축되어 있다는 점이 특징적이다. 최근 한국과 일본이 체결한 「제3국 내 한일 재외국민 보호 협력 각서」와 같이 양자간 또는 다자간 영사협력을 확대하기 위한 노력이 필요하다.

제3장은 중국의 제도와 사례를 분석하고 이를 통해 시사점을 제시하고 있다. 중국의 재외국민 보호와 영사조력은 매우 적극적인데, 내정 개입이나 외교적 충돌로 이어질 수 있는 여지가 많다. 중국이 해외에서 운영하고 있는 '해외경찰서비스센터'가 해외 반체제 인사 색출과 정보 수집에 활용되고 있다는 의혹이 있으며, 이른바 '비밀경찰서' 운영이 사실로 확인되기도 했다. 저자는 중국의 재외 중국 국민과 화교 보호 정책이 한국 내에서 중국의 영향력 확대로 이어질 수 있으며, 국내 체류 또는 거주하는 중국 국적자가 법적 문제에 연루될 경우, 중국 정부와의 갈등으로 이어질 수 있다는 점에서 경계해야 함을 지적하고 있다.

제4장은 러시아의 재외국민 보호제도와 영사조력에 대해 소개하고 있다. 특히 러시아의 재외국민 보호는 단순한 영사 서비스를 넘어, 외교정책의 한 축이자 국내 정치의 수단으로도 활용되고 있다. 소련의 붕괴 이후 러시아 밖에도 수천만 명의 러시아계 인구가 존재하게 되었고, 영사 활동은 행정 서비스를 넘어 러시아어권 공동체의 정체성 유지 및 지정학적 영향력 유지와 같은 외교적 목표 달성을 위한 전략적 수단이 되었다. 국가 주도의 영사 서비스 모델은 위기 상황이나 갈등 국면에서 빠르고 강력한 대응을 가능하게 하지만 국민의 개별 권리 보장이라는 관점에서는 제약과 위험이 있다. 따라서 국민 중심, 시민권 관점에서의 접근과 균형을 이루는 것이 중요하다.

제5장은 호주의 제도와 사례 분석을 통해 재외국민 보호제도와 영사조력에 대한 시사점을 제시하고 있다. 호주는 우리나라와 같은 영사조력법

은 없지만 외교통상부의 영사서비스 지침을 통해 해외 거주 호주인들을 위한 영사조력 범위와 내용을 규정하고 있다. 호주는 특히 자력구제의 원칙을 강조하여 영사보호 및 영사조력이 필요한 각각의 상황에서 영사조력을 제공할 수 있는 경우와 제공할 수 없는 경우를 구체적이고 상세하게 제시하고 있다. 또한 자력구제 우선 원칙에 따라 개개인이 초동 대처하는 요령을 자세하게 공지하고 있다. 호주 사례는 영사조력의 자원이 제한되어 있는 현실에서, 가장 도움을 필요로 하는 국민들에게 최우선적으로 영사조력을 제공한다는 효율성의 차원에서 자력구제의 원칙이 바람직할 수 있음을 시사하고 있다.

제6장은 싱가포르의 재외국민 보호제도와 영사조력에 대해 논의하고 있다. 싱가포르는 다른 국가에 비해 인구가 작기 때문에 해외 공관의 수나 영사 업무 담당자의 수가 상대적으로 적은 편이다. 하지만 인구 대비 해외여행자 수는 상당히 많은 편인데, 국가가 지원할 수 있는 분야와 지원할 수 없는 분야를 명확히 구분하고 강조한다는 점에서 자력구제의 원칙을 강하게 반영하고 있다고 할 수 있다. 싱가포르 정부는 해외 여행자나 외국 거주자들이 전자등록시스템(eRegister)에 등록할 것을 강력하게 권고하고 있으며 이를 통해 개인에게 신속하게 연락하고 맞춤형에 가까운 영사 서비스를 제공한다. 싱가포르는 점증하는 영사 수요에 대응하기 위해 본부와 각 공관을 연결하는 영사관리 시스템을 도입하는 등 최신 기술을 활용하고 유능한 인력을 투입하기 위해 노력하고 있다.

제7장은 이스라엘 사례와 제도에 대해 소개하고 있다. 이스라엘은 유대인들의 역사적 경험을 배경으로 반유대주의 테러로부터의 안전 확보라는 책임감, 이스라엘에로의 귀환 지원, 해외 유대인 단체들과의 연계 강화, 외교부는 물론 정보기관과 국방부와의 공조를 기초로 재외국민 보호제도를

운영하고 있다. 이스라엘이 재외국민이나 유대인을 보호하는 정책을 수행하는 데 있어서 모사드와 같은 정보 기관이 적극적 역할을 수행한다는 점이 특징적이다. 또한 자국민들에 대한 테러와 납치 사건 등의 경험을 통해 인적 희생을 감수하는 과감한 방식을 선택하기도 한다는 점이 두드러진다. 이스라엘 사례는 재외국민 보호와 영사조력에 있어서 국민들의 폭넓은 이해와 지지의 중요성을 보여 주고 있다.

제8장은 스웨덴의 재외국민 보호제도와 영사조력에 대해 다루고 있다. 스웨덴의 경우 노르웨이, 덴마크, 핀란드, 아이슬란드를 포함한 노르딕 국가의 하나로써 영사 분야를 포함 '노르딕 협력'이라는 다자협력 틀을 갖추고 있다. 따라서 자국의 대사관이나 영사관이 없는 지역에서도 정보 공유와 협력을 통해 자국민 보호가 가능하다. 스웨덴은 재외국민 보호와 영사조력 시스템이 잘 갖추어진 나라라고 할 수 있는데, 특히 재외국민을 위한 안전 교육이나 재난 대응 훈련이 잘 이루어지고 있다는 점이 특징적이며, 위기 상황을 겪었을 경우 발생할 수 있는 정신적·심리적 어려움까지 관심을 두고 지원한다는 점이 인상적이다.

제9장은 아르헨티나의 제도와 사례 분석을 통해 재외국민 보호제도와 영사조력에 대한 시사점을 제시하고 있다. 이탈리아, 스페인을 비롯한 유럽 국가 출신 이민자들의 후손들이 다수인 아르헨티나는 국민들 상당수가 자신의 조상들의 출신 국가와 긴밀한 유대 관계를 맺고 있다. 따라서 아르헨티나의 영사 제도는 이민자들이 자신의 출신 국가에 왕래하는 것에 중점을 두고 있었지만, 1960년대의 군사쿠데타로 인한 정치 불안정과 경제적 어려움을 겪으면서 해외 이주 아르헨티나인들의 수가 급증하게 되었다. 아르헨티나인들 중 상당수가 복수국적자들로 알려져 있는데, 아르헨티나 해외 공관은 아르헨티나 단독국적자와 복수국적자에게 동일한 영사조력을 제공하

고 있다. 아르헨티나 정부 또한 홈페이지 등을 통해서 지원해 줄 수 있는 분야와 지원할 수 없는 분야를 제시하고 있는데, 이를 통해 자력구제를 강조하고 있다는 점을 알 수 있다.

제10장은 튀르키예의 재외국민 보호제도와 영사조력 사례를 분석하고 있다. 1950년대 중반부터 다수의 튀르키예 노동자들이 서유럽국가로 이주하게 되었고, 1982년 헌법에 재외국민 보호 조항이 포함되었다. 유럽 각국에 다수의 튀르키예인들이 거주하는 가운데 튀르키예의 경제성장 및 불안정한 중동 정세를 배경으로 이민자들의 유입 또한 증가하게 되면서, 외교부는 2024년에 기존의 영사국을 2개의 영사관련국(영사민원·해외동포국, 이주정책·비자국)으로 분리·확대했다. 튀르키예의 재외국민 보호제도는 특히 유럽 거주 재외국민과 여행자, 유학생의 안전과 권익 보호에 중점을 두고 설계되었는데, 디지털 기술을 잘 활용하여 영사 서비스를 제공하고 있다.

제11장은 이 책의 결론으로, 재외국민 보호 강화와 영사조력 역량 강화를 위한 구체적 방안을 제시하고 있다. 국민의 생명과 재산, 안전을 지키는 일은 현대 민주주의 국가에서 가장 우선시해야 하는 일이며, 재외국민 보호제도와 영사조력은 해외에서 그러한 역할과 기능을 수행하는 일이다. 결론에서는 이를 위한 법·제도적 정비와 인프라 강화, 국내외 협업 네트워크 구축 등을 제안하고 있으며, 또한 국민들의 인식 제고와 협력이 중요하다는 점을 강조하고 있다.

〈참고문헌〉

백주현. 2019. 『영사법무학개론』. 서울: 글로벌콘텐츠
한동만·이정관·이상진. 2024. 『영사외교의 이론과 실제』. 서울: 글로벌콘텐츠

Birka, Ieva, Didzis Klaviņš, and Roberts Kits. 2023. "Duty of Care: Consular Diplomacy Response of Baltic and Nordic Countries to COVID-19." The Hague Journal of Diplomacy. 18: 133-164.

Chmiel, Piotr. 2022. "Prehistory of consular diplomacy. A new perspective on th eactivity of 17th-century Venetian consuls in the Ottoman Empire." The Seventeenth Century. 37(6): 1009-1029.

Leira, Halvard and Iver B. Neumann. 2011. "The Many Past Lives of the Consul." in Consular Affairs and Diplomacy. pp.225-246.

Okano-Heijmans, Maaike. 2011. Changes in Consular Assistance and the Emergence of Consular Diplomacy. in Consular Affairs and Diplomacy. pp.21-41.

Melissen, Jan. 2011. "The Consular Dimension of Diplomacy." in Consular Affairs and Diplomacy. pp.1-17.

_____. 2020. "Consular diplomacy's first challenge: Communicating assistance to nationals abroad." Asia & Pacific Policy Studies. 7: 217-228.

〈웹사이트〉

법제처 국가법령정보센터. https://www.law.go.kr/

제1장

# 미국의 재외국민 보호제도와 영사조력

한동만(전 주샌프란시스코 총영사, 전 주필리핀 대사)

## 1. 미국의 재외국민 보호제도

### 가. 해외 미국인들에 대한 영사보호 시스템

 미국은 우리나라의 "재외국민 보호를 위한 영사조력법"과 유사한 법령을 제정하지는 않았으나, 다양한 제도나 프로그램을 통하여 해외 미국인들에 대한 영사보호를 위해 사전예방과 사후 대응 시스템을 마련하여 시행하고 있다. 국무부 영사실은 여행홈페이지(travel.state.gov)를 통하여 해외여행 안전정보, 여권, 비자 등 영사업무를 안내하고 있다. 아울러, 미국 국민이 해외여행 중에 위난상황 또는 범죄피해, 자연재난·재해, 여권 분실·도난 사고, 체포구금, 테러, 신용사기, 긴급재정지원수요 등의 상황이 발생하였을 때 정부로부터 받을 수 있는 영사조력 범위 및 내용 등에 관한 사항을 상세하게 안내하고 있다.
 국무부는 홈페이지에서 해외위기 상황에서의 국무부의 영사조력 범위

(What the Department of State Can and Can't Do in a Crisis)에 대해 미국인이 해외에서 위기상황에 처하게 되면 국무부가 '도움을 줄 수 있는 것'과 '도움을 줄 수 없는 것'을 명확히 구분하여 설명하고 있다. 의료기관, 변호인 명단 등의 정보를 제공하며 가능한 경우 사법절차 진행 현황 관련 정보도 제공한다. 다만, 범죄 수사, 법적 자문 또는 소송 수행, 통역 제공, 법률 및 의료비용 지급 등의 조력은 제공하지 않는다.[1] 2001년 9.11 테러가 발생하자 국무부는 해외 대사관과 영사관의 도움이 필요한 상황을 "테러, 공격, 자연재해, 아동 유괴범죄, 질병, 행방불명, 사망, 체포, 구금, 여권 분실, 추방, 기타 곤란한 상황 등"으로 구체적으로 명시했다.[2]

미국은 국무부에서 영사업무를 담당하는 직원들을 위해 만든 지침인 「7 FAM(Foreign Affairs Manual)」에서 재외국민 보호를 위한 조치에 대해 상세히 규정하고 있다. 우선 미국 국무부와 해외 주재 미국 대사관이나 영사관은 해외 미국 시민의 보호에 대한 책임을 지며 이는 '영사 관계에 관한 비엔나 협약' 제5조(영사의 기능: 국제법이 인정하는 범위 내에서 파견국의 이익과 개인 및 법인을 포함한 그 국민의 이익을 접수국 내에서 보호하는 것)에 기초한다. 해외 주재 미국인들에 대한 영사보호 업무는 기본적으로 미국 국무부 내 영사국(Bureau of Consular Affairs)과 해외 영사들에 의해 이루어진다.

국무부는 스마트 여행자 등록 프로그램(Smart Traveler Enrollment Program: STEP)을 운용하고 있는데, 해외여행을 가는 미국 시민들이 자유롭게 그들의 여행 일정을 등록하여 만약에 비상사태가 발생하면 국무부가 신속하게 연락할 수 있도록 하는 제도이다. 이 프로그램에 등록한 여행자에게

---

1 정강(전 외교부 영사안전국장, 현 주에티오피아 대사), "국가의 재외국민 보호 범위와 한계-주요국 정책 및 사례", 한국외교협회 발간 〈외교〉, 제147호(2023.10), pp.35-36.
2 이희용, "재외국민 보호와 영사업무", 한국외교협회 발간 〈외교〉, 제130호(2019.7), pp.81-82.

[그림 1.1] 국무부 스마트 여행자 등록 프로그램

는 국무부가 여행이나 방문 국가의 보건 상황이나 날씨 안전 여부 등을 실시간으로 업데이트한 정보를 제공하는 것뿐만 아니라 여행 또는 방문하는 국가의 미국 대사관으로부터 필요한 유용한 정보를 주고 긴급상황이 발생하면 현지에서 영사조력을 제공한다.

미국 국무부나 해외 주재 영사관리들은 비상상황이 발생할 경우를 구체적으로 상정하여 정기적으로 위기대응훈련(Crisis Management Exercises and Training)을 하고 있다. 미 국무부는 해외에 여행하거나 거주하고 있는 미국 시민을 보호하기 위하여 여행 또는 거주하고 있는 국가나 지역에 대한 안전정보를 제공하고 비상사태가 발생한 경우에는 안전하게 철수 또는 대피하도록 여행 또는 거주하고 있는 국가와 긴밀하게 협력하고 있다. 그리고 사망이나 심각한 상처를 입었을 때 영사조력이나 시신 운구 등을 지원하고 강도 피해나 예상치 않은 상황으로 인해 긴급하게 재정지원이 필요한 경우에도 지원하고 있다.

그리고 해외에서 전쟁이나 내란, 자연재해 등 긴급하게 조치가 필요한 상황이 발생한 경우에 매뉴얼에 따라 비상 행동계획(Emergency Action Plan: EAP)을 마련하고 이를 실행하기 위한 구체적인 업무 분장과 역할이 이루어지고 있다. 우선 긴급한 상황이 발생한 지역이나 국가에 여행, 또는 거주하고 있는 미국 시민들의 연락처를 확보(American Liaison Network)하여 연락이나 접촉을 시도하고 필요한 경우에 타운 홀 미팅을 하거나 미국 시민 연락 자원봉사자(Citizen Liaison Volunteer)의 협조를 구하고 있다.

비상 연락망이 확보된 후에는 구체적인 대피 또는 영사조력을 위한 '비상대책위원회(Emergency Action Committee: EAC)를 구성하여 임무별로 역할을 담당하고 위원회에 속한 위원들 간에 긴밀한 소통을 유지하여 효과적인 조치를 취하도록 유기적인 협력을 하며, 상세 조치상황을 기록하여 영사통합 데이터베이스(Consular Consolidated Data Base: CCD)와 여권 정보 전자기록시스템(Passport Information Electronic Records System: PIERS)에 등록하도록 규정하고 있다.[3] 비상대책위원회의 임무와 역할은 우리 외교부의 해외안전상황실의 임무와 역할과 유사하다.

긴급 해외송금 서비스 관련하여 가족이나 친구가 자금이 필요한 해외 미국인에게 송금하려면 미 국무부를 통해 해외여행 거주 미국인의 가장 가까운 대사관이나 총영사관에 송금하여 전달할 수 있으나, 이 경우 송금하는 사람은 구좌개설 및 송금비용으로 30달러를 지불해야 한다. 경제적인 영사조력은 ① 해외에서 예상치 못한 사태로 자금이 없는자, ② 육체적·정신적 질환으로 귀국 필요, ③ 외국인 배우자와 해외에 거주 중이지만 배우자의 폭력으로 피신 필요, ④ 재난이나 긴급상황 등의 요건을 검토하여 결정한

---

3 미국 국무부 영사 매뉴얼, 7 FAM 1800 CONSULAR CRISIS MANAGEMENT

다. 당연히 선 지급 후 상환 방식으로 지원하는데 신청자는 서면 대출 약정서에 기재된 기한까지 상환 의무를 이행하여야 한다. 국무부는 대출 신청 시 신청자의 여권을 단수여권(유효기간 7~10일)으로 전환하며, 상환을 이행하지 않는 경우에 여권 발급/갱신을 불허하고 아울러 긴급 구난비 재신청을 할 수 없으며 1년을 초과하여 미상환하면 법무부 소송부서로 회부하고 국세청을 통해 모든 계좌번호를 확보하여 채무 불이행을 통보한다.

강도나 분실로 인해 자금이 필요한 해외 미국인은 미 국무부에 미국으로의 귀환 항공료에 대한 지원을 요청할 수 있다. 이 경우에 미국에 귀국하여 귀국비용을 상환하여야 하며 상환이 이루어지지 않으면 여권의 유효기간을 제한하거나 신규여권 발급을 거부할 수 있다.[4]

## 나. 영사실의 역할과 책임

미국 국무부 영사실장(Assistant Secretary for Consular Affairs)은 해외에서 미국 국민이 피해를 보았을 때 국무부 내 관리운영 담당 차관(Under Secretary for Management)에게 즉시 보고하여야 한다. 만약에 관리 담당 차관이 부재 중일 경우에는 영사실장이 차관의 권한을 대신하여 행사할 수 있다. 영사실은 국무장관의 지시에 따라 이민, 영사 서비스 제공, 미국 시민권에 관한 결정 등의 정책을 집행하고 국무부 내 타 부서, 해외 주재 대사관이나 영사관에게 해외 주재 미국인에 대한 보호와 관련된 정책 방향이나 지침을 제공한다. 아울러 여권이나 사증 발급에 관한 규정을 제정하고 해외에서 미국 시민의 이익을 보호하고 미국 시민권이나 국적에 관한 내용을 규정하

---

4  https://kr.usembassy.gov/services/(2025.1.11 열람)

는 임무를 맡게 되며 인사 파트와 긴밀히 협의하여 전문적인 영사인력 활용과 개발을 위해 노력하여야 한다. 또한, 여권이나 사증 발급, 기타 영사수익금을 관리하고 이민과 국적법에 따른 제반 사항을 이행하는 행정적인 업무를 담당한다.

미국 국무부 영사실은 차관보급인 실장(Assistant Secretary) 산하에 여권 담당 국장, 해외시민 서비스 담당 국장, 사증 업무 담당 국장, 인적자원(resources) 담당 국장을 둘 수 있다. 그중에서도 해외시민 서비스 담당 국장(Deputy Assistant Secretary for Overseas citizens services)의 업무는 해외에서 범죄피해자가 발생한 경우에 미국에 있는 가족에게 계속 연락을 하고 미국 내에서 제공 가능한 정보가 있는 경우 피해자에게 제공한다. 해외시민 서비스 담당 국장의 구체적인 업무는 다음과 같다.

> \* 해외시민 서비스 담당 국장의 주요 업무
> 1) 해외에 거주하거나 여행 중인 미국 시민이 긴급한 영사 서비스를 제공하기 위한 정책을 입안하고 관리, 2) 해외에서 재난이 발생하였을 때 미국 시민을 안전하게 철수토록 하고 재난피해를 입은 미국 시민의 신원확인 및 필요한 영사 서비스 제공, 3) 여행 안전권고(Trave advisory) 발령과 전파, 4) 미국 시민의 국적 상실 여부에 관한 결정, 5) 국제협약에 부응하여 아동보호 및 영사 서비스 제공을 위한 지침 작성, 6) 법률자문실의 권고에 따라 해외 거주 미국 시민의 국적에 관련된 법, 조약, 협약, 규정에 대한 해석과 이행, 7) 영사보호, 국경 안전, 시민권 관련 서류와 관련된 정책 이행 업무.

영사보호와 관련한 세부적인 업무는 해외 미국 시민에 대한 영사 서비스 및 위기관리과(Office of American Citizens Services and Crisis Management)에서 담당하는데 구체적인 업무는 다음과 같다.

1) 위기, 여행 권고, 인질 영사정책(Crisis, Travel Advice, Hostage, and Consular Policy)에 대한 업무, 2) 해외 비상사태 발생 시 미국 시민을 보호하기 위한 정책과 지침 작성, 3) 아프리카, 동아시아 및 태평양, 유럽, 남아시아 및 중앙아시아 등 지역별 영사보호팀의 관리, 4) 체포, 구금, 납치된 미국 시민에 대한 영사조력, 5) 해외 사망자에 대한 시신운구, 자산 처리 협조 및 친척에 통보, 6) 해외 송환, 의료지원에 사용된 비용 청구, 6) 여행경보와 영사 관련 일반 정보 전파, 7) 국적 상실에 관한 일반적 안내, 8) 영사 서비스에 대한 서류 공증, 9) 해외 유권자의 투표 관련 사항.

### 다. 영사조력의 대상(Eligibility)

영사보호 및 영사 서비스 대상자는 기본적으로 미국 국적자이어야 한다. 국적은 한 개인이 국가와 연결되는 중요한 관계이기 때문이다. 국제법도 외교적 및 영사보호권을 행사하기 위해서는 자국민의 국적자에게만 해당한다고 규정하고 있다. 미국 국적자는 당연히 미국 시민권자다. 미국은 속지주의를 채택하고 있으므로 미국영토 외에서 출생한 자와 아직 시민권을 획득하지 못한 영주권자는 원칙적으로 영사보호의 대상이 되지 않는다.[5] 이는 우리나라 헌법 제2조 제2항에 "국가는 법률이 정하는 바에 따라 재외국민을 보호할 의무가 있다"라고 규정하면서 해외에 거주하고 있으나 대한민국 국적인 자만이 영사보호와 영사조력의 대상이 되는 것과 유사하다.

복수국적자(dual nationality)의 경우, "영사 관계에 관한 비에나 협약"이나 양자 영사협약에서 구체적으로 다루지 않고 있다. 하지만 복수국적자는 기본적으로 미국 국적도 보유하고 있으므로 영사조력의 대상으로 보고 영사는 해외 거주국에서 허용되는 최대한의 영사보호조치를 취하지만 해외 거

---

[5] "Lawful permanent residents generally are not entitled to emergency and protective services provided by the U.S. Government."

주국의 정책에 따라 제한될 수도 있음을 복수국적자들에게 알려야 한다.[6]

우리나라의 경우 복수국적자는 대한민국 법령 적용에 있어서 우리 국민으로만 처우한다. 따라서 주민등록을 원칙으로 하고 외국인 등록을 하는 것을 제한하고 있다. 또한, 복수국적자가 국가안보, 보안, 외교 등 외국 국적을 보유한 상태에서 직무를 수행할 수 없도록 관계 법령에 규정된 분야에 종사하고자 할 때는 외국 국적을 포기하여야 한다.[7]

## 2. 영사조력의 구체적 내용

### 가. 해외에서 체포·구금시 영사조력

사건·사고 관련 영사조력의 내용을 보면, 영사의 가장 중요한 임무로 해외에서 체포되거나 구금된 자국민을 보호하는 것을 들고 있다. 재외국민이 체포된 것을 인지할 때에는 지체 없이(without delay) 이를 보고하여야 한다. 여기서 '지체 없이'라는 의미는 기본적으로 하루 즉 24시간을 의미하지만 3일(76시간) 내 보고도 지체 없이 보고한 것으로 간주한다.[8]

영사는 범죄의 유죄나 흉악범죄에 대한 개인적인 견해와 관계없이 영사조력을 제공하여야 한다.[9] 영사보호 기능을 효율적이고 적절하게 수행하기 위해서는 자국민이 체포되었을 때 신속하게 통지를 받는 것이 중요하다.

---

6  7 FAM 416.2 Determining Citizenship
7  한동만.이정관.이상진, 〈영사외교의 이론과 실제〉, (2024, 글로벌 콘텐츠), p.282.
8  7 FAM 022 Treaty authority for consular protection
9  "regardless of any private views as to their guilt or the heinousness of the crime."

신속한 통지는 피체포자에게 영사조력을 제공하기 위한 첫 번째 단계이므로 주재국 담당자와 우호적인 관계를 유지하도록 노력해야 한다. 피체포자에 대한 인권침해 행위는 체포 초기에 발생하기 쉬우므로 피체포자에 대한 신속한 면담은 주재국 수사기관에 의한 인권침해행위를 방지할 수 있다. 영사는 피체포자에게 추천 가능한 변호사목록과 현지 사법절차에 관한 정보를 제공할 수 있어야 한다. 수감자가 만약에 의약품이 필요한 경우에는 가능한 범위 내에서 의약품을 제공하여야 한다.[10]

'영사 관계에 관한 비엔나 협약' 제36조 제1항은 "파견국의 국민에 관련되는 영사기능의 수행을 쉽게 할 목적으로 다음의 규정이 적용된다."라고 하면서 "파견국의 영사 관할 구역 내에서 파견국의 국민이 체포되는 경우, 재판에 회부되기 전에 구금되거나 유치되는 경우, 또는 그 밖의 방법으로 구속되는 경우에, 그 국민이 파견국의 영사기관에 통보할 것을 요청하면 접수국의 권한 있는 당국은 지체 없이 통보하여야 한다. 체포, 구금, 유치되거나 구속된 자가 영사기관에 보내는 어떠한 통신도 위 당국에 의하여 지체 없이 전달되어야 한다."라고 규정하고 있음을 유의하여 해외 주재 영사는 이에 대한 필요한 조치를 취해야 한다.[11]

해외에서 체포된 미국 시민은 거주국의 법률에 대해 잘 모를 수 있으니 수감자를 면회하여 1) 수감자가 가족이나 친지와의 연락처, 2) 의약품 필요 여부, 3) 영사조력을 위한 미국 대사관의 역할, 4) 적절한 변호사 명단(Tailored Lawyers List), 5) 수감시설 상황, 6) 미국 대사관 연락처 등을 제공하여야 한다. 어떤 상황에서도 영사가 수감자의 변호인 역할을 한다거나 법률

---

10 7 FAM 024 Introduction to Arrest and Detention
11 7 FAM 413.1 The Vienna Convention on Consular Relations

적인 조언을 하는 것은 삼가야 한다.[12]

'영사 관계에 관한 비엔나 협약' 제37조는 '파견국(영사를 파견한 국가를 말한다.)의 국민인 미성년자의 이익을 위하여 후견인 또는 재산관리인을 지정하는 것이 필요하다고 생각되는 경우 접수국(영사가 파견된 국가를 말한다)의 권한 있는 당국은 파견국의 권한 있는 영사기관에 지체 없이 통보하여야 한다.'라고 규정하고 있다. 이에 따라 해외에 파견된 미국영사는 해외에서 미국 미성년자의 권리를 보호하기 위해 최대한 노력하여야 한다.[13]

### 나. 재난 발생시 영사조력

재난이 발생한 경우에는 자국민을 최대한 빨리 도울 수 있도록 더 많은 자원을 갖추어 현장에 출동하고,[14] 신속하게 현장 상황을 보고한 후 자국민에 대한 보호조치에 최선을 다해야 한다. 위기 상황을 적절하게 통제하고 관리하기 위해서는 초기에 충분한 자원을 확보하도록 노력해야 하고, 적어도 1명 이상의 영사를 현장에 파견해야 한다. 영사는 재난 현장에 도착하는 즉시 피해 상황과 범위, 사상자 수, 주재국의 대응실태, 통신 및 운송을 포함한 인프라 상태, 추가 필요 인력 등을 보고해야 한다. 또한, 피해자가 요청할 경우 신속하게 자국으로 귀국할 수 있도록 지원해야 한다.[15]

---

[12] 7 FAM 415.3 Country-Specific Guide for Prisoners
[13] 7 FAM 022 Minors, deaths, disasters
[14] "Get to the scene of the disaster as quickly as possible, with even more resources."
[15] 7 FAM 1840, Natural disasters

### 다. 살인, 테러, 납치의 경우 영사조력

　살인, 테러, 납치 등 강력범죄로 인해 피해자가 발생한 경우에는 즉시 보고하고, 피해자에게 주재국 신고요령, 변호사 명단 제공, 가족에의 통보 등의 영사조력을 제공하여야 한다. 범죄피해자는 정신건강 상담, 응급 피난처, 형사사법 정보 등을 받을 수 있는 범죄피해자 지원프로그램을 이용하거나 범죄피해자 보상을 받을 수 있도록 안내해야 한다.[16]

　특히, 테러가 발생할 경우, 미국 의회가 국제테러로 인한 피해자 보상 프로그램(International Terrorism Victim Expense Reimbursement Program)을 마련한 만큼, 테러로 인해 피해를 본 미국 국민이나 테러 당시 미국 정부를 위해 도움을 주다가 피해를 본 외국인에게 신속하게 보상을 할 수 있도록 노력하여야 한다.[17]

## 3. 미국의 여행경보 제도

### 가. 여행경보 4단계

　미국이 공식적 '여행경보'를 도입한 것은 1978년인데 처음에는 항공사·여행사를 위한 시스템이었다. 그런데 1988년 12월 런던에서 뉴욕으로 가던 팬암 항공 103편이 폭탄 테러를 당해 270명이 사망하면서 상황이 달라졌다. 테러 발생 전 미국 정부가 "팬암 항공기가 폭파될 것"이란 구체적 익

---

[16] 7 FAM 1960, Crime victim assistance, compensation programs
[17] 7 FAM 1964 International Terrorism Victim Expense Reimbursement Program(ITVERP)

명 제보를 받았지만, 일반 여행객에게 공유하지 않았다는 문제가 제기됐기 때문이다. 그 후 여행경보는 대중을 위한 것으로 재편됐고, 다른 국가로도 퍼졌다.

미국 국무부의 여행경보 등급은 가장 낮은 1단계 '일반적 사전 주의', 2단계 '강화된 사전 주의', 3단계 '여행 재고', 4단계 '여행 금지'로 나뉜다.[18] 미국의 국가별 안전여행에 대한 정보는 관련 홈페이지(travel.state.gov/travel advisories)에서 확인할 수 있다.

1단계(Exercise Normal Precautions, 남색)는 가장 안전 위험도가 적은 국가들에 대해 발령한다. 2단계(Exercise Increased Caution, 황색)는 안전에 위협이 될 수도 있으니 이들 국가를 여행할 때는 안전에 특히 유의하라는 것이다. 미 국무부는 1단계와 2단계는 해당 국가들의 안전상황을 평가한 후에 매년 단계를 올릴지 아니면 내릴지 결정한다. 3단계(Reconsider Travel, 주황색)는 안전에 대한 심각한 위험이 있을 수 있으므로 여행을 재고하라는 것이며, 4단계(Do Not Travel, 적색)는 내전이나 테러 등으로 인해 치안 상황이 급격하게 어려워져 생명에 지장을 주거나 영사조력이 실질적으로 어려운 상황이어서 이들 국가에 대한 여행을 금지하는 것으로 3, 4단계의 조정은 매 6개월마다 이루어진다. 미국 여행경보 4단계는 한국의 4단계 여행경보인 1단계(여행 유의, 남색), 2단계(여행 자제, 황색), 3단계(철수 권고, 적색), 4단계(여행 금지, 흑색)와 유사하지만 4단계인 여행 금지 색상이 한국은 흑색인 반면, 미국은 적색인 것이 차이점이다.

2024년 현재 미국이 여행 금지 국가로 지정한 국가는 미얀마, 아프가니

---

[18] Travel.State.Gov. U.S. DEPARTMENT of STATE — BUREAU of CONSULAR AFFAIRS( Https://travel.state.gov/content/travel/en/traveladvisories/traveladvisories/south-korea-travel-advisory.html

스탄, 북한, 러시아, 이라크, 이란, 벨라루스, 남수단, 수단, 말리, 아이티, 레바논, 리비아, 시리아, 소말리아, 우크라이나, 베네수엘라, 예멘, 부르키나파소, 중앙아프리카 공화국 등 20개국이다. 미국이 이러한 여행경보 등급을 결정할 때 고려하는 위험 척도(risk indicators)는 범죄(crime), 테러(terrorism), 폭력 등 사회적 불안(civil unrest), 보건 및 질병 발생상황(health), 자연재해(natural disaster), 납치나 인질(kidnapping or hostage) 등이다.

### 나. 여행 금지 조치: 북한 여행 금지 사례

미국 국무부가 2024년 8월 31일로 만료될 예정인 미국인의 북한여행 금지 조치를 1년 더 연장한다고 발표했다. 국무부는 2024년 8월 8일 자 연방관보를 통해 이번 연장 조치가 오는 9월 1일부터 효력을 발휘한다고 전하며, 국무장관에 의해 연장되거나 취소되지 않는 한 2025년 8월 31일까지 유효하다고 밝혔다.

미국 정부의 북한여행 금지 조치는 2017년 9월 처음 시행됐으며 이후 1년씩 연장되고 있다. 지난 2017년 6월 북한에 억류됐다 혼수상태로 풀려난 뒤 일주일 만에 숨진 미국인 대학생 오토 웜비어 사건이 결정적인 계기가 되었다. 국무부는 7번째 연장된 관련 조치에 대해 "북한에서 미국인들이 체포되고 장기 구금될 수 있는 심각한 위험이 지속하며, 이는 미국인들의 신체적 안전에 즉각적 위험이 되는 것으로 판단한다."라며 그 배경을 설명했다.

또한, 여행 금지 결정의 근거가 되는 법령(22 CFR 51.63)도 명시했다. 해당 법령에 따르면 국무장관은 미국과 전쟁 중인 나라, 군사적 적대 행위가 진행 중인 국가나 지역, 그리고 미국인 여행객들의 건강 혹은 신체적 안전에 즉각적인 위협이 되는 나라나 지역에 대한 여행 금지 조치를 내릴 수 있다. 미국인 여행 금지 조치에 따라 특수한 목적으로 북한 방문을 원하는 미국인들은 국무부의 특별 승인을 받아야 한다. 국무부 영사실에 따르면 전문 기자나 언론인, 국제적십자위원회, 긴급한 인도주의적 고려에 따라 정당화 될 수 있는 여행 등 북한 방문이 미국의 국익에 부합하는 경우에 특별 승인을 신청할 수 있다.[19]

우리나라도 여권법 제17조(여권의 사용제한 등)에 따라 "외교부 장관은 천재지변·전쟁·내란·폭동·테러 등 대통령령으로 정하는 국외 위난상황(危難狀況)으로 인하여 국민의 생명·신체나 재산을 보호하기 위하여 국민이 특정 국가나 지역을 방문하거나 체류하는 것을 중지시키는 것이 필요하다고 인정하는 때에는 기간을 정하여 해당 국가나 지역에서의 여권의 사용을 제한하거나 방문·체류를 금지(이하 "여권의 사용제한 등"이라 한다)할 수 있다. 다만, 영주(永住), 취재·보도, 긴급한 인도적 사유, 공무 등 대통령령으로 정하는 목적의 여행으로서 외교부 장관이 필요하다고 인정하면 여권의 사용과 방문·체류를 허가할 수 있다."라고 규정하였다.

미국은 승인을 받지 않고 방문해도 처벌 조항은 없지만 북한 입국 승인을 받기 위해서는 보험 수혜자 지정과 위임장은 물론 유서까지 작성해야 하는 것으로 알려져 있다. 우리는 여권법 제26조(벌칙) 제17조 제1항 본문 및 제2항에 따라 방문 및 체류가 금지된 국가나 지역으로 고시된 사정을 알면서도 외교부 장관의 승인을 받지 아니하고 해당 국가나 지역에서 여권 등을 사용하거나 해당 국가나 지역을 방문하거나 체류한 사람은 1년 이하의 징

---

[19] "국무부, '북한여행 금지' 1년 더 연장… "심각한 위험 지속", 2024년 8월 8일 Voice of America 한국어판

역 또는 1,000만 원 이하의 벌금을 물리고 있다.[20]

### 다. 한국에 대한 여행경보 단계 적용

주한미국대사관은 긴급서비스나 일상적인 영사 서비스, 그리고 안전공지를 통해 대한민국에 거주하고 있는 미국 시민을 보호하는 것을 주요 임무 중의 하나로 명시하고 긴급상황이 발생하면 +82-(0)2-397-4114로 연락하도록 안내하고 있다. 그리고 긴급상황은 여행 경고 발령 시, 아동의 납치상황이나 체포되거나 사망한 경우, 범죄피해를 입었을 경우. 긴급재정지원이 필요한 경우를 예를 들고 있다.[21]

1980년 5월 17일, 신군부가 '비상계엄'을 제주도를 포함한 전국에 선포했다. 1979년 10월 26일 박정희 대통령 시해 사건으로 제주도를 제외하고 선포한 '부분 계엄'을 확대하자 미국 국무부는 즉각 여행정보를 발령했다. "대한민국에서 비상계엄이 선포된 점을 고려해 중대한 개인적 사유가 있지 않은 이상 미국 시민들이 한국으로 여행하지 않기를 권고한다." 사실상 '여행금지령'이었다.[22]

미국 국무부는 상황에 따라 한국에 대한 여행경보를 조정한다. 예를 들어, 코로나19 확산을 막기 위해 한국에 대한 여행경보를 조정한 적이 있다. 미국 국무부는 2022년 4월 18일 한국에 대한 여행경보를 4단계 '여행 금지'에서 최저인 1단계 '일반적 사전주의'로 낮췄으며 코로나 상황이 종식됨에

---

20 외교부 해외안전여행 홈페이지(https://www.0404.go.kr/walking/prohibition_system.jsp)
21 주한미국대사관 홈페이지(https://kr.usembassy.gov/) 및 미국 국무부 사이트(https://travel.state.gov/content/travel/en/traveladvisories/travel advisories/south-Korea-travel-advisability)
22 '여행경보' 내려진 한국, 2024년 12월 5일 자 조선일보

따라 2023년 7월 24일 한국에 대한 여행경보 단계를 1단계(Exercise normal precautions)로 계속 유지한다고 공시하였다.

해외 주재 미국 대사관이나 영사관은 여행경보와 달리 시위나 범죄, 때로는 기상악화의 경우에 특별히 안전에 유의하라는 경고(alert)를 발령한다. 2022년 10월 29일 이태원 참사로 자국민 2명이 사망하고 3명이 부상을 입은 미국은 바이든 대통령이 "사망자 유가족에게 애도의 메시지를 보내고 부상자들의 조속한 회복을 기원한다."라는 메시지를 발신하였으며 미 국무부는 "주한미국 대사관 직원들은 이번 사고 피해자와 가족들에게 영사지원을 하기 위해 노력하고 있다"라고 발표하였다.

주한미국대사관은 2022년 10월 30일 이태원지역에 대한 안전경보(security alert)를 발령하면서 "참사 사고가 있었던 지역은 접근이 폐쇄되었으며, 주한미국대사관 직원들이 한국 정부와 접촉하고 있다고 하고, 만약 참사 사고가 발생한 이태원지역에 있었다면 가족이나 친구들에게 연락하여 안전 여부를 알려 줄 것과 계속하여 현지 뉴스를 잘 파악하라"라고 공지하였다. 그러면서 도움이나 연락이 필요한 사람은 주한미국대사관(+82-(0)2-397-4000, 4114)으로 연락하거나 아니면 미 국무부(+1-301-985-8691, SeoulInfoACS@state.gov)로 연락하라고 했다.[23]

2023년 8월 3일 전북 부안에서 열린 제25회 세계스카우트 잼버리 대회에서 불볕더위로 인한 온열 질환자가 속출하는 가운데, 주한미국대사관은 미국 참가 청소년 750명이 현장 도착 일정을 하루 늦춰 경기도 평택의 미군기지 '캠프 험프리스'에서 첫날 밤을 묵도록 조치하였다. 주한미국대사관은 "미국이 실제로 잼버리에 참여하는 현재뿐 아니라 지난 수개월 간 잼버

---

23 https://kr.usembassy.gov/

리 조직위 관계자들과 소통해 왔다"라며 "행사장 및 적절한 서비스 제공에 관한 우려가 있음을 인지한 즉시, 대사관 측은 미국 보이스카우트연맹 지도부 및 주한미군과 조율해 미국 스카우트 대표단의 안전을 보장하기 위해 노력하고 있다"라고 설명했다. 이어 "상황을 지속해서 주시하며 한국 당국과 적극적으로 협의해 나갈 것"이라고 하였다.[24]

2024년 12월 3일 밤 윤석열 대통령이 비상계엄을 선포한 뒤, 미국은 한국 여행 등급 자체는 대체로 안전하다는 취지의 1단계를 유지하면서도, 시위가 지속될 예정이니 군중이 많이 모이는 곳을 피하라고 경고하였다. 특히, 국무부는 "잠재적인 혼란 가능성을 염두에 둬야 한다."라며 "평화 시위도 폭력으로 번질 수 있다. 시위 지역을 피하라"고 경고했다. 이에 따라 주한미국대사관은 직원들의 재택근무를 확대하고 아래와 같은 경고메시지를 대사관 웹사이트에 올렸다.

계엄이 해제된 후에도 주한미국대사관은 "현 한국의 정치 상황에 대한 미국 시민들에 대한 안전 경고(Security Alert: Guidance for U.S. Citizens Regarding the Current Political Situation in South Korea)"를 발령하고 한국의

[그림 1.2] 주한미국대사관 홈페이지 캡처(2025.1.3)

---

[24] 2023년 8월 3일 자 KBS

정치 상황이 여전히 유동적이고, 시위증가로 국회가 소재한 여의도 지역의 교통이 혼잡할 것으로 예상하므로 이동 시 항상 안전에 유의하기를 바란다고 공지했다. 또한, 시위가 있는 장소를 피하거나 많은 대중이 모이는 장소는 조심하기를 바라며 평화적인 시위가 폭력사태로 격화될 가능성에도 유의하라고 명시하였으며, 한국에 거주하는 미국인들은 지역 뉴스를 잘 청취하고 한국 정부나 지방정부의 지침을 준수하기를 바란다고 하였다. 그러면서 주한 미국대사관은 비자나 여권, 공증 등 통상적인 영사 서비스는 중단 없이 계속할 것이며 만약에 긴급상황으로 어려움에 부닥치면 아래 연락처로 연락하도록 안내하였다.

US Embassy in Seoul: Telephone: 02-397-4114, SeoulInfoACS@state.gov
https://kr.usembassy.gov/services
State Department – Consular Affairs Telephone: +1 (888) 407-4747

한편, 주한미국대사관은 긴급상황이 발생한 경우에 "스마트 여행 등록 프로그램(STEP)"에 가입한 사람은 대사관이 필요한 안전정보를 제공할 것이며 대사관 홈페이지 외에도 소셜미디어(페이스북, 트위터, 인스타그램, 유튜브)를 통해 관련 정보를 파악할 수 있다고 안내했다. 그리고 긴급상황이 발생하면 주한미군방송(American Forces Network Pacific)을 청취하고 거주 또는 여행하고 있는 지역의 임시 대피소(temporary shelter)의 장소를 사전에 알아두어야 하며, 긴급상황에 대한 최신 정보에 유의하면서 평소 자연재해에 대비하여 여권과 출생증명서, 7일간 사용 가능한 식수와 식량, 비상 구급상자, 별도 배터리, 호루라기, 방진 마스크, 거주 지역 지도, 충전된 핸드

폰, 처방된 의약품을 상시 갖추기를 권고했다.[25]

### 라. 한국과 미국 간 영사협약

한국과 미국은 1963년 1월 8일에 '대한민국과 미국 간의 영사협약'을 체결하였으며, 이 협약은 1963년 12월 18일 발효하였다. 이 양자협약은 우리나라가 '영사 관계에 관한 비엔나 협약'에 가입하기 전에 체결된 것이다.[26] 이 양자조약은 영사통보에 관하여 '영사 관계에 관한 비엔나 협약'과 유사한 내용, 즉 형사상 체포·구속에 한정되지 않는 일체의 신체의 자유 제한에 있어서 피구금자의 요청에 따라 영사통보를 하는 내용을 규정하고 있다.[27]

'영사 관계에 관한 비엔나 협약'과 별도로 체결된 이 양자조약은, 실효적인 외교적·영사적 관계를 구축하고 국가 간 안정적인 관계를 유지하는 데 필수적이다. 국제법상 상호주의에 따라, 각 국가는 해외에 체류하는 자국민이 적절한 대우를 받을 수 있도록 노력하도록 규정하고 있다.[28]

---

[25] https://kr.usembassy.gov/services-emergency-preparedness/
[26] '영사 관계에 관한 비엔나 협약'은 1963년 4월 24일 비엔나에서 채택되었으며, 1967년 3월 19일에 발효되었고, 우리나라는 1977년 4월 6일에 가입
[27] 이선미(사법정책연구원 연구위원), "외국인 인신구속 시 영사통보에 관한 연구", 2019.3.29, 사법정책연구원, pp.3-4.
[28] 한국·미국 간의 영사협약 시행(http://opendata.mofa.go.kr/mofadocu/resource/Document/1009

## 4. 미국의 영사조력 사례

### 가. 2021년 아프가니스탄에서 미국민 보호 및 철수 조치

미국-아프가니스탄 전쟁은 2001년 10월 7일부터 한국 날짜 기준 2021년 8월 30일까지 미국이 아프가니스탄에서 벌인 전쟁이다. 미국의 테러와의 전쟁의 일환으로 시작된 미국-아프가니스탄 전쟁은 초강대국인 미국이 20년 가까이 천문학적인 비용을 치러가면서 전쟁을 했음에도 탈레반을 없애는데 결국 실패하면서, 아프가니스탄에서 더는 민주주의를 전파할 수 있는 가망이 없다고 판단하였고 2021년 마침내 미군 철수를 결정했다.

미군이 아프가니스탄에서 철수가 완료되기도 전에 탈레반이 아프가니스탄을 점령하자 미국은 어쩔 수 없이 탈레반에게 미국 시민, 영주권 소유자, 아프간 협조자 명단을 건네 가면서 탈레반에게 철수 협조를 요청해야 하는 상황까지 내몰렸다. 이렇게 되자 미국을 시작으로 아프가니스탄에 주재한 주요 대사관들이 철수하기 시작하였다. 이 과정에서 미국이 2021년 8월 15일, 가장 먼저 대사관 철수를 아프가니스탄 정부에 통보했다.

이 소식을 전해 들은 유럽 서방국가 역시 급하게 자국 교민들과 외교관들의 철수를 통보, 본격적인 철수를 시작하게 되었고, 8월 30일 미군의 최종 철수로 마무리되었다. 카불 한국대사관도 8월 16일 미군이 제공한 헬기로 대사관 직원과 교민들이 공항까지 이동하였고 미국 수송기를 통해 탈출하였으며 이와 별도로 한국 정부는 8월 26일 그동안 한국 정부에 조력한 아프가니스탄인 391명 전원을 공군 수송기로 한국으로 이송하는 미라클 작전을 성공적으로 수행하였다.[29]

아프가니스탄에서 미국 정부는 재외국민 보호를 위해 아프간 조정법 등의 조치를 했다. 아프간 조정법은 아프가니스탄에서 위험에 처한 사람들을 미국으로 대피시키기 위한 법안이다. 이 법안에 따라 아프가니스탄 주둔 미군 임무를 지원한 아프간인, 인권 운동가, 정부 내 여성, 정치 활동가 등이 미국으로 대피할 수 있었다. 카불에 있는 미국 대사관의 업무는 2021년 8월 31일부로 종료되었으나 미국 대사관 직원들은 카타르 도하에서 업무를 보고 있으므로 카불에 거주하고 있는 미국인들은 통상적인 영사 서비스 지원을 받을 수 있다. 그리고 영사조력을 받기를 원하는 미국인들은 안전에 대한 정보를 얻을 수 있는 스마트 여행자 등록 프로그램(Smart Traveler Enrollment Program: STEP)에 등록하고 개인적으로 안전 계획을 수립하고 거주하고 있는 지역의 안전 상황을 계속해서 살피고, 여행하거나 이동 시에는 믿을 수 있는 사람에게만 이동 경로를 알려주고 만약에 미국 정부의 지원을 받을 수 없는 경우를 가정하여 비상 대피 계획을 스스로 수립할 것을 권고했다.[30]

### 나. 2023년 수단 내전 시 철수와 영사조력

수단 정부군과 이에 대항하는 신속지원군(RSF) 간의 무력 충돌은 2023년 4월 15일 시작되어 교전 발생 일주일 만인 4월 21일까지 413명의 사망자를 포함해 최소 4천 명의 사상자가 발생했다. 상황이 심각해지자 미국 정부는 수단에서 미국인들의 철수를 준비하였다. 미국 정부는 철수 작전을 시행하기 전에 철수를 희망하는 수단 내 미국인들을 광범위하게 접촉하였고 수단 내전 상황에서 대사관과 긴밀하게 비상연락을 유지하도록 하였다.

---

29 한동만·이정관·이상진, 앞의 책, pp.219-220.
30 https://diplomacy.state.gov/encyclopedia/u-s-embassy-kabul-afghanistan/

육로를 통해 탈출을 희망하는 미국인들에게 집결 장소 등을 안내하였으나 탈출을 희망하지 않는 미국인들은 미국 국무부 웹사이트의 위기상황 대처방법에 대해 숙지를 하도록 당부하였다. 수단의 수도인 하르툼에 있던 미국 시민들과 주수단 미국 대사관에 근무하고 있는 수단인들이 집결하여 4월 29일 미국 정부가 마련한 버스를 이용하여 홍해에 인접한 항구도시인 포트수단(port Sudan)에 도착하였다.

포트수단에서 사우디아라비아 젯다로 이동하였는데 이를 위해 젯다에서 미국 영사관리들이 미리 도착하여 젯다에 도착한 미국 시민들을 위한 영사 및 긴급지원 서비스(consular and emergency services)를 제공하였다. 또한, 미국 병력의 지원을 받아 수단에 근무한 미국 외교관의 탈출도 본격화하였다. 이러한 철수 작전으로 수백 명의 미국 시민과 영주권자(Lawful Permanent Residents)들이 성공적으로 젯다를 거쳐 미국으로 철수하게 되었다. 미 국무부는 수단을 여행 금지 국가로 발령하여 더는 수단을 방문하지 않도록 권유했다.

그리고 수천 명에 달하는 외국인들의 대피를 돕기 위해 한국을 포함한 우방국과 긴밀히 협의를 진행하였다. 우리 정부도 수단 교민들의 안전한 대피·철수를 돕고자 미국 공군기지가 있는 수단 인근 국가인 지부티에 외교부 신속대응팀과 공군 수송기를 파견하여 미국 측과 협의를 하였다. 수도 하르툼으로부터 포트수단까지 육로 이동 중 치안 상황, 지방에 있는 신속대응팀의 활동 등에 대한 정보획득 과정에서 미국의 정보기관이 적극적으로 협조했다.[31] 미국 측의 도움으로 수단에 체류 중이던 교민 28명은 2023년 4월 23일 수도 하르툼을 출발하여 약 1,170㎞를 육상으로 이동해 4월

---

[31] 2023년 4월 26일 자 조선일보

24일 오후 2시 40분 포트수단에 도착했다. 이들은 포트수단에서 대기 중이던 공군 C-130J '슈퍼 허큘리스' 수송기 편으로 홍해 맞은편 사우디아라비아 젯다에 도착했으며, 이곳에서 KC-330 '시그너스' 공중급유기 편으로 갈아타 귀국길에 올라 교민 28명 전원이 4월 25일 오후 4시 경기 성남 서울공항에 입국했다. 이로써 정부의 재외국민 보호 '약속'을 뜻하는 '프라미스'(Promise) 작전도 마무리됐다. 우리 정부는 2023년 4월 29일 수단을 여행금지 국가로 지정했다.[32]

### 다. 2024년 일본 노토 지역에서 지진 발생 시 지원과 영사조력

조 바이든 미국 대통령은 2024년 1월 1일(현지 시각) 일본 이시카와현의 노토(能登)반도에서 규모 7.6의 지진이 발생하자 성명을 내고 "미국은 일본 국민을 위해 필요한 모든 지원을 기꺼이 제공할 준비가 돼 있다"라고 밝혔다. 이에 따라 2024년 1월 1일 미국 육군 UH-60 블랙 호크 헬리콥터 2대가 지진 피해를 본 일본 노토반도의 마을에 식량, 담요, 의약품을 비롯한 필수 구호물자를 전달하였다. 이번 지진으로 220여 명이 사망했으며, 이 지역의 몇 안 되는 주요 도로를 포함해 건물과 인프라가 파괴되거나 무너졌다. 하지만 계속되는 여진과 혹한으로 인해 구조 활동은 차질을 빚었다.

일본은 도쿄 주재 미국 대사관에 1억 3천만 원(10만 미국 달러) 상당의 원조 패키지를 요청하는 등, 미국에 지원을 요청했다. 미국의 공중 지원 덕분에 일본 자위대 구조대원들은 동해 방향으로 돌출된 반도에서 부상자와 이재민을 대피시키는 데 집중할 수 있었다. 지진으로 도로와 항구가 붕괴되고

---

[32] 한동만·이정관·이상진, 앞의 책, pp.221-225.

무너진 상황에서 고령자 비율이 높은 이 지역에 접근할 수 있는 주요 수단은 항공편이었다.

이에 가나가와현 소재 자마 기지에 본부를 둔 주일 미국 육군 항공대대가 헬리콥터를 제공했으며 해당 항공기들은 이시카와현 서해안의 고마쓰 공군기지에 임시 배치되어 노토 공항으로 구호품을 수송하였다. 약 7,000명의 일본 자위대 병력도 노토 공항에서 대피소까지 물자를 수송하는 등 구호 활동을 펼쳤다.[33]

규모 7.6이었던 이번 강진은 2016년 구마모토현 남서부에서 발생한 쌍둥이 지진으로 276명이 숨진 이후 일본에서 발생한 가장 강력한 지진이었다. 노토 지진으로 최대 5m 높이의 쓰나미가 발생했으며, 화재로 인해 와지마시의 상점과 주택 200여 채가 전소되었다. 지진 피해는 반도의 고립된 지역에서 특히 극심했으며 사망자는 206명, 이재민은 약 26,000명에 달했다.[34]

한편, 주일 미국 대사관은 지진 발생 지역에 소재한 미국인의 인명 및 재산 피해 현황을 파악하기 위해 일본에 여행하거나 거주하는 미국인들은 "스마트 여행자 등록 프로그램(STEP)"에 등록해 주기를 요청하고 일본 비상방송 시스템인 "J-Alert"을 다운로드 받아 최근 지진 정보나 쓰나미 정보, 민간인 보호에 대한 정보를 업데이트해 달라고 요청했다. 아울러 소셜미디어인 Twitter: @ACS(American Citizen Services) TOKYO나 Facebook: @ACS TOKYO를 활용하고 주일미군방송인 AFN Tokyo(810kHz, AM), AFN Iwakuni(1575kHz, AM), AFN Sasebo(1575kHz, AM), AFN Okinawa(89.1MHz,

---

[33] 2024년 1월 9일 자 "미국, 지진 피해를 입은 일본에 구호 물품 전달", Indo Pacific Defense Forum 한국어판

[34] 우리 정부는 일본 이시카와현 노토반도 지역에서 발생한 지진으로 인한 피해 대응을 지원하기 위해 300만 불 규모의 인도적 지원을 제공하였다.

FM)'를 안내했다. 그리고 지진 피해 수습은 기본적으로 일본 정부가 1차 책임을 지고 피해를 본 외국인을 지원하는 만큼 일본 정부의 조치에 따라 줄 것을 당부하고, 그럼에도 불구하고 주일 미국 대사관은 미국인의 소재나 피해 현황을 파악해 나갈 것이라고 밝혔다.

지진 피해 지역에 여행하거나 거주하는 미국인들은 일본 정부의 외국인 대피 조치에 따르고 미국인의 신분을 분명하게 밝히도록 권고하면서 회사나 학교, 교회 등과 연관되어 종사하는 미국인들은 본인의 위치나 피해 여부를 종사하는 곳이나 주일 미국대사관에 신속히 알려주기를 요청했다. 그리고 주일 미국대사관은 일본 정부와 긴밀히 연락하면서 가능한 많은 미국인의 소재를 파악하고 그들의 건강 상태를 확인하도록 지속적인 노력을 해나가겠다고 공지했다. 아울러 앞으로 발생할 수도 있는 재난에 대비하여 최소한 3~5일 분의 식수와 식량, 배터리가 충전된 라디오와 핸드폰, 대형 비닐 백, 위생 및 응급 키트, 필수 의약품을 항상 구비해 줄 것을 요청했다.[35]

## 5. 맺음말: 미국의 재외국민 보호제도 평가와 한미 영사협력

첫째, 미국의 재외국민 보호제도처럼 영사조력 범위를 명확화하고 자력구제의 원칙이 준수되어야 한다. 미국은 국무부 홈페이지에서 해외 미국인이 해외에서 위기상황에 처하게 되면 국무부가 '도움을 줄 수 있는 것'과 '도

---

35 https://jp.usembassy.gov/emergency-preparedness-for-u-s-citizens-in-japan/

움을 줄 수 없는 것'을 구분하여 설명하고 있다. 우리도 영사조력의 범위를 구체화, 세분화하는 과정에서 국민적 공감대를 형성하고 국내 유사사례에서 정부가 제공하는 보호 수준과 형평성을 고려하여 영사조력을 제공해야 한다. 아울러 기본적으로 해외 위기 상황에서 스스로 위기를 해결하려고 노력하는 '자력구제의 원칙'하에 필요한 경우 정부가 영사조력을 제공하여야 하고 이를 재외국민들이 잘 알 수 있도록 지속적인 홍보를 해야 한다.

2021년 기준으로 미국에 거주하는 재미 동포는 약 263만 명이 되는데 그 중 대한민국 국적을 가진 재외국민(유학생, 상사 주재원, 영주권자 등)은 약 110만 명, 한국계 미국인(Korean American)으로 한민족의 혈통을 가지고 있으나 미국 국적의 미국 시민권자는 약 152만 명에 달한다. 법적으로는 미국 국적을 가진 미국 시민권자는 미국 정부의 영사보호 대상이지만 실제로 해외에서 자연재해, 내란이나 폭동, 전쟁이 발생한 경우에 우선 국적과 관계없이 재미동포를 지원하는 방안을 한국과 미국이 긴밀하게 협의해 나갈 필요가 있다. 특히, 해외 위난 상황에 부닥친 재미 동포가 안전한 지역으로 대피할 수 있는 이동 수단이 없어 한국과 미국이 이동 수단을 투입하는 경우엔 구체적인 협조방안을 마련할 필요가 있다.

둘째, 미국과 영사협정을 개정하고 양국 간 영사협의체를 운영하여 해외에서 협력을 확대할 필요가 있다. 한국과 미국은 1963년 1월 8일에 '대한민국과 미국 간의 영사협약'을 체결했다. 그러나 그 이후 미국과 고위 영사관리 간 영사협의체를 운영하지 않고 있다. 수단이나 아프가니스탄에서 내란이나 전쟁 발생 시에 미국이 우리와 긴밀한 협의와 협력을 통하여 우리 국민의 대피에 실질적인 도움을 제공하였지만, 해외에서 대형 자연재해나 폭동, 내란 등 비상상황 발생 시에 좀 더 긴밀한 협력을 위한 시스템을 구축하고 현 상황에 맞게 한국과 미국 간 영사협약을 개정할 필요가 있다.

2024년 9월 6일, 한국과 일본 양국 외교부 장관이 '제3국 내 일본 국민 및 대한민국 국민의 보호에 대한 협력에 관한 양해 각서'를 체결하여 평상시의 위기관리 프로세스와 훈련에 관한 정보 공유, 제3국에서의 긴급 시 대피 계획을 포함한 위기관리에 관한 정보 교환, 제3국에서 자국민을 대피시키기로 했을 경우의 상호 지원·협력 및 고위급 협의와 의견 교환을 진행하도록 함으로써 긴급사태 발생 시 양국 간 협력을 보다 원활하게 추진하기 위한 기반을 마련하였다.

이처럼 미국과 영사협약을 개정 또는 일본과 같이 양해 각서를 체결하여 해외에서 긴급상황이 발생 시 협력을 강화하는 법적 기반을 마련하는 것이 필요하다. 특히 평소 위기관리 프로세스와 훈련에 관한 정보 공유를 위해 미국의 연방 위기관리 기관(Federal Emergency Management Agency: FEMA)과 정기적인 합동 훈련을 하는 것이 바람직하다.

셋째, 영사 관련 국제규범을 마련하고 디지털 기반 영사 서비스 분야에서 미국과 협력을 확대할 필요가 있다. 한국과 미국은 2016년 송도에서 개최된 제3차 세계영사 포럼(Global Consular Forum)에서 긴밀하게 협력한 바 있다. 코로나19로 인해 중단된 세계영사포럼을 재개하고 이를 통한 영사 서비스와 관련하여 국제규범을 마련함과 동시에 해외 위난의 국제적 공동 대응을 위한 체제 수립에도 한국과 미국이 긴밀하게 협력할 필요가 있다.

디지털 기반 영사 서비스 차원에서도 협력을 확대해야 한다. 4차 산업혁명 시대에 걸맞게 챗봇 기반 상담 시스템을 구축하고, 빅 데이터를 활용하거나 인공지능 기반 영사콜센터 차세대 서비스를 확산하는 등 복잡·다변화되고 있는 위난 유형에 대해, 인공지능을 활용한 해외 위난 대응 체계를 수립하는데 미국과 협력을 확대할 필요가 있다.[36]

〈참고문헌〉

이선미 외. 2019. "외국인 인신구속 시 영사통보에 관한 연구". 사법정책연구원.
이희용. 2019. 「재외국민 보호와 영사업무」. 『외교』 제130권. 한국외교협회.
정강. 2023. 「국가의 재외국민 보호 범위와 한계: 주요국 정책 및 사례」. 『외교』 제147권. 한국외교협회.
한동만. 2023. 「우리 국민의 해외 체류와 여행 시 사건·사고와 재외국민 보호」. 『외교』 제147권. 한국외교협회.
한동만·이정관·이상진. 2024. 『영사외교의 이론과 실제』. 서울: 글로벌콘텐츠.

미국 국무부 영사 관련 매뉴얼 「7 FAM(Foreign Affairs Manual)」
- 7 FAM 022 Treaty authority for consular protection
- 7 FAM 022 Minors deaths disasters
- 7 FAM 024 Introduction to Arrest and Detention
- 7 FAM 413.1 The Vienna Convention on Consular Relations
- 7 FAM 416.2 Determining Citizenship
- 7 FAM 415.3 Country-Specific Guide for Prisoners
- 7 FAM 1960, Crime victim assistance compensation programs
- 7 FAM 1964 International Terrorism Victim Expense Reimbursement Program(ITVERP)
- 7 FAM 1800 Consular crisis management
- 7 FAM 1840, Natural disasters

"Evacuation Efforts of U.S. Citizens From Sudan", State Department Press Statement April 29, 2023 (https://www.state.gov/evacuation-efforts-of-u-s-citizens-from-sudan/)
Travel.State.Gov. US Department of State-Bureau of Consular Affairs (https://travel.state.gov/content/travel/en/traveladvisories/travel advisories/south-korea-travel-advisory.htm).

---

36 한동만, "우리 국민의 해외 체류와 여행 시 사건·사고와 재외국민 보호", 한국 외교협회 발간, 〈외교〉, 제147호(2023.10), pp.53-57.

주미 일본대사관 웹사이트
(https://jp.usembassy.gov/emergency-preparedness-for-us-citizens-in-japan)
주한미국대사관 웹사이트
(https://kr.usembassy.gov/services-emergency-preparedness)
외교부 해외안전여행 홈페이지
(https://www.0404.go.kr/walking/prohibition_system.jsp)
한국·미국 간의 영사협약 시행
(http://opendata.mofa.go.kr/mofadocu/resource/Document/1009)

"국무부, '북한여행 금지' 1년 더 연장… "심각한 위험 지속", 2024년 8월 8일 자 Voice of America 한국어판
"미국, 지진 피해를 입은 일본에 구호 물품 전달", 2024년 1월 9일 자 Indo Pacific Defense Forum 한국어판
'여행경보' 내려진 한국, 2024년 12월 5일 자 조선일보
"우방의 힘 보여 준 수단 구출 작전", 2023년 4월 26일 자 조선일보

〈그림〉
[1.1] 국무부 스마트 여행자 등록 프로그램
https://www.facebook.com/photo.php?fbid=733216298834414&id=100064381521478&set=a.249485947207454
[1.2] 주한미국대사관 홈페이지 캡처(2025.1.3.)

제2장

# 일본의 재외국민 보호제도와 영사조력

이상진(전 외교부 재외동포영사실장, 전 주뉴질랜드 대사)

## 1. 일본의 재외국민 보호제도

### 가. 해외 일본인에 대한 영사보호 체계

일본은 헌법상으로 재외국민 보호 의무를 규정한 우리나라 헌법 제2조 제2항과 같은 규정이 없고 우리나라의 「영사조력법」과 유사한 일반적 재외국민 보호 관련 법령도 제정되어 있지 않다. 따라서 자위대법, 여권법 등 약간의 개별 법률과 매뉴얼, 지침에 의해 영사조력이 이루어지고 있다. 일본은 다양한 제도나 프로그램을 통하여 해외 방인(邦人) 즉 일본인들에 대한 영사보호를 위해 사전 예방과 사후 대응 시스템을 마련하여 시행하고 있다. 일본정부의 대응은 크게 두 가지로 나뉘는데 하나는 안전 정보의 제공이고[1] 다른 하나는 '긴급사태의 대응'이다.

---

[1] 주한일본대사관 영사부 및 서울재팬클럽 작성 협력한 「안전매뉴얼」이 대표적이다.

외무성은 해외안전 홈페이지를 통하여 위험정보, 광역 정보, 안전대책 기초데이터, 안전 수칙, 각종 매뉴얼 등의 안전 정보를 제공하며, 대사관·총영사관도 홈페이지를 통해 현지 안전 정보를 제공한다. 한편 해외에서 테러, 내전 등 위험에 처한 일본인을 철수하기 위한 수송 체계를 자위대법에 규정하고 있다.

일본 재외국민 보호 시스템 중 중요한 특징은 정부와 해외 진출 기업이 해외안전에 대해 상호 지원·협력하는 협의체를 구성하여 정례회의체로 작동하고 있다는 점이다. '해외 일본인 안전대책 관민협력회의'(약칭: 민관협) 등을 설립·운영하고 있다.[2]

### 나. 영사국의 조직과 예산

1) 조직

일본의 영사제도와 업무를 담당하는 조직은 외무성 영사국이다. 동 조직은 크게 4개 과 즉, 정책과, 해외방인안전과, 여권과, 외국인과로 구성되어 있고 각 과에는 '실'이라는 이름의 전문적 업무를 담당하는 팀조직이 속해 있다.[3] 정책과에는 안전한 해외여행, 외국 생활의 복지 증진, 이주민 정착의 안정을 위한 종합적인 정책을 담당하되 영사체제강화실(영사의 연수 및 업무매뉴얼 담당), 재외선거실, 영사서비스실, 헤이그조약실(국제아동약취에 관한 사무), 영사디지털화추진실이 속해 있다.

해외방인안전과는 해외 일본인의 전반적인 안전대책을 세우고 보호하는

---

[2] 정강(전 외교부 영사안전국장, 현 주에티오피아 대사), "국가의 재외국민 보호 범위와 한계-주요국 정책 및 사례", 한국외교협회 발간 〈외교〉, 제147호(2023.10), pp.36.
[3] 일본 외무성 홈페이지(https://www.mofa.go.jp/), 2025.5월 현재

업무를 담당하며 산하에 방인테러대책실이 속해 있다. 여기서는 해외에서의 테러·납치 사건에 관한 일본인의 안전대책 및 보호를 담당하며 전문상담실을 운영한다. 테러·납치에 대한 별도의 정책실을 두고 있는 점이 특이하며 우리나라 해외안전상황실과 유사하다. 외국인과는 사증(비자)에 관한 사항 및 재일외국인에 대한 외교정책의 입안을 담당한다. 이 부분은 우리나라 영사안전국에는 없는 기능으로 독특하다 할 것이다.

별도 조직으로 영사서비스센터(증명반)과 영사서비스센터(해외안전상담반)이라는 2개의 센터가 있는데 증명반은 증명서 및 아포스티유 발급 등을 담당하며 우리나라의 여권과 민원실과 기능이 같고, 해외안전상담반은 해외안전 정보의 제공 등을 담당하므로 우리의 영사콜센터 기능에 해당한다.

[표 2.1] 일본 외무성 영사국의 사무분장[4]

| 과 | 소속 추진실 등 | 사무 및 기능 | 한국과 비교 등 |
|---|---|---|---|
| 1. 정책과 | | 안전한 해외여행, 외국 생활의 복지에 관한 종합 정책, 해외이주 정착을 위한 정책 | 해외일본인 교육업무 포함 |
| | 영사체제강화실 | 영사의 연수 및 업무매뉴얼 담당 | |
| | 재외선거실 | 재외국민의 선거업무 | |
| | 영사서비스실 | 영사서비스의 개선·강화 | |
| | 헤이그조약실 | 국제 아동약취에 관한 헤이그 조약 사무 | |
| | 영사디지털화 추진실 | 영사업무 디지털화의 추진, 입안 | |
| 2. 해외방인 안전과 | | 해외일본인의 전반적인 안전대책을 세우고 보호하는 업무를 담당 | |
| | 방인(재외국민) 테러대책실 | 해외 테러·납치사건에 관한 일본인의 안전대책 및 보호를 담당, 전문상담실을 운영 | 해외안전 상황실과 유사 |
| 3. 여권과 | | 여권업무 전반 | |

---

4 일본 외무성 웹사이트 외무성조직 https://www.mofa.go.jp/mofaj/index.html

| 4. 외국인과 | | 사증(비자)에 관한 사무 및 국내 외국인에 관한 외교정책 입안 | |
|---|---|---|---|
| *영사서비스 센터 | 증명반 | 확인 증명서 및 아포스티유 발급 담당 | 여권과 민원실 |
| | 해외안전상담반 | 해외안전정보의 제공 등 | 영사콜센터 |

사실 일본 외무성 내에 영사의 기능이 강화된 것은 미국의 9.11 테러나 SARS와 같은 전염병 창궐 때문에 영사이주부에서 영사국으로 격상된 2004년이다. 최근 국제화의 진전과 국제정세의 변화가 급변하고 있어서 재외 일본인을 보호하는 과제는 여전히 그 기능의 강화를 도모하는 방향으로 추진되고 있다.[5]

### 2) 예산

일본 외무성 전체 예산은 2024년 현재 9,762억 엔이고,[6] 그중 영사 관련 예산은 '외교·영사체제 강화'의 일부로 포함되어 있어 정확히 계산하기 어려우나 약 300억 엔 규모로 추정되고 있다. '외교·영사체제의 강화'는 외무성 사업의 5개 분야 중 하나의 항목으로 자리매김하고 있어서 상당히 비중 있게 추진되고 있다. 이 분야 추진 목표는 ①긴급시를 포함한 재외국민 보호체계의 강화, ②국제왕래 활성화 대응(2025 신여권의 착실한 운용 등 사증업무 체계 강화), ③디지털 업무추진을 포함한 영사서비스의 향상이다.

주요 역점사업은 해외안전 홍보 관련 예산('다비레지', '체류신고' 관련) 0.5억 엔, 전세기 등 재외국민 철수 관련 경비 2.3억 엔, 여권 발급 및 관리에 109억 엔, 해외 일본인 학교·보습학교[7] 지원 52.6억 엔(이중 중국 소재 일본인 학

---

[5] 日외무성 국민보호·경제외교 강화 … 20여 년만에 대규모 조직개편, 연합뉴스, 2024년 11월 28일

[6] 令和 7 年度(2024년)予算の概要, https://www.mofa.go.jp/mofaj/files/100775019.pdf

교 안전 강화 3.6억 엔 포함), 영사업무 디지털화 추진 92억 엔 등이다. 우리나라 영사분야 예산보다 규모가 크다는 것을 알 수 있다.[8] 특히 해외일본인 학교의 교육지원예산이 포함되어 있는 점이 특색이며 2024년 중국 심천의 일본인 학교에서 일어난 9세 아동의 피살사건 관련하여 대응하는 예산이 반영되고 있고, 여권과 영사디지털 관련 예산의 규모가 방대하게 편성되어 있음을 알 수 있다.

## 2. 일본의 주요 영사조력 제도

### 가. 충실한 안전정보의 제공

일본 정부는 안전정보의 충실한 제공을 해외에서 자국민 보호의 가장 기본적인 인프라로 보고 이 부분에 대한 다양한 안내와 연구를 많이 하고 있다. 4가지 정보 제공(스폿, 광역, 위험, 감염병 정보) 사항을 항목별로 나누어 설명한다.

#### 1) 스폿(spot) 정보

스폿 정보란 '안전에 관련된 중요한 사건이 특정 국가 또는 지역에서 발생하거나 발생할 우려가 있는 경우 즉시 발행되는 정보'로 속보성 정보이다. 정보의 내용은 테러나 분쟁에 관한 정보 등 일본인의 생활에 중대한 영

---

[7] 우리나라의 해외 소재 주말 한글학교 등에 해당
[8] 2025년 우리나라 재외국민 보호 예산은 여권예산(1,238억) 포함시 약 1,393억 원이다. (2025년 외교부 예산자료)

향을 미치는 것으로부터 감염증 등 심각한 질병을 일으킬 우려가 있는 것까지 매우 다양하며, 여행이나 체류 중의 안전 대책과 트러블 회피의 관점에서 알 필요가 있다고 판단되는 경우에 제공한다.

*스폿 정보 발령 예시

> 스폿 정보: 이 정보는 2000/000(일본 시간)을 기준으로 유효합니다.
> 국가 A: 대통령 선거 경고, 20○○년 ○○월
> 【포인트】
> - A국의 대통령 선거는 ○○월에 실시됩니다.
> - 반정부 무장 단체들은 이번 선거를 이용해 테러를 일으킬 수 있다. 의심스러운 상황을 발견하면 즉시 그 지역을 떠나는 등 안전 확보에 노력을 기울입니다.

① 발령 대상 상황

급격한 안전의 악화(시위나 파업 발생 등), 갑작스런 사건 발생(연쇄폭탄테러 등), 자연재해의 발생(태풍피해 등), 감염병의 발생(SARS 발생 등), 테러가능성 점증(테러공격위험 등), 폭력범죄와 심각한 범죄의 증가(외국인대상 빈번한 강도사건 발생 등)

② 스폿 정보와 위험정보와의 관계

'스폿 정보' 중에서도 특히 일본 국민의 생명에 악영향을 미치는 경우는 "위험 정보"와 밀접하게 관련된다. "위험 정보"는 위험을 유발하는 사고가 어느 정도 계속되고 있을 때 발령한다.

예를 들면 갑작스런 사건이 발생했을 경우, ① 우선적으로 '스폿 정보'를 통해 주의를 환기시키고, ② 상황을 모니터링하면서 필요에 따라 '위험 정보'의 내용을 갱신조치 한다(예시: 발리의 디스코 폭탄 테러). 또한 '위험 정보'를 발령한 국가·지역에서 '스폿 정보'를 발령하여 위험 정보의 원인이 되는 각

사고의 중요성을 사람들에게 상기시키는 경우도 있다(예시: 필리핀 반군에 의한 테러 공격).

2) 광역 정보

'광역 정보'는 국제 테러 조직의 동향, 국제범죄, 감염병의 광범위한 발생 등 여러 국가 또는 지역에 걸쳐 있는 넓은 지역에서 주의가 필요한 상황이 발생할 때 주의를 촉구하는 정보이다. 해외 여행자의 경우, 외무성 홈페이지에서 국가 또는 지역에 대한 정보 참조 시 국가 또는 지역별로 게시되어 있는 '위험 정보', '스폿 정보', '안전 대책 기본 데이터'에 더해 이 '광역 정보'를 반드시 확인하도록 권고하고 있다.

**\*광역 정보령 예시**

> 광역 정보: 이 정보는 20○○년/○○월 ○○일(일본 시간)을 기준으로 유효합니다.
> 연말 연시에 해외여행·체류자에게 ~테러, 범죄, 감염증 대책 및
> "타비레지"의 등록 요청~
> 20○○년 ○월 ○일
>
> 【포인트】1. 테러 등에 대한 주의사항
> • 연말연시에는 다양한 이벤트가 개최되며, 불특정 군중이 대상이 되는 테러 발생에 대한 우려가 있습니다.
> • 이러한 테러 등에 말려들지 않기 위해서는, 최신의 치안 정보를 체크해 두시기 바랍니다.

3) 위험정보(여행경보)

① 여행경보 제도(4단계)

일본은 미국 등과 마찬가지로 전세계의 지역과 국가를 아래와 같이 색깔과 의미를 담아 여행경보 4단계에 의해 구분하여 경보를 내리고 있으며 기

본적으로 권고 시스템이다.

| 노란색 | 레벨 1: 충분히 조심하세요. | 여행하거나 체류할 때 위험을 피하기 위해 특별한 주의가 필요합니다. |
|---|---|---|
| 연갈색 | 레벨 2: 꼭 필요하지 않은 여행은 하지 마십시오. | 불필요한 여행은 자제해 주십시오. 여행하는 경우 특별한 예방 조치를 취하고 적절한 안전 예방 조치를 취하십시오. |
| 짙은 갈색 | 레벨 3: 여행하지 마십시오.(여행 중지 권고) | 어떤 목적으로든 해당 국가 또는 지역으로의 여행은 삼가하십시오. |
| 주황색 | 레벨 4: 대피하세요, 여행하지 마십시오.(철수 권고) | 체류하고 있는 분은 체류지에서 안전한 나라나 지역으로 피난해 주십시오. 어떤 목적이든 새로운 여행을 자제하십시오. |

② 여행경보 4단계 국가와 지역

일본 정부가 발령하는 여행경보는 전세계 모든 지역과 국가를 대상으로 세밀하게 규정되어 있어서 그 내용도 방대하고 항상 업데이트되고 있다. 여행 금지를 뜻하는 여행경보 4단계는 치안, 테러 위험, 기타 위험 등을 고려하여 상세하게 규정하고 있는데, 우리나라에 비해 대상 국가나 지역이 다소 많고 특히 사헬지역을 포함한 아프리카지역까지도 상세하게 규정되어 있는 점이 조금 다른 특색이라고 할 수 있다.9

\* 2024년 5월 11일 현재 여행경보 4단계 발령 지역 및 국가

(ㄱ) 아시아 및 남미 지역: 인도(잠무카슈미르 준주등), 파키스탄(아프가니스탄 국경 인근 등), 아이티 전역

(ㄴ) 유럽: 우크라이나 전역, 러시아(우크라이나 접경지역), 벨라루시(우크라이나 접경지역), 아르메니아와 아제르바이잔 국경 지역

---

9 2025년 현재 한국의 여행경보 4단계 국가는 리비아 등 9개국이며, 지역은 러시아 일부지역 등 11개 지역이다.

㉢ 중동: 아프가니스탄, 예멘, 시리아, 이스라엘(가자지구와 그 국경 등), 이라크, 튀르키예(시리아국경지대), 이란(파키스탄과의 국경 지역 등), 레바논(레바논 남부 등)

㉣ 아프리카: 수단, 소말리아, 리비아, 중앙아프리카공화국, 남수단(주바공항인근 제외), 알제리(리비아 등 국경지대), 에티오피아(에리트레아 국경지대 등), 에리트레아(남부 에티오피아 국경지역), 카메룬(북쪽 끝 지역), 케냐(소말리아 국경지대 등), 콩고민주공화국(카사이 3개 주 지역 등), 챠드(리비아 국경지대 등), 나이지리아(북동부 지역), 니제르, 서사하라('모래의 벽' 이동 지역), 부르키나파소(말리 국경 지역 등), 말리, 모리타니(알제리와 국경지역 등)

③ 일본의 4단계 여행경보의 의미

일본은 권고사항으로 되어 있지만, 우리나라의 여행경보 4단계는 여권법(제17조 제3항, 제26조)에 의거 이들 여행 금지 국가나 지역을 알면서도 출입국하는 경우 형사처벌(1년 이하의 징역이나 1천만 원 이하의 벌금)을 받을 수 있다는 강력한 조항을 두고 있다.

일본에서는 여행경보와 여행사의 책임에 관한 민원 사항이 종종 발생하고 있다. 외무성 홈페이지에는 '여행경보 수준이 낮기 때문에 여행 취소 시 수수료를 부과한다, 경보 수준을 높이게 해달라' 등의 문의가 있으나 외무성에서는 국민의 안전(생명과 신체에 미치는 영향)을 근거로 리스크 정보를 발행하고 있는 것이며, 취소 수수료 문제 등 여행 계약에 관한 건은 여행사와 고객 사이에서 해결해야 할 문제라고 설명하고 있다.

4) 감염병 정보

'감염병 정보'란 고위험 감염증에 있어서의 여행이나 체류 시에 특히 주의가 필요하다고 판단되는 국가·지역에 대해 발행되는 안전 정보이다. 이

정보에는 4가지 범주의 위험 정보를 사용하여 세계보건기구(WHO)와 같은 국제기구의 대응, 위험이 발생한 국가 또는 지역의 전염병 상황, 주요 국가의 대응을 종합적으로 고려하여 기술한다.

| 레벨 1: 매우 조심 | 특정 전염병으로 여행하거나 체류할 때 위험을 피하기 위해 특별한 예방 조치가 필요합니다. |
| --- | --- |
| 레벨 2: 불필요한 여행 자제 | 특정 감염증이 있는 국가 또는 지역으로의 불필요한 여행은 삼가해 주십시오. 여행 시 각별한 예방 조치를 취하고 적절한 안전 예방 조치를 취하시기 바랍니다. |
| 레벨 3: 여행 금지(권고) | 어떤 목적으로든 특정 감염증이 있는 곳으로 여행하는 것은 삼가해 주십시오. |
| 레벨 4: 대피. 여행 금지 (대피 주의보) | 특정 감염증이나 지역에 체류하고 있는 분은, 안전한 나라나 지역으로 피난해 주세요. 어떤 목적으로든 새로운 여행을 하지 마십시오. |

### 5) 안전대책 기초 데이터

'안전대책 기초 데이터'는 각 나라를 여행하거나 체류할 때, 각 나라의 방범이나 트러블 회피의 관점에서 알아두어야 할 기초 정보를 정리한 것이다. 기본적으로 범죄 발생 예방 대책, 비자 및 출입국 심사 시 주의 사항, 체류중 주의 사항, 풍습 및 건강, 비상연락처 등의 정보가 제공된다.

### 6) 테러 개요

테러 개요란 체류국에서 자국민의 안전을 보호하기 위해 그 국가의 테러에 관한 상세한 정보를 기본정보로 제공하는 것을 말한다.

### 7) 국가·지역별 안전 정보

세계의 모든 국가에 대한 종합 안전 정보를 제공하되 홈페이지 화면상에서 해당 국가를 클릭하면 5가지 정보(스폿, 광역, 위험, 감염병 정보, 안전대책 기

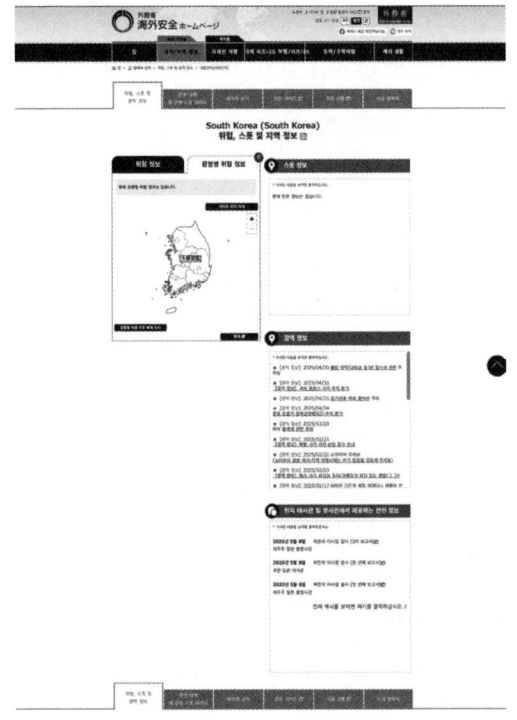

[그림 2.1] 일본 외무성 제공 한국-해외안전 정보(2025년 5월 11일)

초데이터)를 종합하여 제공하고 있다. 그림 2.1은 2025년 5월 11일 현재 우리나라에 대한 일본 외무성이 제공하는 해외 안전 정보의 내용이다. 5가지 정보 이외에도 현지 주한일본대사관이나 각지의 영사관이 제공하는 정보(북한 미사일 발사 관련 정보 등)도 포함되어 있어 아주 상세하고도 종합적인 안전정보가 제공되고 있음을 알수 있다.

그림 2.2는 2025년 5월 11일 자 외무성 해외안전여행 홈페이지의 지역별 안전 정보 제공 화면이다. 아시아 지역의 캡쳐 화면에서 최신순으로 스폿 정보, 광역 정보, 위험 정보, 감염병 정보가 제공되고 있는 것이 관찰되며, 5월 9일 자 인도-파키스탄 간 캐시미르 지역 긴장 고조로 인한 스폿 정보,

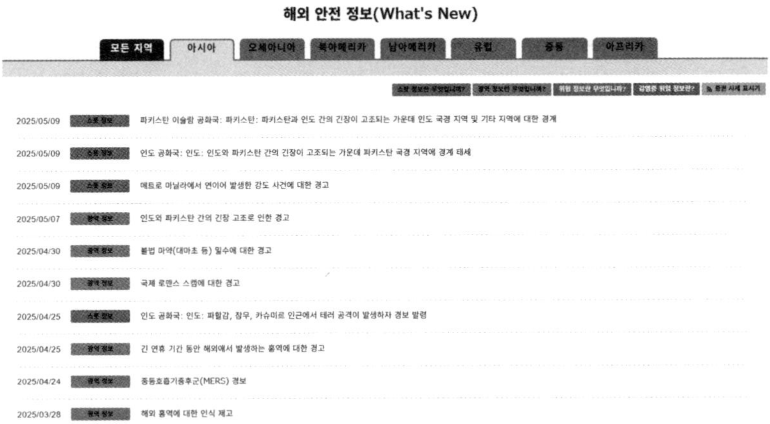

[그림 2.2] 해외안전여행 홈페이지의 지역별 안전 정보-한국(2025년 5월 11일)

광역 정보가 제공되고 있음을 확인할 수 있다.

### 8) 등록제도

일본은 해외여행 시 등록제도를 아주 강하게 권장하고 있고, 3개월 미만 체류 시와 3개월 이상 체류를 구별하여 전자의 경우는 '다비레지' 권고, 후자의 경우는 온라인 체류신고라는 이름으로 의무화하고 있다.

① 다비레지(たびれじ)

다비레지란 일본어로 '여행등록'을 의미하는데, 외무성이 최신의 안전정보를 일본어로 받아 볼 수 있게 하는 해외 안전정보 무료 배부 서비스다.[10] 이 시스템에 등록하면 첫째 출발 전에 여행지의 안전정보를 미리 알 수가 있고, 둘째로 여행 중 최신 정보를 받아 볼 수가 있으며, 셋째 현지에서 사건 사고에 휘말리는 경우 빠르게 지원받을 수 있다. 안전정보 제공 수단은

---

10 우리나라 인터넷동행 시스템과 유사하다.

메일이나 SNS(일본의 경우 '라인' 서비스)로도 가능하다.

등록해야 할 정보는 여행국가 및 지역, 여행 기간, 이름, 메일 주소, 전화번호 등이며 외무성은 가급적 등록할 것을 권유하고 있다. 등록된 개인정보는 안전정보 발송용으로만 사용되고 여행 후 30일이 지나면 자동 삭제되어 개인정보 및 프라이버시 보호에 철저를 기하고 있다. 개인정보 문제 때문에 등록을 꺼리고 있는 우리나라 인터넷 '동행' 제도 운용에도 참고할 부분이다.

② 온라인 체류신고(ORR: Online Residential Registration)

해외에서 3개월 이상 체류할 계획(해외전근, 유학, 기타 장기체류)이 있고 해외에서 일정한 주소 내지 임시거류지가 있으면 여권법 제16조에 따라 신고서를 제출해야 한다(의무). 우리나라의 재외국민등록과 유사한 제도이다. 출국하기 3개월 전부터 등록할 수 있다. 이 제도의 효용성은 ①지역의 사건 및 사고에 관한 정보, 주의가 필요한 사건에 관한 안전 정보 등 지역에서 생활하기 위해 필요한 정보를 공관에서 메일로 배포한다. ②제출된 신고서의 정보는 신청자의 안전을 확인하기 위해 사용되며, 사건 · 사고 또는 재난에 연루된 경우 공관에서 신속하게 도움을 제공한다.

9) 대사관·총영사관이 할 수 있는 것과 할 수 없는 것(중요 팸플릿 내용)

영사 관련 많은 제도와 조력 여부를 간단히 알리기 위해 해외에서 '공관이 할 수 있는 것'과 '할 수 없는 것'을 상세히 구별하여 상황별로 안내하고 있다.

① 도난 분실의 경우

- 할 수 있는 것: 현지 경찰 신고에 관한 조언(신고방법 등), 가족이나 지인으로부터의 송금에 관한 조언(일본으로부터의 송금에 관한 안내), 여권의 신규

발급, 여행증명서의 발급

 - 할 수 없는 것: 금전의 제공, 현지 경찰에 피해 신고의 대행, 유실물 수색, 범죄의 조사·범인의 체포·단속, 신용카드의 실효 신고, 항공권 재발행 수속 대행 등

② 긴급사태의 경우

 - 할 수 있는 것: 체재하는 일본인의 안부 확인, 일본인의 생명·신체에 피해가 있는 경우의 지원, 인터넷이나 연락망을 통한 정보 제공, 대피 지원

 - 할 수 없는 것: 대피 비용의 부담(현금이 없는 경우 재외공관에 상담 필요)

③ 사건·사고 긴급입원의 경우

 - 할 수 있는 것: 변호사나 통역 정보의 제공, 가족과의 연락을 지원, 현지경찰이나 보험회사에의 연락의 조언, 현지에서 치료가 불가능할 경우 긴급이송에 관한 조언·지원, 의료기관의 정보 제공, 가족 입국 등 지원, 가족이 현지에 갈 경우 여권의 우선발급 요청, 사망사건·사고의 경우 시신 확인 조력(시신의 화장, 현지에서 사망증명서 발급, 시신의 이송에 관한 조언 등)

 - 할 수 없는 것: 병원과의 교섭, 의료비·이송비의 부담, 지불 보증, 대신 지불, 범죄의 조사·체포·단속, 상대측과의 배상교섭 등

④ 체포·구금의 경우

 - 할 수 있는 것: 영사 면회 및 연락, 변호사와 통역, 가족과의 연락 지원, 차별적·비인도적 행위를 당하는 경우 관계 당국에 개선 요구

 - 할 수 없는 것: 석방이나 감형의 요구, 변호사·보석·소송 비용의 부담, 대부 및 그 보증, 취조나 재판에서의 통·번역

⑤ 곤란한 경우 및 상담

 - 할 수 있는 것: 상담에 응대 및 해결방법의 모색, 변호사 및 통역의 정보제공

- 할 수 없는 것: 사적 분쟁의 중재와 소송에 개입, 통·번역, 일본의 운전면허증의 발급·갱신 수속, 주재국 행정기관에 대한 수속의 대행 및 제출서류의 번역, 일본의 연금과 생활보호 급부의 신청 대행, 전문적인 법률상담(영사는 법률전문가가 아님), 외국비자·체재허가·취로허가의 취득대행이나 참견

10) 해외생활의 고민상담과 가족문제 안내
① 해외생활에서 불안을 안고 있는 사람
해외에서 생활하는 일본인들을 정신적으로 돌보는 코너가 있다. 일본어 채팅이나 SNS로 상담받을 수 있는 여러 창구를 소개하고 있다.
(예시) 특정비영리활동 법인: '당신의 있을 곳', '자살대책지원센터 라이프링크', 'CHILDLINE 지원센터'(18세 미만이 이용) 등
② 재외공관의 가족문제 지원
일본 공관에서는 해외에서 이혼 문제, 가정 폭력(DV)으로 고통받는 사람, 자녀와 함께 귀국을 고려하고 있는 사람들의 상담 등 가족 문제 해결을 위해 지원하고 있다.
현지 가정법과 외국 민사에 정통한 변호사, 통역사, 번역가에 대한 정보를 제공한다. 가정문제, 아동복지, 국제결혼 등에 관한 현지 상담 정보, 가정폭력 피해자에 대한 조정, 부모-자녀 교류, 지원 등의 기관에 대한 연락처를 제공한다. 현지의 가정법 제도, 법률 구조 제도 및 지원 단체에 대한 정보를 제공한다. 재외 공관에서 가족 문제(가정 폭력, 아동 유괴, 이혼 문제 등)에 대해 상담하는 경우, 공관은 협의가 이루어졌음을 나타내는 기록을 남기고 일본 법원의 요청 등이 있는 경우 기록을 제공할 수 있도록 하고 있다.

### 11) 목적별 안전정보의 상세 안내

해외안전 홈페이지 제공하는 안전정보의 대목차 분류로써 실제로 해외에 나가는 4가지 목적별(해외여행, 해외비지니스, 해외유학, 해외생활)로 구분해서 정보에 쉽게 접근할 수 있도록 하고 있다. 참고로 일본 국적의 재외국민은 2024년 현재 1,293,097명에 달한다.[11]

① 해외여행에 해당하는 경우

일본의 해외 여행자 수는 외무성의 2019년 통계에 의하면 약 2천만 명에 달한다.[12] 이들이 해외여행 시 참고할 수 있도록 해외여행 화면을 누르면 "해외 안전 사이트에서 여행지의 안부 정보를 확인하신 후, 일본 외무성의 해외여행 등록 다비레지에 등록해 주세요."라고 안내가 된다. 바로 아래에 다비레지 버튼과 온라인 체류 등록 화면이 설치되어 있고 ①여행자의 경우, ②여행업종사자의 경우, 유용한 정보 버튼이 나와서 각 버튼별로 매우 상세한 매뉴얼, 그림 영상, 요령 등을 알려주고 있다.

② 해외출장·비지니스에 해당되는 경우

해외출장·비즈니스 화면을 누르면 먼저 알림 코너가 나오고 "해외 안전 매뉴얼을 필독하세요. 기업을 위한 안전대책 세미나 안내 사항 참고."라고 안내가 된다. 해외출장 및 주재원의 경우, 해외안전 대책·위기관리 담당의 경우, 유용한 정보 버튼이 나와서 안내하며 역시 매우 상세한 매뉴얼, 그림 영상, 요령 등을 알려주되 비즈니스 니즈에 맞도록 설계되어 있다.

③ 해외유학·해외수학여행에 해당되는 경우

알림과 다비레지, 온라인 체류 신고 화면은 공통 사항으로 되어 있다. 유학을 희망하는 사람, 교육기관용, 해외수학여행의 3가지 메뉴를 두고 있다.

---

11 「海外邦人數調査通計」, 외무성 영사국 정책과, 2024.10.1.일 현재, 외무성 홈페이지 링크
12 2022년(레이와 4년)해외방인원호통계, 2024년4월, 외무성영사국 해외방인안전과

특히 해외수학여행의 경우 단체 대표자, 보호자, 안전 교사 등이 출발 전에 다비레지에 등록한 다음, 출발 15일 전부터 외무성에 신고서 제출 의무가 있으며 여행 신고서, 일정표 등을 제출해야 한다(의무사항)는 점이 특기할 만하다. 해외수학여행 등에 관한 안전 대책(비상 연락 시스템), 해외 여행 상해 보험에 가입 등 각종 안내 사항이 제공되고 있다.[13]

④ 해외생활

해외생활의 경우도 해외여행 화면과 마찬가지로 먼저 알림 코너, 다비레지 등록화면, 온라인 체류 등록 화면이 제공된다. 정보의 수집, 트러블 대책, 도움이 되는 팸플릿, 그림 영상의 3가지 메뉴를 두고 있다.

**나. 긴급사태에 대한 대응(수송 등)**

1) 연혁과 사례

① 연혁

자위대법 제84조의 3(재외국민 등의 보호조치)과 동법 제84조의 4(재외국민의 수송)에 근거하여 진행되고 있다. 방위성과 자위대는 지금까지 총 6건의 재외국민 수송을 실시한 것으로 집계 중이다.[14] 원래 자위대법이 성립한 1954년에는 '재외국민의 수송' 개념은 없었던 내용이었다. 1994년에 자위대의 '잡칙'으로 최초로 규정되었고(100조의 8), 2013년에 84조 3과 84조의 4가 본조로 규정되었으며 수송 수단도 항공기와 선박에 이어 '육상의 수송'

---

13 2024.9.20. 중국 심천 일본인학교에 등교 중이던 일본인 초등학생이 중국인에게 습격 당해 사망하자 큰 충격을 받은 일본 사회는 특별예산 편성 및 대응매뉴얼 확립 등 각별한 주의를 기울이는 중이다.
14 2023년 일본방위백서, 319쪽, 제3부 제1장 2 재외국민 등의 보호조치 및 수송에의 대응

도 추가한 바 있다. 개정은 주로 수송 수단 때문에 이루어졌는데 1993년에는 항공기만 규정하였다가, 1997년 선박과 헬기가 추가되었고 2013년에는 육상 수송이 가능해진 것이다. 일본은 헌법상의 제한 때문에 수송 시 무기의 휴대나 사용에도 상당한 제한이 있었으나 2015년 합리적 필요가 있다면 한정된 무기사용이 가능하다는 법 개정이 이루어졌다.

② 대응(수송) 사례

- 2005년 4월, 이라크에서 일본인 보도관계자 10명을 C-130 수송기에 태워 타릴공항에서 무바라크공항(쿠웨이트)으로 수송한 것이 최초의 사례이다. 같은 해 11월 코트디부아르의 소요사건이 벌어지자 일본인 단기체류자 31명을 자위대기를 이용하여 철수시켰다.

- 2014년, 알제리 일본인 테러사건[15] 당시 피해자의 수송(현지 일본 기업의 일본인 생존자 7명, 9구의 사체)이 알제리 공항에서 정부 전용기로 행해진 적이 있다. 이때 정부 대응의 부족, 정보알림 면 등에서 국회의 지적이 있었고 2015년 자위대법 개정으로 연결되었다.

- 최근에는 2023년 4월 수단에서의 재외일본국민 45명을 성공적으로 수송하였다.

- 이스라엘·하마스 전쟁이 발발하자 2023년 10월 20일에 이스라엘에서 일본인 등 83명을 구출하는 등 2회에 걸쳐 수송 작전을 전개하였고, 여기에 한국인 19명도 태워 구출한 사례가 있다.[16]

---

[15] 2014년 알제리 소재 일본기업의 플랜트 사업장에서 테러에 의해 일본인이 10명 가까이 희생된 사건
[16] 앞서 2023년 10월 15일 한국공군기에 의해 일본인 51명의 구출이 선행되었고 이러한 제3국에서의 한일 상호협력이 더해져서 추후 양국 간 MOU체결에 이르게 되었다.

2) 절차 및 방법

주로 자위대법 제84조의 3 제1항에 근거하여 절차가 진행된다. 외무대신이 방위대신에게 생명 등의 보호가 필요한 재외국민의 수송을 의뢰하고, 수송의 안전에 대해 방위대신과 외무대신이 협의히여 안전이 확보되었다고 인정될 때 수송을 실시하게 된다. 이때 '수송의 안전'을 판단하는 기준은 파견국의 공항, 항구 여행경로에서의 안전이 확보되어 있는 것을 의미한다. 즉, 해당국에 착륙, 영공 통과 등의 허가(동의)가 필요함을 의미한다.

### 다. 위기관리 민관합동체계

일본은 위기관리 분야에서도 민관 네트워킹이 작동하고 민관이 같이 긴밀하게 협력하는 모습을 보이고 있어 일본의 재외국민 보호에서 특징적으로 느껴지는 부분이다.

1) 해외안전 공공·민간협력협의회(관민협)

해외에서 활동하는 민간 기업이나 단체, 그리고 외무성 간의 상호 정보 교류와 의견 교환을 심화하고, 안전하게 해외에 여행하고 체류할 수 있는 환경을 조성하기 위한 회의로서 2003년 12월에 출범했다. 관민협의 구성은 기업·단체 임원과 외교부 영사국장으로 구성되는 '본회의'와 실무적 레벨의 '간사회'로 구성된다. 외무성 재외국민안전과가 사무국 역할을 하고 있다.

민간에서는 히타치, 미쓰비시 전기, 파나소닉, 토요타, 스미토모, 미쓰이, 이토추, JAL, ANA, 소니, 마루베니, JTB, 일본 해외안전협회, 일본 해외기업협회, 일본 여행업협회, 일본 국제협력기구(JICA), 일본 무역진흥기구 등이 참여하고 있다.

2024년의 경우 정부 측이 중동정세 등의 국제정세 변화, 테러 현상, 중국의 반간첩법 등, 외교부 영사 정책 등을 설명하고 해외 영업이나 활동을 많이 하는 기업이나 단체와의 해외안전 정보공유, 기업에의 요청 사항, 민간부문으로부터의 요청 사항 순으로 진행하여 민관간 상호 정보공유·소통의 장이 되었다.

2) 중소기업을 위한 해외안전네트워크

2016년 7월의 방글라데시 다카 테러 공격과 같은 사건사고에 대응하고 중견·중소기업에 대한 해외 안전대책을 강화하기 위해 구축된 프레임워크이다. 중소·중견기업 관계자와 안전조치, 위험정보, 모범 사례에 대한 정보를 효율적으로 공유하는 동시에 기업이 직면한 우려와 문제를 신속하게 해결하는 것을 목표로 한다.

네트워크 회의는 일 년에 한 번 국장급의 '본회의'를 개최하고 있으며, 이 회의의 지원 기관인 과장급의 '간사회'를 비정기적으로 개최하고 있다. 해외건설협회, 해외일본안전협회 등 상당수의 해외안전 관련 공공기관과 중견기업·중소기업협회가 망라되어 있다.

3) 해외안전대책 세미나

외무성 영사국은 테러나 납치 등에 대한 풍부한 경험을 가진 위기 관리 전문가를 각국에 파견하여 해외 일본인을 대상으로 테러, 납치, 일반 범죄 등의 리스크에 따른 안전 대책에 관한 세미나를 개최하여 민간의 인식을 제고하고 있다. 국내에서 개최하고, 가장 취약한 지역을 골라 국외에서도 개최하고 있으며 매년 6~7회 진행한다.

### 4) 민관합동 대테러 대책 훈련

비상사태 발생 시 관공·민관 연계를 강화하기 위해 외무성 관계자와 일본 기업 및 단체 대표가 공동으로 실시하는 필드형 현장 교육이다. 연수에서는 자신을 보호하기 위한 지식과 테러, 납치, 무차별 공격, 강도 및 기타 표적 위험에 대한 이론 교육, 실습 교육 및 역할극을 통해 조직의 위기 관리 시스템을 강화하는 데 사용할 수 있는 지식과 기술을 습득하게 한다. 국내외에서 연간 수회 개최되고 있다.

### 5) 해외안전대책에 관한 외무성 관계자의 세미나·강연

일본 외무성은 기업, 여행업계, 교육기관 등의 요청에 따라 외무성 관계자에 의한 해외 안전 대책에 관한 세미나와 강연을 실시하고 있다.

## 3. 최근 일본의 재외국민 보호 정책 동향

### 가. 일본의 영사조력 사례

#### 1) 2023년 수단에서의 철수 작전

2023년 4월 수단에서 군벌 간의 다툼이 벌어져 무력 충돌이 격화되면서 세계 각국의 자국민 대피 움직임이 활발해졌다. 일본 정부내에서도 2023년 4월 19일 수단에서의 정세를 고려하여 외무대신이 방위대신에게 수단에 체재하는 일본국민들을 수송할 필요가 있다는 준비행위 요청이 있었고 4월 20일 방위대신은 공군자위대에 '재수단 공화국 재외국민 등 수송통합임무' 부대를 편성시켰고 4월 21일 이후 C-130 수송기, C-2 수송기 및 KC-

767 공중급유·수송기가 순차적으로 지부티를 향해 출발했다. 4월 24일 C-2수송기 1기를 이용하여 재외국민과 그 가족 합계 45명을 수단에서 지부티로 무사히 수송했다.

한편 앞서 이루어진 한국의 수단교민 철수 작전(작전명: 프라미스작전) 시에 일본 정부의 요청으로 일본인들이 같이 철수한 사례가 있었고, 이것이 2024년 9월 6일 제3국에서의 한일 간 영사협력 MOU의 계기가 되는 사건이 되었다.

### 2) 2023년 이스라엘-하마스 전쟁과 일본인 철수
① 한국의 선제적 철수 조치와 일본의 반응

이스라엘-하마스 간 전쟁이 발발하자 2023년 10월 14일 한국 정부는 이스라엘에서 교민들을 태우기 위해 군수송기를 보내 한국인 163명과 일본인 51명, 싱가포르인 6명을 포함한 220명을 철수시켰다. 이러한 한국 측의 대응과 일본인들이 탑승한 것에 대해 일본 내 여론이 박수를 보냈지만[17] 일본 정부의 늦은 대응에 대해서는 "한국의 발빠른 대응은 일본 정부의 대응 지연을 드러내는 모습이 됐다.", "일본의 정치적 결정은 완고하고 융통성이 없고 시간이 오래 걸린다고 생각한다."는 비판이 있었다.[18]

② 일본의 대응

---

17 "솔직히 한국에 경의를 표하고 싶다. (이스라엘 교민 대피는) 인명과 직결된 일이며 인도적 지원의 관점에서도 이번 한국 정부의 대응은 훌륭하다고 생각한다."(야후 재팬 댓글)(조선일보, 2023.10.15. https://www.chosun.com/international/international_general/2023/10/14/KVXGXU4E7NGABNG3KQTRK2L3IA/?utm_source=naver&utm_medium=referral&utm_campaign=naver-news)
18 동일자 조선일보 https://www.chosun.com/international/international_general/2023/10/14/KVXGXU4E7NGABNG3KQTRK2L3IA/?utm_source=naver&utm_medium=referral&utm_campaign=naver-news

이러한 비판을 의식한 듯, 일본 정부는 2023년 10월 21일 일본인 60명과 외국 국적 가족 4명, 한국인 18명과 외국 국적 가족 1명을 이스라엘에서 태워 도쿄로 이송하는 수송작전을 수행하였다. 또한 이스라엘에 체류하던 한국인과 일본인 등 46명을 태운 일본 자위대 수송기가 11월 2일 오후(현지시각) 현지에서 일본을 향해 출발하는 2차 수송작전도 전개하였다. 이는 같은 달 한국 정부가 공군 수송기로 이스라엘 교민 163명을 대피시킬 때 일본인과 가족 51명을 무상으로 함께 이송한 데 대한 '보답' 차원인 것으로 알려졌다.[19]

### 나. 영사국 확대와 영사조력 강화

일본 외무성은 러-우전쟁, 이스라엘-하마스 전쟁 등 급변하는 국제정세, 중국 심천에서 있었던 일본인 초등학생 피살사건 등 해외에서의 자국민 보호의 수요가 점점 커지고 있음을 감안하여 기존의 테러·분쟁 등 사안별로 대응하도록 한 영사업무에 변화를 줘 평상시와 유사시로 구분해 담당부서를 둘 계획이다.[20]

보도에 따르면 해외 체류 일본인이 큰일을 당했을 때 대응하는 '해외국민 긴급사태과'와 평상시 국민 보호를 담당하는 조직을 영사국에 각각 신설한다는 내용이다. 이는 일본인 보호 업무를 긴급성에 따라 분리함으로써 기동적으로 대응할 수 있도록 하기 위함이다. 또한 닛케이 등에 따르면 "중국 심천에서 지난 9월 일본인학교 학생 피습 사건이 있었다"며 영사 업무를 평

---

19 뉴스핌, 2023.11.3. https://www.newspim.com/news/view/20231103000039
20 뉴시스, 11.28. 日외무성, 20년만에 대대적 조직 개편…"경제외교 축으로 추진"
https://www.newsis.com/view/NISX20241128_0002976265

상시와 유사시로 나눠 사건 초기부터 수습까지 일관성 있게 대응할 수 있는 체제를 갖출 것으로 보인다고 분석하고 있다. 닛케이는 이번 조직 개편이 영사 담당 부서의 격을 높였던 2004년 이후 최대 규모가 될 것이라고 해설했다.[21] 이와 같이 일본의 경우도 영사업무의 중요성이 점점 커지는 현대적 방향성에 맞추어 영사기능이 보다 강화되고 있다.

## 4. 일본 재외국민 보호제도에 대한 평가

### 가. 일본 재외국민 보호제도의 특색 및 평가

#### 1) 한국의 영사조력법과 같은 일반적 규율법 부존재

일본 헌법에는 우리 헌법 제2조 제2항에 있는 국가의 재외국민 보호의무가 규정되어 있지 않으며[22] 법률 유보조항도 없다. 도미이 유키오(富井幸雄)는 논문에서 헌법에 재외국민 보호 조항을 가지고 있는 나라(1987년 대한민국헌법)에 대해 의식을 하고 있음에도 "이들 나라가 헌법에 규정이 있다 하더라도 그 법규범성은 불명확하다"라고 기술하는 등 의미 있게 다루지 못하고 있다. 도미이는 일본 헌법에 정부의 재외국민 보호 의무가 없지만 외교적 보호권 이론에 의해 헌법상 인정될 수 있다고 보았다. 그렇지만 그 의무는 이행에 있어서 정부의 재량적 판단으로 행해지며, 구체적인 행정법(영사조력법과 같은 법을 말함)의 규정이 없기 때문에 정부의 보호를 행사하도록 청구할 권리로 인정될 수 없다고 보았다. 따라서 부작위 위헌 혹은 부작위

---

21 상기보도
22 富井幸雄, 在外邦人保護義務와 憲法-外交的保護와 邦人救出-, 都法57-2, P93, 각주(65)

위법 확인 소송은 인정될 수 없다고 본다.23 반면 우리나라의 경우 헌법의 규정에 이어 일반행정법(영사조력법)으로 재외국민 보호 의무가 구체화 되었고 이미 이러한 법리에 의해 판례가 형성되는 중이다.24

결론적으로 일본에서의 재외국민 보호의 법리는 크게는 '영사관계에 관한 비엔나협약'과 국내법적으로 개별 법률에 산재되어 있는 규정, 예를 들면 '외무성설치법'(재외국민 보호가 외무성의 업무 범위에 속함), '여권법'의 일부 규정(장기체류자 등록 의무에 관한 여권법 16조), 해외에서 자국민 구출에 대해서는 '자위대법' 일부 규정 등이 근거법으로 활용되고 있는 수준이다.

② 예방 중심의 재외국민 보호 및 정보 전달과 홍보

일본의 재외국민 보호의 특징적 부분은 우선 안전 정보를 4가지(스폿 정보, 위험 정보, 광역 정보, 감염병 정보)로 구분하고 각 지역별, 국가별로 최대한 그리고 신속하게 전달하려고 노력하는 것이다. 수많은 매뉴얼이 이미 만들어져 있으며 이 매뉴얼과 정보가 해외 여행자, 해외 유학하는 자, 해외 비즈니스·출장자 등 수요자의 입장에서 제공되고 있다.

한편 체류기간 3개월 이하는 다비레지(Travel Registration)의 인터페이스를 제공하여 정보를 등록하도록 권고하는데, 2014년 7월 출시 이후 2023년 12월 현재 누적 등록 이용자 수는 858만에 달하고 있어 매우 활성화되어 있음을 알 수 있다. 우리나라의 '동행시스템'과 유사하지만 우리의 경우 홍보 미흡으로 그 이용률이 여행자 대비 약 1%대에 머물고 있다.25

3개월 이상 체류자는 온라인 체류 등록을 의무화하고 있다. 우리나라의

---

23 같은 논문, p107
24 멕시코 w주점 사건의 국가배상청구사건에서 영사조력이 과실을 이유로 1천만원 배상판결이 내려진 바가 있다(서울중앙지법 민사90단독 김현석 부장관사)
25 외교부에 따르면 2013년 10월 말 현재 '동행' 서비스 가입자는 3만 4천여 명. 해외여행객 1천 명 가운데 1, 2명 정도(0.24퍼센트)만이 해외여행을 하기 전에 '동행' 서비스에 가입중임

재외국민등록제도와 유사한 제도이며, 출국 전 3개월부터 할 수 있도록 안내하고 있어 우리나라의 재외국민등록제도[26]보다는 정보의 현행화가 많이 이루어져 있을 것으로 판단된다.

또한 공관에서 '할 수 있는 것'과 '할 수 없는 것'을 상황별로 상세히 지속적으로 안내하고 있고 각 공관별로도 '안전매뉴얼'을 작성하여 범죄의 방지(방범, 교통사고, 트러블이 생길 경우, 테러의 경우), 긴급사태 대응(연락체제, 정보수집, 비상물품, 행동요령, 철수, 감염병 대책 등)과 관련하여 상세하게 책자 형태로 보급하고 있으며 부록으로 필요한 각종 자료(긴급연락처, 의료기관 정보, 상담, 유실물, 보험, 안전정보, 주요대피시설 등)가 첨부되어 있다.[27] 한편 해외에서 심리적으로 어려움을 겪는 사람들, 가족문제 등으로 어려운 경우를 위한 정보제공에도 적극적이다. 이러한 예방효과가 있어서인지 일본의 재외국민들이 사건사고에 관계된 건수 및 인원은 2022년 말 현재 14,454건, 16,895명에 지나지 않는다. 참고로 재외국민 숫자는 1,308,515명이며 해외 여행자 수는 2,771,770명이다.[28]

### 3) 법·제도화의 미흡과 자기책임 강조

해외에서 일본인의 보호와 원조는 재외공관의 임무라고 선언하고는 있고, 특히 해외에서 생명, 신체가 위험에 처한 일본인을 보호하는 것은 재외공관의 최우선의 의무 중 하나라고 뚜렷하게 선언하고 있다.[29] 하지만 외무

---

[26] 우리나라의 재외국민 등록은 등록과 말소 등이 제대로 관리되지 않아 현행화가 시급하다는 점이 지적되고 있다.
[27] '주한일본대사관 안전 매뉴얼'(서울재팬클럽 작성협력) 참조
[28] 가장 해외여행자 수가 많았던 2019년(20,080,669인)에 사건사고는 20,295건 발생하였고, 재외국민 숫자는 1,410,356명이다.(海外邦人援護統計 및 海外邦人數調査統計)
[29] 매뉴얼「재외공관에서 해줄 수 있는 것과 해줄 수 없는 것」

성은 "외국은 각각의 독자적인 법제도가 있고 일본인이 관계된 사고 등에 대해 그 국가의 법률이 적용되고, 해외에서는 일본에서 받는 구제를 받을 수 없기도 하며, 재외공관의 직원 수도 제약이 있으므로 재외공관이 할 수 있는 일에 한계가 있다."는 것을 전제로 각자의 자조 노력에 의해 해결을 도모하도록 촉구하고 있다.30 재외국민 보호의무가 일반법으로 법제화 되지 못하는 상황에서 자기책임을 강조하며 국가의 해결에 현실적인 한계가 있다는 점을 강조하고 있다.

일본의 경우 해외 대형재난 등이 발생하였을 때 재외국민 보호나 사고 수습을 위해 파견되는 '신속대응팀' 개념이 확립되어 있지 않다. 주로 공관의 인력을 중심으로 해결하는 것이다. 또한 일본에서 우리나라의 신속해외송금제도와 비슷한 제도를 찾기도 어렵다. 로밍서비스를 활용한 해외안전 정보의 SMS 문자서비스도 제공하지 않고 있으며, 해외안전상황실과 같이 24시간 365일 운영되는 상황실도 눈에 띄지 않는다. 해외방인테러대책실이 그러한 역할을 하고있는 것으로 추정되지만 테러대책 이외의 사항에 대해 우리의 해외안전상황실처럼 실시간, 중요사항에 대한 초동 조치가 될 수 있을지 의문이다. 민간인 영사조력 인력인 영사협력원제도도 발견되지 않는다.

4) 민관협력 시스템 활성화

민관협력은 일본의 영사조력 시스템에서 독특하면서도 잘 체계화된 부분이다. 실제로 해외 비즈니스 기업 분야나 해외유학생과의 연계를 위해 광범위한 네트워크가 구축되어 정기적인 회합을 하고, 정보가 공유되며,

---

30 외무성자료: 재외일본인-외무성의 재외일본인의 보호-, 2007.3.3., 치사키 다카시(千崎隆史), 야마다 가나(山田佳奈), 마에다쓰야(前田龍也)

교육이나 연수가 이루어지고 있어서 벤치마킹이 필요한 부분이다.

### 5) 영사 디지털화를 위한 노력

일본은 영사 서비스를 위한 온라인 신청 확대 및 영사 수수료에 대한 온라인 지불과 같은 영사 절차의 디지털화를 위해 지속적인 예산을 투입하고 있다. 각종 증명이 온라인으로 확인 가능하고, 여권 발급도 온라인으로 가능한 상태이다.

### 6) 자위대법에 근거한 해외에서의 자국민 수송

우리나라의 경우 위험에 처한 자국민 철수 혹은 전세기 등 투입으로 수송할 경우, 영사조력법에 근거를 마련하고 관계부처 대책회의의 협업으로 이루어진다. 이에 반해 일본은 자위대법에 마련된 근거규정(84조의 4 등)에 의거하여 외무대신과 방위대신의 요청과 협의하에 엄격한 투입수단(항공기, 선박, 육상수송)에 따라 작전하고 있다.

일보은 이러한 작전이 실행된 경우 투입수단을 이용한 국민들에게 실비를 징수하는 경우도 많은데 최근의 2023년 이스라엘 철수 작전의 경우 같은 시기에 행해진 우리나라의 작전과 비교하여 금액을 징수한 부분과 더불어 한국보다 신속하게 대응하지 못하였다는 비판적인 견해도 나오고 있는 실정이다.[31]

### 7) 영사업무의 관장 범위가 넓은 편임

일본 영사국의 업무범위는 재외국민 교육분야, 비자 업무, 국내에서의 외

---

[31] "日은 전세기 유료인데"…'反韓' 일본인도 반한 이스라엘 구출 작전, 머니투데이 김지훈 기자, 2023.10.15 https://news.mt.co.kr/mtview.php?no=2023101518184012627

국인 관리 분야까지 미치며 이는 우리나라와 비교하면 업무의 영역이 넓다고 할 수 있다. 특히 해외 일본인학교의 교원 확보, 교육시설의 확보, 교육과정 운영 등 업무를 외무성 영사국이 담당하는 것이 특이하게 관찰되었다.[32] 비자도 법무부에서 담당하는 기능을 받아서 수행하고 있었다.

### 나. 한·일 양국 제도 비교

한일 양국의 영사조력 제도의 유사점과 차이점은 표 2.2, 2.3과 같다.

[표 2.2] 한일 영사조력 제도의 유사점

| | 항목 | 일본 | 한국 |
|---|---|---|---|
| 유사점 | 해외여행 시 등록제도 운영 | • 매우 활성화<br>• 3개월 이하 체재: 다비레지(권고)<br>• 3개월 이상 체재: 체류신고(의무) | • 유사제도 있으나 개선할 점 많음<br>• 동행서비스(인터넷, 앱)<br>• 재외국민등록 의무 |
| | 「할 수 있는 것과 할 수 없는 것」 | 공관이 「할 수 있는 것과 할 수 없는 것」을 온·오프라인에서 널리 홍보 | 유사한 개념이 있으나 홍보가 다소 약함 |
| | 위험경보제도 | • 4단계 제도, 권고 형식<br>• 감염병정보도 4단계로 부여<br>• 위반 시 처벌없음 | • 제도 유사<br>• 그러나 경보 4단계는 강행규범으로 위반 시 처벌대상 |
| | 예방을 위한 정보제공 노력 | • 매우 상세하게 방대한 정보 제공<br>• 각종 매뉴얼, Q&A, 상황별 「할 수 있는 것과 없는 것」 | • 정보제공 노력은 있으나 정보의 양과 질에 있어서 일본보다 약함 |
| | 영사디지털화 강조 | • '영사디지털화 추진실' 존재<br>• 여권, 각종 증명 온라인 신청, 수수료 신용카드 결제 가능 등 고도화 노력 경주 | • 영사디지털 팀(G4K 추진팀) 존재하고 국정 과제 추진 중<br>• G4K(전자영사민원시스템)시스템 운용발전 중 |

---

[32] 우리나라는 교육부에서 한국인학교의 운영을 담당하고 있다.

[표 2.3] 한일 영사조력 제도의 차이점

| | 항목 | 일본 | 한국 |
|---|---|---|---|
| 차이점 | 규범의 형식 | 헌법에 규정이 없고 일반법이 없음. 다만 여권법, 외무성설치법, 자위대법(재외국민수송)에 개별적 규정으로 산재하여 존재 | • 헌법에 근거규정. 영사조력법 제정<br>• 기타 정부조직법, 여권법, 재난안전관리법 등 행정법적 근거 다수 존재 |
| | 기본 철학의 차이 | 해외 사건사고는 영사조력의 여건상 한계가 있으므로 개인의 책임하에 해결 필요 강조 | • 영사조력의 법적 의무화 실현하는 단계에 진입<br>• 한편 영사조력의 한계 등도 규정 |
| | 영사조력제도의 발전 | • 제도보다 정보제공에 중점<br>방인테러대책실, 헤이그조약실, 외국인과, 영사서비스센터(증명반), 영사서비스센터(상담반) | • 다양한 제도 상대적으로 발전<br>• 신속대응팀, 신속해외송금제도, 해외안전상황실, 영사협력원, 영사콜센터, 여권실 민원실 등 |
| | 민관협력 네트워크 | • 매우 긴밀함.<br>• 민관협, 중소·중견네트워크, 해외안전세미나 등 각종 민관네트워크 발전 | • 긴밀한 네트워크 구성 필요<br>• 여행사안전간담회 및 해외선교안전간담회(연 2~3회) |
| | 해외위난사태시 자국민 수송 등 | • 근거법: 자위대법<br>• 요건이 엄격함(전수방위 개념의 헌법 부합성 강조)<br>• 군용기 이용의 경우에도 비용을 징수하는 경우가 많음 | • 근거법: 영사조력법. 융통성 보유(헌법적 제약 없고 관계기관회의 등으로 결정)<br>• 전세기 이용시 비용 징수, 공군기 이용시 비용징수 없음 |
| | 영사업무의 범위 | • 넓음<br>• 해외교육시설운영,비자,국내외국인 업무 | • 좁음<br>• 해외교육 관련은 교육부, 비자 업무 법무부소관 |

## 5. 맺음말: 한일 영사 협력의 강화

첫째, 한·일 간 제3국에서의 위기관리 MOU 등 영사 협력을 발전시켜야 한다. 2023년 4월 아프리카 수단에서 군벌 간 충돌이 발생했을 때 일본인들이 한국 정부의 버스를 이용해 대피한 사례가 있었고, 또 같은 해 10월 하마스의 이스라엘 기습 공격 당시 한국은 자국민과 함께 일본인들을 대피시키는 협력을 했다. 이에 일본은 자국민 대피 시 한국인 33명(1, 2차 합계)을 함께 태우는 등 양국 간 협력의 실적이 축적되어 왔다.

2024년 9월 6일 기시다 총리가 방한한 것을 계기로 양국 외교장관 간「제3국 내 한일 재외국민 보호 협력 각서」가 체결되었다.33 최근 국제 안보 상황이 악화됨에 따라 자국민 대피 수단 확보의 중요성이 커졌고, 러시아-우크라이나 전쟁, 이스라엘과 하마스 간의 갈등 등으로 인해 분쟁 지역에서의 자국민 보호가 필수적이라고 본 것이다. 그러한 의미에서 제3국 내 위기 상황 발생 시 양국 국민 보호 및 안전 확보를 위한 협력 기반이 마련된 것이다. 이 MOU에는 양국은 ▲위기관리 절차, 연습·훈련에 관한 정보 및 모범사례 공유 ▲제3국에서의 위기 발생 시 대피 계획 등 위기관리에 관한 정보 교환 ▲제3국으로부터의 자국민 대피 시 협력 및 지원을 위한 상호협의 ▲고위급 협의 및 의견 교환 등을 할 수 있다는 내용이 담겨 있다.34

둘째, 양자 영사협의체 운영 등을 통한 협력을 강화해야 한다. 우리나라는 프랑스와 위기관리 MOU 등 일찍이 재외국민 보호 관련 외국과의 협력에 나섰으나 일본으로써는 역사상 최초로 타국과 위기관리 MOU를 맺는 것이었다. 이번 MOU는 양국 간 영사분야에서의 협력을 한 차원을 높이는 계기가 되었다. 양국 사이에서는 그간에 양자협의체 기능이 존재하므로 영사협의체를 번갈아 가며 개최해 왔다. 2025년 1월에도 서울에서 양국 영사국장이 참여한 가운데 24차 영사협의회가 개최되었고 ▲출입국 및 체류 관

---

33 각서 공식 명칭은 "Memorandum between the Ministry of Foreign Affairs of the Republic of Korea and the Ministry of Foreign Affairs of Japan on Cooperation of Protecting Korean and Japanese Nationals in third countries"이다.
34 한일 제3국 내 재외국민 보호 협력 강화— 조태열 외교장관과 가미카와 외무대신 간 협력 각서 체결 —, 2002.9.6. 외교부 보도자료

련 편의 제고, ▲상대국 내 자국민에 대한 영사조력 등 양국 영사 현안 전반에 대해 폭넓게 의견을 교환했다. 앞으로 양국 간 협력의 진전에 따라서는 자국민 수송 분야를 넘어서서 비자, 운전면허, 마약 등 다양한 재외국민 보호 분야에서 글로벌한 관점에서 양자 간 협력을 심화할 수 있다.

셋째, 다자 영사협력에서의 한·일협력 가능성이 있다. '영사관계 비엔나 협약' 이후 유일한 영사관계 다자간 협의체라고 할 수 있는 GCF(Global Consular Forum)가 코로나19의 발발 등으로 인천 송도에서의 회의를 끝으로 중단되어 있다. 이 다자간 협의체를 조속히 다시 시작하여 비엔나협약 이후 50년이 지난 상황을 반영하는 영사 분야 현실과 과제, 개선 방안을 파악하고 그 기반 위에 새로이 대두되는 영사 분야 위협요인 등에 적절히 대처할 필요가 있다. 대표적인 것은 코로나19 같은 팬데믹의 대두가 가져오는 국경 폐쇄 및 이에 따른 자국민 송환 같은 영사적 과제 같은 것이 대표적일 것이다. 다자간 협의에서는 지역적으로 가까운 한국과 일본이 비슷한 여건을 바탕으로 영사분야 다자협의체에서 공동의 목소리를 내며 협력해 나갈 수 있을 것이다. 이를 위해 양자협의체를 더욱 발전시키고 그러한 모델을 다자간 영사협력분야에서 확산해나가는 모습이 영사외교적 관점에서도 바람직한 협력 모습이 될 것이다.

〈참고문헌〉

이희용. 2019. 「재외국민 보호와 영사업무」. 『외교』 제130권. 한국외교협회.
정강. 2023. 「국가의 재외국민 보호 범위와 한계: 주요국 정책 및 사례」. 『외교』 제147권. 한국외교협회.
한동만·이정관·이상진. 2024. 『영사외교의 이론과 실제』. 서울: 글로벌콘텐츠.

2022년 해외방인 원호통계, 2024년 4월, 외무성 영사국 해외방인안전과

2023년도 방위백서, 방위성

2024년도 일본 외무성 예산서

2024년도 해외재류방인수조사통계, 외무성영사국정책과

「해외 일본인 추계」, 외무성 영사국정책과

매뉴얼「재외공관에서 해줄 수 있는 것과 해줄 수 없는 것」

「안전매뉴얼」, 주한일본대사관 영사부 및 서울재팬클럽 작성 협력

富井幸雄, 2017년, 在外 邦人 保護義務와 憲法-外交의 保護와 邦人 救出-, 都法57-2


일본 외무성 웹사이트

(https://www.mofa.go.jp/mofaj/index.html)

일본 외무성 해외안전여행 홈페이지

(www.mofa.go.jp/anzen)

令和 7 年度(2024년) 予算의 槪要

(https://www.mofa.go.jp/mofaj/files/100775019.pdf)


"日은 전세기 유료인데"…'反韓' 일본인도 반한 이스라엘 구출 작전, 2023년 10월 15일 자, 머니투데이.

日외무성, 20년만에 대대적 조직 개편…"경제외교 축으로 추진", 2024년 11월 28일 자, 뉴시스.

이스라엘 거주 한국인·가족 16명, 일본 군수송기로 내피뉴스핌, 2023년 11월 3일 자, 뉴스핌.

일본인 51명 태운 한국 수송기…"경의 표한다" 日 댓글 쏟아졌다, 2023년 10월 15일, 조선일보.


〈그림〉

[그림 2.1] 일본 외무성 제공 한국-해외안전 정보(2025.5.11.)

[그림 2.2] 해외안전여행 홈페이지의 지역별 안전 정보-한국(2025.5.11.)

제3장

# 중국의 재외국민 보호제도와 영사조력

백범흠(전 주중국대사관 총영사, 전 주프랑크푸르트 총영사)

## 1. 중국의 재외국민 보호제도

재외국민 보호제도는 재외 자국민의 '권리와 이익'을 보호하기 위한 정책과 법, 제도를 말한다. 재외국민 보호는 재외 국민의 권익을 보호하는 국가의 중요한 기능 중 하나로 중국을 포함한 세계 모든 나라 외교정책의 핵심이다. 덩샤오핑의 주도로 1978년 12월에 발표한 개혁·개방 정책 이후의 급속한 경제 발전과 시진핑 국가주석이 2013년 8월 카자흐스탄 방문 시 제안한 '일대일로(一帶一路)'[1] 추진에 따른 글로벌 영향력 강화에 따라 재외 중국 국민이 급증했다. 이후 중국 정부는 재외 중국 국민 보호 관련 법적 인프라

---

[1] 중국이 미국에 대항, 세계 각지로 영향력을 확대하기 위한 국가 차원의 대외전략(国家級顶層战略)으로 영어로는 Belt and Road Initiative(BRI, B&R)로 불린다. 동남아시아·중앙아시아·서아시아·아프리카·유럽을 육해공으로 잇는 인프라·무역·금융·문화 교류의 경제벨트로, 시진핑 국가주석이 2013년 8월 카자흐스탄에서 실크로드 경제벨트 추진을 제안하면서 주목받았다. 세계 155개국, 세계 인구의 75%, 세계 GDP의 절반 이상을 대상으로 하며, 추진 기간은 150년이다.

를 정비하는 한편 제도적 지원을 강화해 왔다.

우리 헌법은 제2조 제2항에[2] '국가의 재외국민 보호의무'를 명시하고 있지만, 중국 헌법은 제50조에[3] '화교(華僑) 보호'에 대해서만 규정하고 있다. 이는 명청(明淸)시대 이래 상업적 목적이나 전쟁, 기근 등 혼란기에 집단 이주하여 동남아와 북미(北美)를 중심으로 전 세계에 흩어져 살고 있는 약 5,000만 명에 달하는 화교 보호가 정치·외교적으로 매우 중요했기 때문이다.[4] 반면 유학생과 기업인, 여행자 등 재외 중국인 보호 문제는 비교적 최근에 그 중요성이 부각된데다 정치·외교적 중요성도 상대적으로 떨어졌기 때문인 것으로 분석된다.[5]

중국의 재외국민 보호제도는 양자·다자 조약, 출입국관리법, 특히 '중화인민공화국 영사보호와 협력 조례' 등 영사보호 관련 여러 법규에 기초하고 있다. 재외국민 보호를 담당하는 기관은 외교부, 재외 대사관·총영사관·분관·출장소, 재외중국인연합회 등이다. 중국의 재외국민 보호 기관은 자연재해와 정치 불안, 전쟁 등으로부터 재외국민 보호, 체류국에서 여러 가지 법적 문제에 직면한 중국 국민에 대한 상담과 지원, 무료 또는 저비용 법률 서비스 연결, 안전 지침과 여행 경보, 체류국 법률 및 문화에 대한 정보 등 여러 종류의 서비스를 제공한다. 중국의 재외국민 보호제도는 강력한 국가 개입을 특징으로 한다.

---

2 '국가는 법률이 정하는 바에 의하여 재외국민을 보호할 의무를 진다.'
3 제50조 '중화인민공화국은 화교의 정당한 권리와 이익을 보호하고, 귀국한 화교와 그들 가족의 합법적 권익을 보호한다.'
4 타이완(臺灣)과 대립하고 있는 중국으로서는 화교(華僑)의 지지를 확보하는 것이 정치·외교·경제적으로 매우 중요하다.
5 시진핑 2기 시작(2018년) 이후 중국 정부는 재외국민 보호정책 포함 공격적 스타일의 대외정책을 추진한다.

## 2. 중국의 재외국민 보호 관련 법령

### 가. 국제법

중국은 1961년의 '외교관계에 관한 비엔나 협약'에 1975년 가입했는데, 제3조는 재외 외교기관의 자국민 보호 기능을 명시하고 있으며, 제45조는 국교 단절 시 자국을 대리할 보호국 지정에 대해 규정하고 있다. 또한 1963년 채택된 '영사관계에 관한 비엔나 협약'의 제5조는 자국민 보호 및 지원, 제36조는 해외에서 체포·구금된 자국민에 대한 영사 접견권, 제37조는 사망, 후견인 지정, 미성년자 보호 관련 영사조력 제공에 대해 규정하고 있는데 중국은 1979년에 가입했다. 중국은 미국, 영국, 한국, 캐나다 등과 '영사협정'[6]을 체결했으며 또한 한국과 인도네시아, 뉴질랜드 등과는 '범죄인 인도 조약'[7]을 체결했다.

### 나. 국내법

#### 1) 영사법[8]

중국 영사법 제2조는 재외 중국 국민의 합법적 권익 보호 의무에 대해, 제16조는 해외에서 체포·구금된 중국 국민에 대한 영사조력 제공 의무에 대해, 제24조는 긴급 상황(전쟁, 재난, 폭동 등) 시 대피 및 보호 의무에 대해

---

6  영사 협정은 국가 간 '영사 관계'를 규정하고, 영사 기관 및 영사의 권한과 의무, 특권과 면제를 명시하는 국제조약으로 자국민 보호, 양국 간 교류 증진, 외교관계 강화 등을 목적으로 한다.
7  외국으로 도망한 용의자의 신병을 인도하는 데 대한 조약이다. 영어로 extradition이라 한다. 범죄인 인도조약을 체결하지 않았다고 해서 범죄인을 인도할/인도받을 수 없는 건 아니다.
8  2023년 7월 1일 시행되었다.

규정하고 있다.

### 2) 대외관계법9

중국 대외관계법은 재외 중국 국민의 안전을 확보하고, 중국의 국익을 보호하기 위한 법적 근거다. 이 법은 필요 시 외교적·법적 수단을 동원하여 재외 중국 국민의 권리를 보호하는 조치를 취할 수 있다고 명시하고 있다.

### 3) 출입국관리법

이 법은 재외 중국 국민의 여권, 비자 관련 사항과 함께 재외 중국 국민이 해외에서 법적 보호를 받을 수 있다고 규정하고 있다.

### 4) 재외 중국 국민 영사보호와 협력 조례

재외 중국 국민 보호에 대한 구체적이고도 상세한 입법은 비교적 최근 이루어졌다. 2014년 10월에 개최된 중국공산당(Chinese Communist Party: CCP) '제18기 중앙위원회(중앙위)10 제4차 전체회의(18기 4중 전회)'에서 통과된 '의법치국(依法治國)의 전면적 추진에 있어서 몇 가지 중대 문제에 대한 CCP 중앙위의 결정(關于全面推進依法治國若干重大問題的決定)'에 '재외 중국 국적 자연인과 법인의 정당한 권익 보호 강화'11가 포함되면서, 재외 중국

---

9 중국 외교 분야의 기본법인 대외관계법은 2023년 6월 28일 통과되어 7월 1일부터 시행되었으며, 중국의 국가안보를 수호하기 위한 법이라고 할 수 있다. 이 법의 시행으로 인해 중국과 관계가 좋지 않은 나라의 기업, 국민에게 예상치 못한 피해가 생길 수 있을 것으로 보인다. ①중국과 세계 각국의 외교관계 및 경제, 문화 등 각 분야에서의 교류와 협력 발전, ② 유엔 등 국제기구와의 관계 발전 등에 적용된다.

10 중국공산당(CCP)은 공산당원(약 9,500만 명)→전국인민대표대회(비상설, 약 2,800명)→중앙위(위원 205명, 후보위원 171명)→정치국(24명)→정치국 상무위(7명)→총서기(1명)로 이어지는 권력구조를 가진다.

11 七, 加强和改進黨對全面推進依法治國的領導 (七) 加强涉外法律工作

국민 보호 관련 입법이 본격적으로 시작되었다.

중국은 2023년 7월 처음으로 총 27개조로 구성된 '중화인민공화국 영사 보호와 협력 조례(中華人民共和國領事保護與協力條例)'를 제정하면서 재외 중국 국민 보호를 위한 체계적 법체계를 갖추기 시작했다.[12] 재외 중국 외교기관은 이 조례에 의거, 재외 중국 국민과 법인, 비법인 조직의 정당한 권익이 침해되거나 중국 정부의 지원이 필요할 때 국제법과 국제조약, 국내법에 따라 그들의 정당한 권익을 보호하고 지원해야 한다.[13] 중국은 2025년 5월 현재까지 법률 이상 수준에서 재외국민 보호 관련 구체적이고도 상세한 규정은 제정하지 않고 있다.

## 3. 재외 중국 국민 보호

### 가. 재외 중국 국민 보호와 지원

#### 1) 영사보호와 보호 제공 조건

'중화인민공화국 영사보호와 협력 조례'에 의하면, 재외 중국 국민에 대한 영사보호와 지원은 다음과 같은 상황에서 제공된다.

---

[12] 「중화인민공화국 영사보호 및 협조에 관한 조례」는 2023년 6월 29일 국무원 제9차 상무회의에서 채택, 공포되었으며, 2023년 9월 1일자로 시행되었다.
중국어 원본: https://www.gov.cn/zhengce/zhengceku/202307/content_6891761.htm
영어 번역본: https://www.chinalawtranslate.com/en/consularprotection/

[13] 夏莉萍(중국 외교학원 교수)이 「中華人民共和國領事保護與協助條例」의 意義和亮點(의의와 주요 내용)에서 상세히 설명하고 있다. 이와 함께 司法部, 外交部 담당관의 「中華人民共和國領事保護與協助條例」 기자회견 및 주요 내용에 대한 1문 1답에서도 상세히 설명하고 있다.

① 재외 중국 국민의 정당한 권익이 침해된 경우

- 영사 접견 및 변호사 지원

② 재외 중국 국민이 체류 국가에서 법적 문제로 조치(형사 사건 연루 및 체포·구금 시)를 받은 경우

- 중국 외교부를 통한 해당국 정부 항의 및 석방 요청

③ 인신매매·강제노동 피해를 입을 시

- 국제기구와의 협력 및 해당국 정부 압박

④ 재외 중국 국민이 전쟁이나 자연재해 등 긴급 상황에서 신변이나 재산에 위협을 받는 경우

- 긴급 대피 지원(2011년 리비아 거주, 2023년 수단 거주 중국인 대피 작전) 전세기나 군용기·군함 동원

⑤ 경제적 분쟁 및 사기 피해 보호

- 중국 기업 및 중국 국민 투자자 보호를 위한 외교적 개입

⑥ 재외 중국 국민이 기본생활에 어려움을 겪는 경우

⑦ 재외 중국 국민에게 예상치 못한 사고나 사망 사건이 발생한 경우

2) 영사보호와 지원의 한계

사인(私人) 간 계약 분쟁과 상업적 분쟁, 가족 문제 등에는 개입하지 않으며, 체류국 법률과 사법절차, 관습을 존중해야 하는 한계를 갖고 있다. 또한, 재외 중국 국민은 중국 외교부와 재외 외교기관이 제공하는 안전 경고와 지침을 준수해야 한다.

## 나. 재외국민 보호 관련 내규

### 1) 중국 영사보호 및 조력 가이드 발간

'재외국민 보호에 대한 내규' 포함 중국 정부의 내규는 일체 공개되지 않은 관계로 확인할 수 없다. 중국 외교부는 '중화인민공화국 영사보호와 협력 조례'를 제정, 시행한 이후인 2023년 9월 '중국 영사보호 및 조력 가이드(中國領事保護與協助指南)'를 발간했다. 이 내규는 법적 효력을 갖는 것이 아닌 관계로 엄밀한 의미에서 내규로 보기 어려운 측면이 있다. 동 가이드에는 해외여행을 하는 중국인들에 대한 계몽적 안내 수준의 정보도 들어 있는데, 상기 조례의 조항들이 조금 더 구체화되어 있다는 점에서 이를 통해 재외국민 보호와 관련된 중국 정부 내규를 어느 정도 추측해 볼 수는 있다.

### 2) 영사보호 및 조력 가이드(指南) 주요 내용

① 영사보호와 조력
- 민원인이 (총)영사관에 보호 요청
- 영사의 직무 범위(의무) 규정
- 조력이 제한되는 경우; 조력할 수 없는 상황
- 안전 주의; 외교부, 재외 외교기관, 지방정부 등이 발표하는 '해외 안전 주의 및 위험 경보 정보(國外安全提醒及有關風險提示信息)' 확인 필요
- 책임 부담

② 해외여행에 대한 권고
- 신중한 해외 일정 계획
- 방문지의 위험 경보 주시
- 긴급 연락처 숙지

- 여권 유효기간 확인
- 방문지 국가의 비자 발급
- 적절한 보험 및 항공권 구매
- 방문지의 출입국 관리 규정 숙지
- 현지 문화와 관습 존중
- 개인정보 등록 권장
- 가족 및 친지와의 정기적 연락 유지
- 불법행위 금지
- 입국거부에 대한 이성적 대응

③ 해외 안전 및 위험에 대한 셀프 예방

▶ 해외 안전 위험의 예방
- 치안
- 신체 및 정신 건강
- 현금 등 재산 안전
- 교통안전
- 자연 재해
- 서비스 분쟁
- 법령 및 규정 준수

▶ 해외 안전 위험 대응
- 자력 구제
- 신고 및 긴급 구조 요청
- 법률 서비스
- 인근 지역 자원 활용
- 가족 및 지인에게 지원 요청

- 자원 봉사자 지원

## 다. 재외국민 보호를 위한 여러 가지 제도

### 1) 영사보호 핫라인 및 온라인 플랫폼

중국 외교부는 한국 등 다른 나라 외교부와 같이 재외 국민이 긴급한 상황에서 즉시 지원받을 수 있도록 24시간 핫라인을 운영하고 있으며, 온라인 신고 시스템을 구축하여 신속한 대응을 가능하게 했다.

### 2) 여행경보제도

'중화인민공화국 영사보호와 협력 조례' 제19조[14]는 '해외 안전 알림(国外安全提醒) 제도'의 운영을 규정하고 있으며, 중국 정부는 현재 남색(藍色)→황색(黃色)→오렌지색(橙色)→홍색(紅色)으로 이루어진 '4단계 안전 등급 제도'를 시행하고 있다. 남색으로 평가된 지역에 대해서는 특별한 경보를 발동하지 않으며, 황색으로 평가된 지역에 대해서는 '안전주의(注意安全)' 조치가 내려지고, 오렌지색으로 평가된 지역에 대해서는 '여행자제(勤愼前往)', 홍색으로 평가된 지역에 대해서는 '여행 금지(暫勿前往)' 경보를 발동한다.

---

[14] '중화인민공화국 영사보호와 협력 조례' 제19조
    외교부와 재외 외교기관은 주재국과 지역사회의 치안, 자연재해, 사고재난, 전염병 등 안전상황에 대해 세심한 주의를 기울이고, 안전 상황에 대해 널리 알려야 한다. 안전 홍보 수준 구분과 배포 절차는 외교부가 정한다. 국무원 문화관광 주관부서는 외교부와 함께 해외관광지 안전위험 알림 메커니즘을 구축하고, 해외 안전 알림에 따라 관광지 안전위험 알림을 공개적으로 발표한다. 국무원 관련 부서와 지방 인민정부는 외국 안전 알림과 결합하여 각자의 책임에 따라 관련 중국인, 법인 및 비법인 조직이 현지에서 안전 예방을 잘 수행하고, 고위험 국가 또는 지역에 여행 및 상주하는 것을 피하도록 상기시킨다.

## 4. 중국의 영사보호 사례

### 가. 2023년 수단 내전

1) 2023년 수단 내전

2023년 4월 수단 내전이 발생했다. 남수단이 분리된 후 수단의 실질적 지도자였던 알부르한(Abdel Fattah al-Burhan) 장군이 이끄는 수단군(SAF)과 다갈로(Mohamed Hamdan Dagalo) 장군이 이끄는 신속지원군(RSF, Rapid Support Forces) 간 권력을 둘러싼 내전으로 인해 나일강변의 수도 하르툼과 서부 사헬지역 다르푸르를 중심으로 심각한 무력 충돌이 발생했다. 이 내전은 수천 명의 사망자와 수백만 명의 난민을 유발하였으며, 인도적 위기로 확산되었다.

2) 중국의 재외국민 보호 및 대피 작전

내전이 격화되면서 중국 정부는 자국민 보호와 철수 작전을 신속하게 진행했다. 중국 외교부는 내전 발생 직후 주(駐)수단 중국대사관을 통해 중국 거류민들에게 안전 주의를 당부하고 대규모 대피 계획을 마련했다. 중국 정부는 2023년 4월 말부터 인도양 서북단 홍해 인근 '지부티 해군기지' 등을 활용한 대피 작전을 추진했다.

이를 통해 중국은 자국민 수백 명을 철수시켰다. 중국 정부는 군함 안후이(安徽)함과 웨이팡(濰坊)을 동원하여 중국인을 수단에서 지부티로 이송했다. 주수단 중국대사관은 내전 발생 초기부터 24시간 긴급 연락망을 가동했다. 재외 국민과 기업 보호 조치를 통해 중국 기업인과 노동자들도 신속히 철수시켰다. 그 과정에서 중국 정부는 중국 기업 및 사업체 보호를 위해 수단 정부 및 반군 세력과도 협의를 했다.

### 3) 중국의 영사보호 및 해외 군사작전 역량 강화

이 작전에는 2011년 리비아 내전 당시 3만 5천여 명의 중국인을 철수시킨 경험이 반영되었다. 중국 정부는 신속한 대응을 통해 자국민을 보호하는 데 성공했다. 2023년 수단 내전은 중국의 재외국민 보호 및 지부티 해군기지를 활용한 해외 군사작전 수행 역량을 시험하는 좋은 계기가 되었다. 이 작전은 중국군의 비전투 대피 작전(NEO, Non-Combatant Evacuation Operation) 수행 능력이 강화되는 계기가 되었다.

### 나. 2022년 미국 내 중국인 체포 사건

2022년 여러 차례 미국에서 중국 국적자 또는 중국계 미국인들이 간첩 활동, 기술 절취, 불법 경찰서 운영 등의 혐의로 체포되는 사건이 발생했다. 이는 미·중 전략 경쟁 심화와도 관련 있는 것으로 보인다. 이러한 사건들에 대해 중국 정부는 미국 정부에 강력한 외교적 항의를 하였으며, 협상을 통해 문제를 해결했다.

① 뉴욕 '비밀경찰서' 운영 사건: 중국 경찰 공안부를 대신하여 뉴욕 차이나타운에서 불법 '비밀경찰서' 운영

② 중국 출신 연구원 및 교수 기소 사건: 중국 정보기관과 연계된 기술 절취, 허위 보고 - 중국 천인계획(千人計劃) 연루 의심, 나노기술, 반도체, AI 관련 기술 유출 혐의

③ 중국 해커 및 스파이 체포 사건: 미국 기업 및 정부기관 해킹 시도, 방산·반도체·AI 기술 절취

④ 중국 국적자들의 미국 기업 인수 과정에서의 불법 행위: 미국 내 반도체·배터리·AI 기업 투자 시 중국 정부와의 연계 은폐 혐의

### 다. 2021년 미얀마 쿠데타

#### 1) 미얀마 쿠데타 배경과 결과

2020년 미얀마 총선에서 이전 오랫동안 군부 통치에 반대해 왔던 아웅산 수치의 '민주주의민족동맹(NLD)'이 압승하자, 수치 주도 민정(民政)에 불만을 품어 오던 민 아웅 흘라잉 최고사령관이 주도하는 군부는 부정선거 의혹을 제기하며 2021년 2월 1일 쿠데타를 감행했다. 군부는 비상사태를 선포하고, NLD 정치인과 반대하는 국민들을 강경 탄압했다.

#### 2) 재(在)미얀마 중국 국민 영사보호

쿠데타 발발 이후 미얀마인들의 반(反)군부 정서가 강해지는 것과 함께 미얀마 사회내에 '중국이 미얀마 군부를 지원한다.'는 인식이 확산되면서, 중국계 기업, 중국인 상점 등이 미얀마인의 공격 대상이 되었다. 중국은 쿠데타를 '미얀마 국내 문제'로 규정하고, 유엔 안보리에서 미얀마 군부 규탄 결의안에 반대 또는 기권하는 등 일정 부분 미얀마 군부와의 관계를 지속했다. 이와 함께, 쿠데타 직후 주미얀마 중국대사관이 자국민들에게 안전 주의를 권고하고, 미얀마 내 중국 기업과 자국민 대피 준비를 했다.

2021년 3월 중국계 공장 방화 사건이 벌어지는 등 반쿠데타 시위대 일부가 양곤 르웨따야 공단 내 중국계 공장 공격 포함 총 32개 중국계 공장에 방화했으며, 피해액은 약 3,700만 달러에 달했다. 이 과정에서 중국인 사업가와 노동자 일부가 혼란한 미얀마를 탈출했다. 주미얀마 중국대사관은 미얀

마 (군사) 정부에 '자국민과 기업 보호'를 강력히 요청했다.

### 3) 중국의 영사보호 조치 및 대피 작전

중국 정부는 미얀마 정부와 협력하여 중국 공장 등에 대한 경비를 강화하는 한편, 미얀마 내 친중 성향 무장 조직(샨족, 와족, 카렌족 등) 활용 가능성도 검토했다. 중국 국적자들에게 귀국 권고를 하고, 전세기 지원도 했다. 중국 당국은 중국-미얀마 국경 지대로 이동한 중국인 대피와 귀국도 지원했다.

### 4) 2021년 미얀마 쿠데타와 중국의 재외국민 보호

2021년 미얀마 쿠데타는 중국의 미얀마 내 영향력과 리스크 관리 시험대가 되었다. 중국은 군부와의 관계를 유지하면서도 반중 정서를 최소화하려는 전략을 취했다. 재(在)미얀마 중국인 및 중국 기업 보호를 위해 미얀마 당국에 대한 외교적 압박, 부분 철수, 경비 강화 요구 등의 방식으로 대응했다. 중국은 대(對)미국, 대인도 전략적 경쟁 차원에서 미얀마에 대한 경제적 지원을 계속하는 한편, 일대일로 프로젝트도 지속 추진해 나갈 것으로 보인다.

## 5. 재외국민 보호 관련 중국 법규의 문제점

### 가. 중국의 글로벌 전략과 재외국민 보호정책

1978년 12월 개혁·개방 이후 중국 경제가 급성장하면서 중국인들의 해외 방문도 점차 증가하기 시작했다. 특히, 2013년 이후 중국의 '일대일로(一

帶一路) 정책' 추진은 중국인들의 해외 방문 급증을 가져왔다. 중국 정부는 해외에 진출한 자국민과 기업을 보호하기 위한 외교적 노력을 확대·강화하고 있다. 외교부와 재외 외교 기관의 역할이 강화되었으며, 중국 국민 보호를 위한 협약 체결도 증가하고 있다. 그런데, 중국의 국력이 증강됨에 따라 중국 정부는 재외 중국 국민 신변 보호를 이유로 글로벌 전략과 연계하여, 외교적 개입을 강행하기도 한다. 중국은 향후 '재외 중국 국민 보호'를 명분으로, 그리고 홍콩, 타이완 문제와 연계하여 글로벌 영향력 확대를 위해 군사적 개입을 할 수 있다. 중국은 '재외 중국 국민 보호법'을 제정할 가능성이 있는데, 이는 재(在)한국 중국인 문제나 미중 전략적 경쟁과 관련 심대한 외교적 시사점을 던져 준다.

중국의 재외 국민 보호는 국가 차원의 법적·제도적 기반을 갖추고 있다. 그리고 중국은 재외 자국민을 보호하기 위한 다양한 정책을 실시하고 있다. 중국은 최근 '영사보호 및 협력 조례'를 통해 재외 중국 국민 영사보호 범위를 명확히 하고, 대외관계법을 통해 정부의 개입 권한을 확대하였다. 중국의 적극적 영사 개입이 내정 간섭으로 비칠 가능성이 있으며, 해당국 주권과의 충돌 문제도 발생할 수 있다. 중국은 국제 영사보호 관련 보편적 기준을 준수하면서도, 재외 자국민의 권익 보호를 위한 균형 잡힌 정책을 추진해야 할 것이다. 또한, 영사보호의 실행력을 높이기 위해 규정 적용의 명확성과 투명성을 한층 더 강화해 나가야 할 것이다.

## 나. 중국의 '해외 경찰 서비스 센터' 운영과 타국 주권 침해

2022년 9월 개최 제13차 전국인민대표대회(전인대)[15] 상무위원회(상무

---
15 중국 헌법상 최고국가권력기관으로 한국의 국회와 비슷함.

위)16 제16차 회의에서 통과된 「전기통신금융사기 방지에 관한 법(中華人民共和国反電信網絡詐騙法)」 제3조는17 중국 정부에 전세계 모든 나라에 대한 치외법권적 관할권을 행사할 수 있는 근거를 부여하고 있는데, 이는 중국 국민이나 중국에 대한 사이버 범죄가 지리적 공간을 초월하여 일어나고 있다는 것을 근거로 한다. 상기 법은 앞으로 여러 나라들과 외교 분쟁을 일으키는 발화점이 될 수 있다.

또한, '중화인민공화국 영사보호와 협력 조례' 제23조는 '해외 외교기관은 영사보호 및 지원업무 필요 여부에 따라 외교부의 승인을 받아 보조업무에 종사할 인력을 채용할 수 있다.' 제24조는 '국가는 관련 조직과 개인이 영사보호 및 지원을 위한 봉사를 제공하도록 권장한다. 국가는 보험회사, 긴급구조기관, 로펌 등이 영사보호 및 지원 관련 업무에 참여하도록 장려하고 지원한다.'라고 규정한다. 이 조항은 중국 경찰 공안부(公安部)와 재외 외교기관이 함께 아래 '해외 경찰 서비스 센터'를 운영할 수 있는 근거가 되었다.

스페인 마드리드를 본부로 하는 비영리 국제인권기구 '세이프가드 디펜더스(Safeguard Defenders)'의18 2022년 12월 보고서에 의하면, 중국 저장성 칭텐과 원저우, 장쑤성 난통, 푸젠성 푸저우 등의 경찰 공안부가 한국과 미

---

16 중국 헌법 67조에 의하면, 전인대 상무위원회(상무위)는 중국공산당의 정책을 법제화하는 사실상의 입법기구라 할 수 있다. 하지만, 공산당(CCP) 정치국 상무위가 사실상의 중국 최고 권력기구다.
17 '전기통신금융사기 방지에 관한 법' 제3조: 이 법은 중화인민공화국 내에서 이루어진 전기통신망 사기 활동이나 중화인민공화국 국민이 국외에서 수행한 전기통신망 사기 활동을 단속 및 규제하는 데 적용된다. 국외 조직이나 개인이 중화인민공화국 내에서 전기통신망 사기 활동을 수행하거나 다른 사람이 중국 내에서 전기통신망 사기 활동을 수행할 수 있도록 제품, 서비스 등을 제공하는 경우, 이 법의 관련 규정에 따라 처리하고 책임을 묻는다.
18 2016년 스페인의 마드리드에 설립된 비영리 국제인권기구로 주로 중국이 벌이는 인권탄압 문제를 파헤치고 있다.

국, 일본, 영국, 스페인, 캐나다, 프랑스, 브라질, 아르헨티나, 몽골 등 세계 53개국에서 102개 이상의 '해외경찰서비스센터(Overseas 110 Service Station)'를 운영하고 있다. 보고서는 이 센터가 "티베트와 신장-위구르 출신 등 요주의 중국 소수민족 지도자급 인사들을 포함한 반체제 인사들을 잡아들이고 정보를 수집하는 활동을 하고 있다."고 지적하고 있다. 참고로 '110'은 한국의 '112'처럼 중국 내에서 경찰에 신고할 때 사용하는 전화번호다.

2022년 12월 서울시 송파구 한강변에 위치한 중식당 '동방명주'가 중국 정부의 비밀경찰서로 활용되어 왔다는 의혹이 제기되었다. 우리 정보당국은 조사 후 이곳이 중국 (총)영사관의 업무를 대리 수행하고, 한국 내 반중(反中) 중국 국민의 본국 송환 업무를 처리하는 등 중국 비밀경찰 역할을 수행해 왔다는 결론을 내렸다. '동방명주'는 VIP 전용관을 운영하여 중국 고위 관계자와 국내 주요 인사 대상 도·감청도 해 왔다 한다.[19] 미국에서도 중국계 남성이 뉴욕에서 비밀경찰서를 운영한 혐의를 인정했는데, 중국 정부는 이를 강력히 부인했다.

중국 외교부는 상기 센터는 '코로나19로 어려움을 겪는 중국 교민들을 위한 시설'이라며, '운전면허증 갱신 등을 지원하는 영사 콜센터에 불과하다.'라고 해명했다. 중국 경찰 공안부는 '한국과 미국, 호주 등에서 중국 유학생 대표들을 연락책으로 영입해 경찰 공안부와 협력시스템을 구축했다.'고 설명했다. 하지만, 대사관이나 (총)영사관처럼 주재국의 승인을 받은 외교기관이 아닌 여타 조직이나 기관이 영사 업무를 처리하는 것은 1961년 체결

---

[19] 한국 간첩법의 허점과 개정 필요성: 한 중국인이 한국 군사시설을 드론으로 촬영하다 적발되었지만, 간첩죄가 아닌 단순 불법 촬영 혐의로 처리되었다. 또한, 삼성전자의 핵심 기술이 중국으로 유출되었음에도 불구하고, 간첩죄가 아닌 기술 유출죄로만 처벌되었다. 이는 현행 간첩법이 북한 관련 활동에만 초점을 맞추고 있어, 중국 등 다른 국가의 간첩 활동을 처벌하기 어렵기 때문이다. 이에 대한 법 개정이 시급하다.

된 '외교관계에 관한 비엔나 협약'에 위반된다.

## 6. 맺음말: 중국의 재외국민 보호 정책이 한국에 미치는 영향

중국의 재외국민 및 화교 보호 정책은 한국 내 중국 국적자와 화교 사회에 대한 중국 정부의 영향력을 확대하는 요인으로 작용할 가능성이 크다. 이는 한국의 사법 및 외교 정책에도 간접적인 영향을 미칠 수 있다. 중국의 영향력은 한국 경제·교육 분야에서도 지속 확대될 가능성이 있다. 한국은 서해 불법 조업 중국인 어부 조사 및 송환 문제 등 중국의 재외국민 보호 정책과 화교 보호 관련 제반 전략을 면밀히 분석하고, 이에 대한 대책을 마련해야 한다. 특히, 한국 내 법적·사회적 질서를 유지하면서도 중국과 외교적으로 균형을 유지할 수 있는 외교적 대응이 필요하다. 이러한 차원에서 아래에 제기된 네 가지 가능성을 고려해야 한다.

첫째, 주한 중국인-화교 사회에 대한 개입이 증가할 수 있다. 중국 정부는 해외 거주 화교와 화상(華商)을 국가 발전 전략의 일환으로 간주하고, 이들과의 경제·문화적 네트워크를 강화하고 있다. 또한, 해외 화교들의 권익 보호를 위한 정책도 점진적으로 확대하고 있다. 한국은 상당수 중국 국민들과 화교가 거주하는 국가로 중국의 이러한 법률과 정책이 다양한 방식으로 영향을 미칠 가능성이 크다. 중국 정부는 한국 내 중국 국민과 화교들의 권익 보호를 강화해 나가면서 정치적·사회적 영향력을 확대할 가능성이 있다.[20] 영사보호 조치를 이유로 한국 내 중국 국적자의 권익 보호를 위한 중국 정부의 개입이 증가할 수 있으며, 이는 한국의 법적·외교적 대응을 필요로 하게 될 것이다.

둘째, 경제 분야에서의 영향력 증대가 예상된다. 중국 정부의 중국 기업가 및 화상(華商) 보호 정책은 한국 내 중국계 기업 및 투자자들에게도 큰 영향을 미칠 수 있다. 중국 정부가 해외 화교 및 중국계 사업가들에게 지원을 제공하면서 중국의 한국에 대한 경제적 영향력 증대와 한국 사회 내 중국계 네트워크의 지속 강화가 예상된다. 특히 관심을 가져야 할 문제다.

셋째, 중국 국적자의 법적 분쟁 시 외교적 압박 가능성이 있다. 한국 내 체류 또는 거주 중국 국적자가 법적 문제에 연루될 경우, 중국 정부가 중국 국민에 대한 영사보호를 이유로 한국 정부에 외교적 압박을 가할 가능성도 있다. 이는 19세기 말 청(淸)나라와 일본, 미국 등 외세의 영향을 크게 받던 조선에서 빈번히 일어나던 문제다. 이 문제는 양국 간 사법 주권 문제와도 연결될 수 있으며, 한중 관계의 민감한 요소로 작용할 가능성이 크다. 더구나 한국인들의 혐중(嫌中) 감정은 이미 최고도로 고조되어 있다.

마지막으로 재외국민 보호와 관련해서 한국형 모델 도입이 필요하다. 중국은 국가 차원에서 강력한 영사보호 정책을 추진하고 있으며, 이는 한국의 재외국민 보호 정책에도 영향을 미칠 수 있다. 대외 경제활동이 활발하고, 해외 거주 국민이 많은 우리나라도 해외 거주 국민 보호를 강화해야 할

---

20 2008년 4월 27일 서울 올림픽 공원에서 베이징 올림픽 성화 행렬이 출발했다. 한국 정부는 성화 행렬의 안전을 위해 경찰 9300여 명을 배치하였으며, 올림픽 공원 광장에는 당일 오전부터 6500여 명의 중국인이 중화인민공화국 국기를 들고 집결해 있었다. 이들의 주변에는 티베트 독립 지지와 중국의 인권탄압에 반대하는 한국 시민단체 회원 180여 명이 모여 있었다. 이 충돌은 한국 인권단체가 중국의 탈북자 송환과 티베트 문제와 관련하여 '인권이 없는 나라에서는 올림픽도 없다(No Human Rights, No Olympic Games)'를 외치며 시위하자, '사랑한다 중국', '중국의 힘을 세계에 알리자', '티베트는 영원히 우리 중국 땅' 등의 피켓을 든 중국인들이 몰려가 오성홍기를 휘두르며 욕설을 시작하면서 시작, 격화되었다. 중국인들은 돌, 스패너, 미개봉 음료수캔, 국기대 등을 한국 인권단체 회원들에게 던졌다. 이는 한·중 간 외교문제로 비화했다.

필요성이 제기되고 있는데, 한국은 중국과 다른 방식과 차별화된 한국형 접근을 해 나가야 한다.

〈참고 문헌〉

中華人民共和國國務院,「中華人民共和國領事保護與協助條例」, 北京: 中華人民共和國國務院, 2023

中華人民共和國外交部領事保護中心,「中國領事保護與協助指南」, 北京: 中華人民共和國外交部, 2023

배덕현,「中國의 재외국민 보호 관련 法規에 대한 考察」, 서울: 광운대학교, 2025

배덕현·서의경,「中國의 재외공관 관리 및 운영제도에 대한 考察」,『中國 硏究』제79권, 서울, 2019

王逸舟·李欣達,「中國外交能力建設課題」,『當代世界』, 北京: 中共中央對外連絡部, 2017

黃高原, 海外旅行安全風險等級公布, 中國旅遊報, https://www.ctnews.com.cn/paper/content/202204/20/content_70650.html

https://cs.mfa.gov.cn/gyls/lsgz/ztzl/lbdxal/

https://cs.mfa.gov.cn/gyls/lsgz/ztzl/lbdxal/cllbyzt_645685/

https://cs.mfa.gov.cn/gyls/lsgz/ztzl/lbdxal/rbddzzt_645683/

https://cs.mfa.gov.cn/gyls/lsgz/ztzl/lbdxal/hy_645637/

**제4장**

# 러시아의 재외국민 보호제도와 영사조력

하태역(전 주키르기스스탄 대사, 전 주스웨덴 대사)

## 1. 러시아의 재외국민 보호제도

　러시아의 재외국민 보호제도는 단순한 행정적 영사 서비스를 넘어, 국가 정체성 유지와 외교 전략 수행이라는 광범위한 목표 속에서 발전해 왔다. 이는 국민 결속 강화와 국가 안보를 위한 핵심 수단으로도 자리 잡고 있다. 러시아의 영사 서비스는 평상시에는 안정적인 행정 서비스를 제공하는 동시에, 위기 시에는 전략적 수단으로서 국가-디아스포라 관계를 관리하고 활용하는 중추적 역할을 수행하고 있다.

　러시아 재외국민 보호제도의 발전은 소련 법제 전통과 소련 붕괴 이후의 전환기, 현대 국가 건설 과정을 복합적으로 반영하고 있다. 1990년대 초 소련 해체로 약 2,500만 명 이상의 러시아계 인구가 세계 각지에 흩어지게 되었으며, 이들은 단순한 이민 집단이 아니라 러시아와 문화적, 언어적 연속성을 유지한 공동체로 남았다. 러시아는 이에 대응하여 국내외 영사망을 확충하고, 영사 서비스를 넘어서는 재외국민 보호 체계를 제도화하였다.

이를 통해 '동포정책(Политика соотечественников за рубежом)'을 구축하고, 자국민뿐 아니라 해외 러시아계 인구를 대상으로 하는 포괄적 보호체계를 강화했다.

### 가. 소련 붕괴 이후 재외국민 보호의 전략화

1990년대 중반 이후 러시아는 재외국민 보호를 인도주의적 차원을 넘어 외교 전략 수단으로 활용하기 시작했다. 이 전략은 푸틴 정부 들어 더욱 체계화되었으며, 푸틴 대통령은 재외 러시아계 인구를 "국가의 전략적 자산"으로 규정하였다. 2008년 조지아 전쟁,[1] 20214년 크림반도 병합,[2] 2022년 우크라이나 전쟁[3] 사례는 러시아가 재외국민 보호를 통해 지정학적 이해관계와 영토정책을 추진해 왔음을 보여 준다.

### 나. 재외국민 보호 제도의 현대화와 디지털 전환

코로나19 팬데믹은 러시아 재외국민 보호 제도의 중요성과 복합성을 더욱 부각시켰다. 국경 폐쇄와 항공 운항 중단으로 해외에 고립된 수만 명의 자국민 송환 과정에서 러시아 영사 시스템의 조직적 역량과 한계가 동시에 드러났다. 이후 외무부 내 영사국 기능이 강화되고, 세계 각국 재외공관의 영사 부서들은 재외국민 지원뿐만 아니라 동포사회 관리까지 담당하게 되었다.

---

1 남오세티야와 압하지야 지역 러시아 시민권자 보호를 명분으로 군사 개입.
2 크림 내 러시아계 주민 보호를 강조하며 영토 확장의 논리적 근거로 삼음.
3 도네츠크와 루한스크 주민에게 러시아 여권을 대량 발급하고 보호 명분 아래 군사 작전 전개.

특히 디지털 기술을 적극 도입하여 고슬루기(Gosuslugi) 플랫폼과 해외도우미(Зарубежный помощник) 시스템을 구축, 재외국민 등록과 위기 관리 체계를 현대화하였다. 이는 불확실한 국제 환경에 대한 제도적 적응을 반영하는 것이다.

### 다. 러시아 영사 서비스의 특징

러시아의 영사 서비스는 시민 보호를 넘어 전략적 영향력 투사의 수단으로 기능한다. 이는 서구 국가들의 시민권 기반(consular protection as a right) 모델과는 달리, 러시아 특유의 국가주도형(consular protection as a sovereign prerogative) 모델임을 보여 준다.

1) 국가 중심성과 주권 수호 기능
- 외무부 산하 중앙집중 운영, 해외에서 러시아 주권 존재를 상징

2) 정치적 목적 수행
- 소프트 파워 확산, 디아스포라 정체성 강화, 역사기억 정책 수행

3) 의무 등록제 및 디아스포라 관리 강화
- 2024~2025년 디지털 신분 확인과 온라인 등록 의무화

4) 위기 대응과 전략적 메시지 전달
- 코로나19 송환, 우크라이나 전쟁 등 위기 시 적극적 보호 활동과 정치적 상징 작용

5) 법률주의 및 관료적 형식주의
- 절차 엄격, 중앙 통제 강한 운영 방식

6) 문화 및 시민 외교 수행
- 러시아어 학교, 역사 전시, 국경일 행사 등 문화외교 적극 추진

7) 이민 및 시민권 관련 복합 기능 수행
- 시민권 확인, 회복, 포기 절차 수행 및 중앙아시아 노동이주 통제

## 2. 재외국민 보호의 법·제도적 구조와 운용 방식

러시아 연방의 재외국민 보호제도는 단순한 영사 행정 서비스를 넘어, 국가 외교정책의 한 축으로 기능하고 있다. 이 제도는 헌법적 의무와 함께, 1990년대 초 소련 붕괴 이후 새롭게 등장한 국제적 환경에 적응하며 발전해 왔다. 특히, 다수의 러시아계 인구가 독립한 신생 국가에 잔류하면서, 단순한 행정 차원을 넘어 재외 러시아어권 공동체 관리와 문화·언어 정체성 강화까지 포괄하는 복합적 법과 제도적 및 운영 체계로 진화했다.

### 가. 법적 기반: 광범위하고 유연한 규범 체계

1) 국제법적 기반
러시아는 영사관계에 관한 비엔나 협약(1963년)에 가입되어 있으며, 이에 따라 영사관의 기능과 권한, 자국민에 대한 접견 권리, 구금자 통지 의무,

문서 발급 권한 등이 국제적으로 보장된다. 또한, 접수국은 영사 문서와 건물의 불가침성을 보장해야 한다.

### 2) 헌법 및 연방법

러시아의 재외국민 보호 활동은 다음과 같은 국내 법률과 규정을 토대로 수행된다. 1993년 제정된 러시아 헌법 제61조는 "러시아 연방은 해외에 거주하는 자국민을 보호와 후견을 보장한다"고 명시하고 있으며, 이를 실행하는 여러 연방법이 있다.

① 연방법 제154호 '영사 활동에 관한 법'(2010): 영사 업무의 전반적 기능(문서 발급, 법률 지원, 긴급 대응, 문화 교류 등)을 규정
② 연방법 제114호 '출입국 절차에 관한 법'(1996): 여권, 입출국, 비자 관리
③ 연방법 제143호 '신분등록에 관한 법'(1997): 출생, 혼인, 사망 등의 등록 절차
④ 연방법 제67호 '선거권 보장에 관한 법'(2002): 재외국민의 선거 참여 규정

### 3) 행정명령 및 제도 설계

대통령령과 정부령은 실질적인 영사 정책을 운영하는 행정 틀을 제공한다. 이러한 법적 틀은 재외국민 보호를 광범위하게 정의하며, 평상시의 문서 서비스부터 위기 시의 군사적 대피까지 포함한다. 다만, 이들 법령은 구체적 절차보다는 원칙과 재량권을 폭넓게 인정하는 특성이 있다.

① 대통령령 제865호(2011): 외무부의 구조와 영사국의 역할 규정
② 정부령 제889호(2005): 해외 재난 상황에서 자국민에 대한 구조 및 지원 매뉴얼 제공

### 나. 조직 구조: 외무부 중심의 중앙집중형 체계

러시아의 재외국민 보호는 외무부(MFA) 산하 영사국을 중심으로 운영된다. 영사국은 전 세계 140여 개국의 주재 대사관, 총영사관과 긴밀히 협력하며, 각 공관 내 영사 부서가 실질적 현장 업무를 수행한다.

평시에는 영사국이 정책 지침을 마련하고 이를 각 재외공관에 하달하며, 외교부 중심으로 내무부(이민데이터 및 법 집행협력), 법무부(공문서 확인 및 법적 분쟁 중재), 중앙선거관리위원회(재외국민선거운영) 등 타부처와 연계 영사 서비스와 재외국민 보호가 이루어지고 있다. 위기 발생 시에는 외무부 본부와 대통령실 국가안보위원회가 주도하여 긴급 대응 체계를 가동한다. 특히 외무부 내 상황·위기 대응센터(СКЦ)는 해외 긴급상황을 실시간 모니터링하고, 필요한 경우 국방부, 내무부, 연방보안국(FSB)과 협력하여 군사적 자산을 동원한 대피 작전도 조정한다. 이러한 구조는 러시아식 국가 운영에 있어서 특유한 강력한 중앙 집중성과 신속한 명령체계를 반영한다.

실제 재외국민 보호제도의 법적, 제도적 특징은 법 규정에 구체적으로 규정되어 있기보다는 광범위한 법적 재량권을 허용하고 상황별로 탄력적으로 대응할 수 있는 법·제도적 구조로 되어 있다는 점이다. 이에 따라 평상시와 위기시라는 이중 구조에 따른 적응형 운용이라는 점이 특징적이다.

### 다. 재외 러시아어권 공동체와의 유대 강화

재외 러시아어권 공동체와의 유대 강화는 러시아식 재외국민 보호의 주요 특징으로 꼽을 수 있다. 러시아는 재외국민 보호를 단순한 행정 서비스에 그치지 않고, 전 세계 러시아어권 공동체와의 지속적 유대를 전략적으로로 강화하고 있다. 이는 다음과 같은 방식으로 전개된다.

① 러시아어 교육 지원: 해외 학교 및 대학과의 협력, 교사 연수, 교재
② 문화 프로그램 운영: 국경일 기념행사, 영화제, 문학 및 예술 교류
③ 동포 단체 지원: 재정 지원, 청년 교류 프로그램, 고국 방문 프로그램
④ 국적·시민권 연계 강화: 재외 동포에게 러시아 여권 발급 권장 및 시민권 절차 간소화

이러한 활동은 재외 러시아어 사용 인구의 정체성 유지를 넘어서, 러시아의 국제적 영향력 강화와 긴밀히 연결되어 있다.

### 라. 디지털 전환과 관리체계 강화

팬데믹 이후, 러시아는 재외국민 보호를 디지털 기반으로 전환하고 있다. Gosuslugi(국가서비스 포털: 여권 갱신, 문서 신청, 긴급연락망 등록), Zarubezhny Pomoshchnik(해외도우미, 긴급 상황 등록 및 송환 요청) 및 모바일 앱(비상 알림, 긴급 지원 요청 기능 제공) 등이 대표적이다. 2024년과 25년에는 등록제도를 개편, 온라인 식별과 연동시켜 국가의 재외국민 추적 및 응급대응 역량을 강화했다. 이러한 디지털화는 서비스 효율성과 위기 대응 속도를 높였지만, 동시에 정부가 해외 체류 러시아 국민을 보다 직접적으로 관리·감시하는 체계를 강화했다는 평가도 있다.

러시아의 재외국민 보호제도는 헌법적 의무에 기반하면서도, 외교 전략과 문화 정책을 융합한 국가주도형 모델로 발전해 왔다. 이는 서구 국가들의 개인 권리 중심 접근과는 달리, 러시아 특유의 주권적 관점에서 재외국민 보호를 재구성한 사례로 평가할 수 있다.

## 3. 러시아의 재외국민 보호 사례

법적 제도와 규정이 아무리 정교하더라도, 재외국민 보호의 진정한 성패는 실제 현장에서의 운용에 달려 있다. 러시아도 예외는 아니다. 국가적 보호 의지가 강력하더라도, 각국의 정치 상황, 외교 환경, 재외국민의 구성 특성에 따라 그 접근 방식과 대응 수준은 상당히 달라진다. 러시아의 재외국민 보호는 다양한 형태로 나타난다. 특히 대규모 위기상황이나 정치적 민감 사안에서 그 특징이 더욱 부각된다. 본 장에서는 러시아의 실제 재외국민 보호 사례를 살펴보고, 미국, 독일, 프랑스 등 주요 서방국가들과의 비교를 통해 러시아 모델의 특성과 한계를 함께 조망해 본다.

### 가. 코로나19 팬데믹 기간 러시아 국민 긴급 송환 사례

1) 사건 배경

2020년 초반 신종 코로나바이러스 감염증이 전 세계로 확산되면서 대다수 국가들은 급격히 국경을 봉쇄하고 국제 항공편을 중단했다. 이로 인해 수십만 명에 이르는 러시아 국민들이 해외에 발이 묶이는 초유의 사태가 발생했다. 당시 해외에 체류 중이던 러시아 시민들은 다양한 상황에 처해 있었다. 이들은 특히 러시아 정부가 2020년 3월 27일부로 모든 국제선 항공편을 전면 중단하겠다고 발표한 이후, 국내 복귀를 희망하는 시민들은 극심한 혼란과 불안을 겪게 되었다.

① 단기 관광객(특히 태국, 터키, 이집트 등 인기 휴양지)
② 유학생(유럽, 중국, 미국 등)
③ 장기 거주자 및 노동자(중앙아시아, 중동, 동남아시아 등)

④ 선원, 항공 승무원 등 이동 중 직업군

2) 전개 과정
　혼란 초기, 러시아 정부는 자국민 귀국을 지원하기 위한 구체적 대응 방안을 신속히 마련하지 못해 해외에 고립된 시민들의 불만과 비판이 거세게 제기되었다. 이에 따라 러시아 외무부(MFA)는 상황 파악과 귀국 수요 집계를 위해 긴급히 디지털 플랫폼 'Зарубежный помощник'(해외도우미)를 구축했다.
　시민들은 이 플랫폼에 개인정보, 현 체류 국가 및 도시, 귀국 희망 여부, 건강 상태 등을 등록해야 했으며, 등록 여부가 우선 귀국 대상 선별에 직접 영향을 미쳤다. 이 시스템은 사실상 반강제적 등록 기능을 수행했다. 이와 동시에, 러시아는 국내 지방정부와 연계하여 각 지역별 격리 시설 확보, 도착 후 검사 및 2주간 의무 격리 체계를 갖추기 시작했다. 하지만 귀국 항공편은 제한적으로 운항되었으며, 한 지역에서 탑승 가능한 인원이 한정되어 있었기에 대기 명단에 오른 시민들은 장기간 해외 체류를 강요받기도 했다. 특히 다음과 같은 지역별 대응이 주목되었다.

① 동남아시아: 태국 푸켓, 파타야, 베트남 냐짱 등 관광객 대규모 체류지 중심 전세기 운항
② 유럽: 독일 베를린, 스페인 마드리드, 이탈리아 로마 등 주요 도시별 특별 편성 항공편
③ 중앙아시아: 카자흐스탄, 우즈베키스탄에서는 육로 및 군용기 병행 수송
④ 아프리카: 이집트, 튀니지 등에서 제한적 귀국 지원

### 3) 러시아 정부의 대응

모든 귀국 작업은 러시아 외무부 본부 산하 비상대응본부(MFA)가 총괄했다. 교통부·EMERCOM은 항공기 편성, 육로 이동 루트 조정, 해외 긴급 지원을 담당했으며, 아에로플로트 및 기타 국영 항공사(로시야항공 등)가 긴급 전세기를 운영했다. 특히 디지털 서비스(Zarubezhny Pomoshchnik)를 통해 매일 귀국 희망자 수를 집계하고, 이동 가능성을 조율했다. 귀국자들은 러시아 도착 직후 지방별 격리시설로 분산되어 강제 격리 및 PCR 검사를 받았다. 일부 지역에서는 군병원이 격리 시설로 전환되기도 했다.

### 4) 결과 및 평가

약 25만 명 이상의 러시아 시민이 2020년 하반기까지 단계적으로 귀국했다. 해외 고립 상황에서도 상대적으로 체계적인 관리와 대응이 가능했으며, 이후 러시아의 위기 대응 체계(특히 디지털 기반 활용)가 강화되는 계기가 되었다. 러시아는 재외국민 보호를 단순 서비스가 아닌, 국가적 위신과 전략적 책임으로 간주하여 디지털 플랫폼을 활용한 국가 주도형 긴급대응 모델을 확립했다. 위기 상황에서 민관협력보다는 국가 중심 명령체계를 중시하면서 초기에 문제점이 있었으나 장기적으로는 경험 축적 및 제도화에 기여했다.

## 나. 시리아·리비아·수단 분쟁에서의 대피 작전

### 1) 사건 배경

러시아는 21세기 들어 중동과 아프리카 지역에서 경제, 정치, 군사적 존재감을 점차 확대해 왔다. 이 과정에서 러시아 기업, 군사 계약자, 외교관,

가족 단위 이주민 등이 분쟁 가능성이 높은 국가에 상당수 진출했다. 하지만 이들 지역은 자주 급격한 내전과 정정 불안 사태를 맞았다. 특히 시리아 내전(2011년 이후), 리비아 내전(2011년 및 2014년 이후), 수단 분쟁(특히 2023년 4월 내전 재개)은 러시아의 재외국민 보호 역량을 시험하는 계기가 되었다: 각 사건은 현지 러시아인들의 생명과 안전을 직접 위협하는 상황을 초래했고, 러시아 정부는 신속하고 대규모 대피 작전을 벌여야 했다.

2) 시리아 내전

시리아 내전이 본격화되면서 러시아 외교관, 무역대표부 직원, 민간 기술자(발전소, 송전시설 근무자), 시리아인과 결혼한 러시아 국적자 등 다수의 러시아인이 인질 납치, 포격, 봉쇄 위험에 노출되었다. 특히 2012-2013년, 다마스쿠스 주변에서 반군 활동이 격화되면서 러시아 대사관 자체가 포격 대상이 되는 일도 발생했다.

① 러시아 정부의 대응

긴급구조부(EMERCOM)와 국방부 주도로 IL-76 대형 수송기를 파견했으며, 다마스쿠스에서 레바논 베이루트를 경유하여 러시아로 귀환했다. 또는 러시아 해군기지가 있는 타르투스항을 통해 해상 탈출했다. 러시아는 외교채널을 가동하여 시리아 정부 및 특정 반군 조직과도 제한적 협상을 통해 통행 안전을 확보했고, 대사관과 대피 거점 보호를 위해 러시아 특수부대(SOZGRU)를 투입하기도 했다.

② 결과 및 평가

약 1,500명 이상이 대피에 성공했지만, 시리아 국적 러시아 이중국적자들은 경우에 따라 대피 대상에서 제외되어 논란이 발생했다. 러시아 정부는 "국민을 끝까지 포기하지 않는다"는 대국민 메시지를 강조했다.

### 3) 리비아 내전

카다피 정권 붕괴 이후 리비아는 장기간 무정부 상태로 접어들었다. 2011년과 2014년 각각 내전이 재발하면서, 트리폴리, 벵가지 등 주요 지역에 체류 중이던 러시아 시민들이 위험에 처했다. 대상자는 주로 석유·가스 기업 근로자, 건설업체 엔지니어, 해운업 종사자, 러시아 대사관 및 문화센터 직원이었다.

① 러시아 정부의 대응

2011년의 경우 러시아는 해군 소속 대형 상륙함을 파견하여 해상 대피를 지원했고, 2014년에는 모스크바-트리폴리 긴급 전세기를 운항했다. 일부는 육로(튀니지, 이집트 국경)로 대피한 이후 항공편을 이용했다.

② 결과 및 평가

총 3,000명 이상이 안전하게 철수했으며 주리비아 러시아 대사관이 완전히 철수한 이후, 긴급 대응 전담팀만 잔류했다. 일부 러시아 계약자(특히 민간 군사기업 관계자)들이 대피 대상에서 제외되어 외교적 논란이 유발되기도 했다.

### 4) 수단 내전

2023년 4월에 수단의 수도 하르툼에서 군부와 준군사조직(RSF) 간 무력충돌이 발생하면서 다수 외국인이 포위 및 고립 상태에 놓였다. 당시 러시아인 체류자는 약 300명 규모로 추산되었는데, 특히 금광 개발 사업, 민간 군사 분야, 외교단 근무자 등이 위험에 직면했다.

① 러시아 정부의 대응

러시아는 외무부 위기대응센터(MFA)를 즉시 가동했으며 군 수송기 IL-76 2대를 포트수단(Port Sudan) 공항에 파견했다. 또한 민간 항공기를 지원하여 제3국(에티오피아, 이집트)을 경유한 귀환 조치를 했으며 일부 지역은 러시아 민간 군사기업(Wagner 그룹) 소속 인원이 대피를 지원했다. 해외도우미(Zarubezhny Pomoshchnik) 플랫폼을 통해 귀환 신청 등록자를 관리했다.

② 결과 및 평가

총 200명 이상이 성공적으로 대피했다. 초기 대응 속도가 빨랐지만 비공식 군사 채널을 통한 협상 방식이 비판받기도 했다. 러시아 정부는 이 사건을 계기로 분쟁 지역 재외국민 보호 매뉴얼을 공식화했다.

5) 종합 평가

러시아의 분쟁 지역 대피 작전은 전형적인 국가주도, 군사적-외교적 복합 대응 모델을 보여 준다. 민간 계약자든 외교관이든 일괄 관리하고 필요시 군사력 투입 가능성을 열어둔 사실이 주목된다. 디지털 데이터 수집(등록 의무화)과 중앙 통제 시스템 운용은 서방 국가들의 자발적 등록, 자율적 대피 유도 모델과 극명한 차이를 보이는 특징이기도 하다.

### 다. 마리아 부티나 사건과 러시아의 정치적 영사 개입

1) 사건 배경

마리아 부티나(Maria Butina)는 1988년 러시아 바르나울에서 태어나 정치학을 전공한 후 러시아 내 권총 권리 옹호 단체인 "Right to Bear Arms(무장할 권리)"를 설립하여 주목받았다. 2016년에 미국 워싱턴 D.C.로 유학을 떠난 부티나는 국제관계 석사 과정을 이수하면서 미국 보수층, 특히 전미총기협회(NRA)를 중심으로 활발한 네트워킹을 전개했다. 이러한 활동은

2018년에 미국 내 정보기관 및 법무부가 부티나를 "미등록 외국 정부 대리인 활동" 혐의로 체포하면서 극적인 외교 사건으로 비화하게 된다.

2) 사건의 경과

부티나는 2018년 7월에 FBI에 의해 체포되었는데, 같은 해 12월 미국 정부와 플리바겐(Plea Bargain, 유죄협상제도)을 체결하고, 러시아 정부를 대신해 미국 내 정치 세력에 영향력을 행사하려 했다고 인정했다. 이후 2019년 4월에 미국 연방법원에서 18개월 징역형을 선고받았으며, 2019년 10월 석방된 직후 즉시 러시아로 송환되었다.

3) 러시아 정부의 대응

① 영사 및 외교적 조치

러시아 외무부(MFA)는 부티나 체포 직후부터 "근거 없는 정치적 탄압"이라고 공식 규정했다. 주미 러시아 대사관은 부티나에 대한 영사 접근권(Consular Access)을 적극 행사하여 수감 중 정기 면회를 실시했고 외부 변호인단을 지원했으며 인권 침해 여부를 점검했다. 러시아 국회(국가두마)와 연방위원회(상원)도 부티나 사건을 공식 안건으로 채택하여 "미국 내 러시아 국민의 권리 침해 사례"로 규정했다.

② 정치 및 홍보 차원의 대응

러시아 국영 언론(RT, 스푸트니크 등)은 부티나를 "무고한 애국자", "러시아를 향한 정치적 마녀사냥의 희생자"로 묘사했다. 러시아 전역에서 부티나를 지지하는 서명운동 및 집회가 열렸으며, 러시아 정부는 미국을 겨냥해 "적대적 외교 환경 조성"을 비판하고 부티나 사건을 미러 관계 악화의 주요 사례로 활용했다. 부티나는 러시아 귀국 이후 외무부 장관인 라브로

프를 면담하고 곧바로 러시아 국영 TV 프로그램 등에 출연하여 자신의 구금 경험을 상세히 증언했다. 부티나는 정계에 진출하여 2021년 국가두마 선거에 집권당인 통합 러시아당 소속으로 당선되었다. 이후 러시아 국회 내 인권 문제 관련 위원회에서 활발히 활동하면서 미국과 서방을 강도 높게 비판하는 논조를 유지하고 있다.

③ 국제법적 쟁점

미국은 부티나의 활동을 FARA(Foreign Agents Registration Act) 위반으로 처리했지만, 러시아는 이를 정치적 박해로 해석하며 영사보호 이상의 외교적 대응을 펼쳤다. 이 사건은 "영사권 보호"와 "국가 외교 전략" 사이의 경계를 흐리는 대표적 예시로 평가된다.

④ 분석 및 평가

정치화된 영사보호의 대표적 사례인 부티나 사건은 단순한 영사적 개입(수감자 보호)을 넘어서 양국 간의 전면적 외교 문제가 되었으며, 국내의 여론 결집과 정치적 자산화가 일어난 보기 드문 경우이다. 부티나를 "애국적 희생자"로 규정한 러시아의 공식 서사는 내부 단결로 이어지고 대외적으로 강경 이미지를 강화했으며, 서방 국가에 대한 불신 조장에 기여했다. 부티나 사건은 러시아 영사보호가 개별 시민의 권익 보호에 그치지 않고 국가 이익, 대외 전략, 내외부 메시지 조정의 수단으로 활용되는 전형적인 모델을 보여 주었다. 이는 다른 서방 국가들의 영사 지원이 주로 개인 권리 중심으로 제한되는 것과 확연히 대비되는 특징이다.

### 라. 해외 억류 러시아 선원 구제 사례

국제 해운·어업 시장에서 러시아 선원들은 오랜 전통과 기술력을 자랑

해 왔다. 하지만 글로벌 경제의 복잡화와 해양 관할권 갈등 심화로 인해 수많은 러시아 선원들이 해외 항구에서 억류되거나 체포되는 사건이 꾸준히 발생하고 있다. 억류 사유는 마약 밀수, 무기 밀매 등 범죄 연루 혐의, 해양법 위반(불법 어업, 영해 침범 등), 노동권 침해(임금 체불, 근로조건 위반 등), 행정서류 미비(선박 등록 문제, 비자 문제) 등 매우 다양하다. 이런 사건들은 대부분 대규모 국제 뉴스는 되지 않지만, 러시아 영사보호 실무에서 매우 빈번하고 중요한 업무로 자리 잡고 있다.

### 1) 필리핀: 불법 어업 단속과 선원구금

① 사건 개요

2019~2023년 사이 필리핀 해양경찰은 남중국해와 팔라완 인근에서 외국 어선 단속을 강화했다. 이 과정에서 러시아 국적 또는 러시아계 선원들이 다수 체포되었다. 특히 2021년에는 러시아-우크라이나 혼성 승조원을 태운 소형 어선이 필리핀 영해에서 적발되었고 선장은 허가 없이 조업했다는 혐의로 체포되었다. 선원 15명은 이민법 위반 혐의로 이민국에 의해 구금되었다.

② 러시아의 영사 대응

주필리핀 러시아 대사관은 즉각 선원 명단을 확보하고 선원들에게 통역인과 변호인을 배정하는 등 필리핀 정부와의 협의를 통해 일부 선원은 조기 석방에 합의했다. 그리고 남은 선원들은 벌금형으로 대체한 후 귀국을 지원했으며, 특히 인도적 지원(음식, 의료품 전달)이 함께 이루어졌다. 선박 소유주가 도주하면서 영사관이 유일한 지원 창구로서의 역할을 했다.

2) 멕시코: 마약 밀수 혐의 억류

① 사건 개요

멕시코 항만 지역(베라크루스, 만사니요)은 국제 마약 밀매 루트의 핵심지대이다. 2019년 이후 러시아 선원들이 연루된 사건이 3건 이상 보고되었다. 2020년에는 러시아-파나마 공동 등록 선박이 마약 운반 혐의로 압류되었고 승무원 전원이 체포되었다. 러시아 선원 7명이 포함되었는데 선원들은 밀수 계획에 대해 전혀 알지 못했다고 주장했다.

② 러시아의 영사 대응

러시아 대사관은 멕시코 당국에 외교적 경유서를 제출하고 공정한 재판을 촉구했으며, 가족과의 연락을 지원하고 재판 모니터링 등 재외국민 보호 영사 활동을 수행하였다. 최종적으로 증거 불충분으로 일부 선원 석방에 성공하였다. 러시아 외무부는 이 사건을 통해 "러시아 국적 선원의 권리 보호 강화 필요성"을 공론화했다.

3) 그리스: 이주민 밀입국 사건 연루

① 사건 개요

그리스 해역은 중동 및 아프리카 난민들의 주요 탈출 경로이다. 러시아계 선원들이 채용된 선박이 인신밀매 사건에 연루되는 경우가 있었다. 2018~2019년에 러시아 및 우크라이나 출신 선원 다수가 난민을 수송한 혐의로 체포되었는데 승무원들은 본인이 운송한 화물이 "난민"임을 사전에 몰랐다고 주장했다.

② 러시아의 영사 대응

주그리스 러시아 대사관은 사건 현장을 조사했으며 인도주의 차원의 법적 변호인을 지원하고 국제적십자사 및 유럽 인권기구와 협조하여 구금 환경 개선을 도모했다. 러시아 측은 "선원의 고용 구조(중개회사 문제)"를 지적하며 예방 대책 마련을 촉구했다. 이후 러시아 정부는 이런 사건의 증가에 대응하여 선원들을 대상으로 해외 근무 사전 교육을 강화했다. 외무부, 교통부, 노동부는 공동으로 "국제 해상 근로자 안전 가이드라인"을 제정했으며, 재외국민 위기 대응 프로토콜 강화를 위해 해외도우미 앱(Zarubezhny Pomoshchnik)을 통한 선원 등록 의무화를 추진하는 한편, 러시아 해상노조 연합체(Seafarers' Union of Russia)와 협력하여 선원권 보호 운동을 확대하기도 했다.

영사보호의 '보이지 않는 전선'인 선원 보호는 정치적 홍보 효과는 적지만 러시아 재외국민 보호 있어서 실질적이고 지속적인 헌신이 필요한 분야임을 보여 준다고 할 수 있다. 러시아 선원들은 불투명한 고용 구조 때문에 쉽게 국제 범죄에 휘말릴 위험이 있으며, 이는 단순 영사 지원을 넘어 러시아 정부의 예방 외교(preventive diplomacy)의 필요성을 시사한다. 서방 국가들과 비교해 볼 때 러시아는 국가 차원에서 선원 보호를 비교적 적극적으로 수행하지만, 여전히 사전 예방 시스템과 체계적 지원은 미흡하다는 평가도 있다.

## 마. 유럽 내 아동 양육권 분쟁에 대한 러시아의 영사 대응

### 1) 배경

유럽, 특히 북유럽 및 독일 등에서는 가정 내 아동 복지 보호를 위해 사회복지기관(예: 노르웨이의 바르네베르네(Barnevernet), 독일의 유겐다마트(Jugendamt))이 적극적으로 개입하는 경우가 많다. 그런데 러시아 국적자 혹은 러시아계 이민자 가정이 아동학대, 부적절한 양육 환경 등의 이유로 자녀를 국가기관에 의해 분리 조치 당하는 경우, 이것이 단순한 사회복지 문제가 아니라 러시아-유럽 간 외교적 긴장의 촉매제가 되기도 했다.

러시아계 가정에서 아동학대 또는 방임 의혹이 발생하면 현지 아동 보호 기관이 긴급 개입하여 아동을 임시 보호소나 위탁가정으로 이동시킨다. 이 경우 부모가 현지 법원에 이의를 제기하는데 러시아 국적 부모의 경우 언어장벽과 문화적 차이로 인해 절차를 진행하기가 쉽지 않다. 이들이 러시아 영사관에 도움을 요청하면 러시아 외교부 및 영사 기관이 사건에 개입하게 된다.

주요 발생국가는 노르웨이, 핀란드, 독일 등으로 노르웨이에서는 아동복지국(Barnevernet)의 개입 사례가 가장 빈번하게 일어났으며, 핀란드에서도 러시아계 부모의 자녀 강제 분리 문제가 꾸준히 제기되었다. 독일 또한 아동청(Jugendamt)의 양육권 개입에 대해 러시아 측이 이의를 제기하는 경우가 많았다. 스웨덴이나 덴마크에서도 이러한 문제들이 발생하기도 했다.

2) 러시아의 영사 대응
① 초기 대응
영사관이 사건 당사자 부모와 직접 접촉하고 법적 절차 및 부모 권리를 안내한다. 그리고 현지 변호사를 확보하여 지원하고(법적으로 가능할 경우) 자녀와의 면담을 요청한다.
② 외교 채널 활용
외교노트를 통해 사건의 공정성 및 문화적 배려를 요구하며 외무부 대변인과 러시아 언론 등을 통해 공공 캠페인을 전개했다. 의회(국가두마) 차원에서도 문제를 제기하는데, 예를 들어 러시아 국가두마는 '재외 러시아 동포 아동권 보호 특별위원회'를 통해 정기적으로 사례를 수집하고 대응

한다.

③ 여론전 및 정치화

러시아 국영 언론(RT, 스푸트니크 등)이 사건을 "서구의 비도덕성", "러시아의 전통가치 탄압"이라는 틀로 보도하는데 일부 사건은 시위, 청원 운동으로 발전하여 양국 외교 갈등의 불씨가 되기도 한다.

3) 주요 쟁점

① 문화적 차이

서유럽 국가들은 아동 복지 기준이 엄격하여, 체벌이나 고압적 훈육도 학대 기준으로 삼는 경우가 많다. 반면 러시아에서는 전통과 가정 내 권위를 존중하는 경향이 강하다.

② 언어와 정보 접근성

러시아계 부모가 절차를 이해하지 못하거나, 적절한 법적 지원을 받지 못해 불리한 위치에 놓이기 쉽다.

③ 영사 개입의 한계

영사기관은 부모와 자녀의 연락을 지원하고 법적 조언을 제공한다. 그리고 형평성 보장을 촉구하는 정도까지만 가능할 뿐 직접적으로 현지 법원의 결정을 변경시킬 권한은 없다.

④ 분석 및 평가

러시아는 재외 러시아 동포의 보호에 중점을 두면서 전통적인 가족의 가치 수호를 영사 정책의 일환으로 강조한다. 반면 서방국들은 "법치주의와 아동 최우선 보호" 원칙에 따라 아동의 복지를 우선시해야 한다고 주장한다. 따라서 이는 단순한 영사 서비스의 문제가 아니라, 가족 가치관, 국가 주권, 문화적 자존심이 충돌하는 복합적 갈등이다.

# 4. 포스트소비에트 공간에서의 영사보호
  : 지원과 관여의 경계

### 가. 소련 붕괴와 새로운 영사 과제의 등장

1991년 소련의 붕괴는 단순한 체제 전환을 넘어, 국제법과 외교 실무 전반에 전례 없는 재외국민 보호 문제를 초래했다. 약 2,500만 명 이상의 러시아계 인구가 새롭게 독립한 국가들의 국경 안에 남게 되었고, 이들은 종종 국적 부여 문제, 언어권 차별, 사회적 배제의 위험에 직면하게 되었다. 이러한 인구는 새로운 국가 정체성과 법 체계 속에서 다양한 과제를 겪으면서도 러시아와의 가족적, 문화적, 경제적 연계를 유지하며, 러시아 영사 보호 정책의 핵심 대상으로 자리 잡았다.

이에 대응하여 러시아는 단순한 재외공관 서비스 제공을 넘어, 정체성 보호와 지정학적 영향력 유지라는 이중 목표를 지닌 재외국민 보호 정책을 발전시키게 된다. 러시아는 "재외동포 정책"을 채택하고 문화적 연계성과 법적 지원을 제공하는 영사 접점을 확대해 왔으며, 단순 행정 업무로 보일 수 있는 영사 활동이 실질적으로는 제도적 연계성 유지 수단으로 기능하고 있다. 러시아어는 이러한 전략에서 핵심적 문화 자산이자 정체성의 연결고리로 강조되었다. 러시아 정부는 교육, 법률, 귀환 지원 등 다양한 영사 서비스를 러시아어 사용과 연계하며 러시아어 교육, 매체 접근, 문화 행사 참여를 독려했다. 재외 러시아어권 공동체(Russkiy Mir)는 문화적 연대 이상으로 국가 전략적 자산이자 소프트 파워 확장의 매개체로 간주되었다.

## 나. 법적 기초와 운영 도구

2002년 제정된 『재외동포법』은 러시아의 재외국민 정책 방향을 제도화하였다. 이 법은 러시아 국적 부여 요건을 대폭 완화하는 기반을 마련했고, 이후 조지아-남오세티야 전쟁(2008), 크림반도 병합(2014), 우크라이나 전쟁(2022) 등 일련의 사건을 통해 "보호-통합-영향력" 패턴이 더욱 뚜렷해졌다. 특히 2022년 이후 우크라이나 전쟁은 영사 서비스의 역할에 대한 논의를 확장시키는 계기가 되었다. 러시아 당국은 분쟁 지역을 포함한 해외 자국민 및 동포 보호 책임을 강조하면서, 영사 존재를 외교적 의미와 전략적 수단으로 적극 활용하였다.

### 1) 여권 발급과 국적 부여 확대

러시아는 구소련 지역에서 러시아 국적 부여 및 여권 발급을 적극적으로 추진했다. 크림반도 병합 후 주민 전체에게 러시아 여권을 자동 부여하였으며, 도네츠크와 루한스크 지역 주민을 대상으로 간소화 절차를 통해 대규모로 여권을 발급했다. 또한 에스토니아와 라트비아 무국적자를 대상으로 간편 귀화 프로그램, 중앙아시아 이주 노동자를 대상으로 이중국적 취득 장려 정책을 적극 추진했다.

### 2) 법률 지원 및 사회복지 연결

러시아는 재외국민 보호를 실질화하기 위해 현지 내 법률 분쟁 지원, 연금 수급 지원, 교육 프로그램 운영, 의료 지원 및 긴급 구조망 구축 등의 활동을 병행해 왔다. 특히 중앙아시아 지역에서는 이주 노동자 대상 송환, 의료 지원, 사회보장 연계가 주요 영사 임무로 자리 잡았다.

### 3) 언어·문화 공동체 강화 활동

영사 활동은 단순한 행정 서비스 제공을 넘어 러시아어권 공동체 결속 강화를 목표로 다양한 문화·교육 지원 사업과 긴밀히 연계되었다. 재외 러시아어 학교 설립, 교사 파견, 문화센터 운영, '러시아어의 해' 및 '공통 문화유산의 날' 기념행사, 동포 단체 및 청년 네트워크 지원 등이 대표적 사례이다. 이는 문화 외교 차원을 넘어 러시아적 정체성 유지를 위한 전략적 수단으로 기능하고 있다.

### 다. 주요 사례 분석

### 1) 크림 병합(2014)과 영사 네트워크 통합

2014년 크림반도 병합 이후, 러시아는 우크라이나 행정체계를 폐지하고 자국의 영사 및 행정체계를 신속히 이식했다. 이는 "재외국민 보호→시민권 부여→행정 통합→영토 재편"이라는 일련의 흐름 속에서 영사보호가 주권을 주장하기 위한 수단으로 작동한 대표적 사례로 평가된다.

### 2) 돈바스 지역의 패스포티제이션(Passportization)

도네츠크와 루한스크 지역에서는 2019년 이후 러시아 여권을 대규모 발급하여 주민을 러시아 보호권에 편입시키려는 시도가 강화되었다. 이는 지정학적 대리전 상황에서도 재외국민 보호 정책이 적극 구사될 수 있음을 보여 주었다. 그러나 우크라이나와 국제사회는 이를 주권 침해와 국제법 위반으로 간주하고 강력히 반발했다.

### 3) 발트 3국: 무국적자 문제

에스토니아와 라트비아는 소련 해체 후 소련 이주민들에게 자동 시민권을 부여하지 않고, 엄격한 귀화 절차를 도입했다. 이에 따라 많은 러시아계 주민이 무국적자 신분으로 남게 되었으며, 러시아는 이 문제를 국제 인권 사안으로 제기하고 영사관을 통한 법률 지원과 러시아 여권 발급을 통해 대응하고 있다. 그러나 발트 3국 정부는 이중국적 제한, 정치참여 제한 등의 조치로 맞서고 있다.

### 4) 중앙아시아: 협력과 긴장의 공존

카자흐스탄, 키르기스스탄 등 중앙아시아 국가들과는 협력적 관계를 유지하면서 영사 서비스를 제공하고 있다. 그러나 북카자흐스탄 지역에서의 "러시아어권 주민 보호" 논의는 민감한 정치적 긴장을 유발하고 있으며, 향후 갈등 가능성도 존재한다. 중앙아시아 국가들은 실용적 협력은 수용하면서도 독자적 정체성을 유지하고 있다.

## 라. 분석 및 평가

러시아의 영사보호는 단순한 인도주의적 지원을 넘어 정치적·전략적 목적을 명확히 내포하고 있다. 이는 재외국민 보호가 문화 정체성, 정치적 영향력, 영토 문제와 긴밀히 연결될 수 있음을 보여 주는 중요한 사례이다. 동시에, 이러한 보호 활동은 수용국과의 갈등을 불러일으킬 위험을 내포하고 있으며 영사보호와 주권 침해 사이의 경계가 점점 모호해지고 있다.

구소련 지역에서 러시아의 영사 활동은 단순한 해외 국민 지원을 넘어, 국가 정체성 유지, 전략적 이익 확보, 지정학적 지위 방어라는 다층적 목표를 지닌 활동으로 진화해 왔다. 이 과정은 영사보호가 단순한 외교 행위를 넘어 국제 정치의 핵심 수단이 될 수 있음을 보여 주는 것이며 현대 국제질서에서 영사 활동의 전략적 중요성을 부각시키고 있다.

## 5. 맺음말: 러시아 재외국민 보호제도의 성격과 시사점

러시아의 영사 서비스는 행정, 법률, 지정학 기능을 결합한 다차원적 수단으로 진화해 왔다. 소련 시기의 기반 위에 형성되어, 1991년 이후의 확장과 21세기형 현대화 과정을 거치며, 변화하는 국제 질서 속에서도 자국민 보호라는 핵심 임무를 유지하고 있다. 앞서 다룬 사례와 법제 분석은 이 체계가 중앙집중적이면서도 유연하게 운영되고 있음을 보여 준다. 팬데믹, 국제적 고립, 국경 간 분쟁 등 다양한 위기를 통과하며 러시아는 영사 서비스를 단순한 행정 행위에서 외교 전략 도구로 재정의하고 있다. 다만 관료주의적 형식주의, 지정학적 제약, 강한 중앙 통제는 그 유연성을 제한하는 요소로 남아 있다. 특히 우크라이나 전쟁 이후 세계 외교 질서가 파편화되면서, 영사 업무의 정치적 성격이 더욱 부각되고 있다. 영사관은 자국민 보호뿐 아니라 국가 내러티브를 강화하고, 해외 러시아어권 공동체에 대한 영향력과 상징적 존재감을 유지하는 전략적 전초 기지로 기능하고 있다. 이에 따라, 러시아의 재외국민 보호제도는 국가 주도적 성격을 뚜렷이 갖고, 다음과 같은 복합적 구조를 통해 나타난다.

첫째, 법제적 기반은 헌법(제61조)을 비롯해 『재외동포법』, 『시민권법』, 『출입국관리법』 등으로 체계화되어 있으나, 국민의 권리로서 영사보호를 보장하기보다는 국가 재량에 따른 지원을 규정하고 있다.

둘째, 영사 활동의 실제 운영은 단순한 행정 서비스를 넘어, 정치적 상징성 부여, 국제무대에서의 외교적 레버리지 확보, 자국민 정체성 강화를 위한 전략적 도구로 활용된다.

셋째, 디지털 인프라와 등록 시스템의 확장은 재외국민 지원 체계의 효율성을 높이는 동시에, 국가의 통제와 관리 기능 또한 강화시키는 이중적 특성을 보여 준다.

한편, 주요 사례를 통해서 그 변화상을 자세히 들여다 보면, 러시아의 재외국민 보호는 시기별 주요 사건을 거치며 점차 정치화되고 전략화되는 경향을 보였다. 2008년 조지아 전쟁에서 러시아는 남오세티야 및 압하지야 지역에서 '시민 보호'를 명분으로 군사적 개입을 정당화했다. 2014년 크림 병합 과정에서는 주민들에게 러시아 국적을 부여하고 영사 체계를 이식함으로써 재외국민 보호를 사실상 영토 병합 수단으로 활용했다. 2022년 우크라이나 전쟁에서도 도네츠크·루한스크 주민에 대한 여권 발급과 보호 명분은 러시아의 군사 개입 논리의 일부가 되었다. 이는 재외국민 보호가 단순한 시민권 서비스가 아니라, 국가의 지정학적 전략과 대외 영향력 투사 수단으로 심화되고 있음을 명확히 보여 준다.

러시아는 구소련 붕괴 이후 CIS 국가들과 별도의 국가 체제를 발전시키면서도, 구소련 지역에서 특수한 영사보호 활동을 지속하고 있다. 구소련 지역에서는 특히 러시아의 시민권 부여 확대, 언어 및 문화 연계 강화, 현지 사회에 대한 지속적 개입이 복합적으로 전개되고 있으며, 이는 수혜자에게 실질적 도움을 제공하기도 하지만 수용국 입장에서는 내정 간섭, 주권 침해, 사회 통합 저해 요인으로 인식되어 지속적으로 갈등을 야기하고 있다.

종합적으로 볼 때, 러시아의 재외국민 보호제도는 명시적으로는 시민 지원을 목표로 하나, 실제 운용에 있어서는 국가 전략과 정체성 정치를 반영하는 양상이 다른 서구 국가들의 제도에 비해 상대적으로 두드러진다. 이는 재외국민 보호의 정치화, 시민 보호와 국가 이익 사이의 긴장, 국제법적 원칙과 실제 외교 행위 간의 괴리라는 현대 영사외교의 핵심 문제를 러시아 사례를 통해 잘 드러내고 있다. 즉, 러시아의 영사 서비스는 국가 외교정책의 구조적 변화와 궤를 같이하며 군사 외교가 아닌 비군사적 영향력 수단으로서의 비중이 더욱 커지고 있다. 세계 이동성의 확대와 지정학적 불확실성이 교차하는 오늘날, 영사 외교는 러시아 대외 전략의 핵심 축으로 남을 것이다.

러시아의 사례를 통해 몇 가지 시사점을 얻을 수 있다. 첫째, 재외국민 보호는 단순한 행정 서비스가 아니라, 국가 정체성 유지와 외교 전략의 일부가 될 수 있음을 이해할 필요가 있다. 둘째, 국가 주도 모델은 위기 상황이나 지정학적 갈등 국면에서는 빠르고 강력한 대응을 가능하게 하지만, 동시에 국민 개별 권리 보장 측면에서는 제약과 위험을 초래할 수 있다. 셋째, 국민 중심 접근과 국가 전략 접근의 균형이 중요하다. 국가 이익을 고려하더라도, 재외국민 개개인의 권리 보호를 희생시키지 않는 법치주의적 운영 원칙이 반드시 병행되어야 한다. 넷째, 문화·언어 공동체 지원은 소프트 파워의 핵심이 될 수 있으나, 정치적 목적과 과도하게 결합하는 경우 현지 사회의 반발과 외교적 긴장을 초래할 수 있다는 점에 유의해야 한다.

러시아의 재외국민 보호제도는 놀라운 기동성과 조직력을 보여 주지만, 동시에 국가의 필요와 계산이 국민 개인의 권리나 선택보다 앞설 수 있다는 근본적 긴장도 내포하고 있다. 한국은 이 양면성을 균형 있게 고려해야 한다. 국가 주도의 위기 대응 능력은 강화하되, 시민의 자율성과 권리를 반드시 존중해야 한다. 디지털 기반 해외 국민 관리 체계는 효율성과 개인정보 보호 사이에서 균형을 찾아야 하며, 보호의 일관성과 비정치성을 유지해야 한다. 외교적 신중성과 시민 보호의 균형 또한 필수적이다. 결국 러시아 사례는 재외국민 보호가 국가의 힘만으로 평가되어서는 안 되며, 국가의 능력과 국민의 권리, 효율성과 자유, 안보와 인권이라는 가치 사이에서 어떤 균형을 선택할 것인지를 고민해야 함을 보여 주고 있다. 이는 한국이 앞으로 마주할 글로벌 시대의 진정한 시험대가 될 것이다.

〈참고 문헌〉

1. 국제법 및 국제 규범

Vienna Convention on Consular Relations, 1963.
비엔나 영사관계에 관한 협약. 재외국민 보호의 국제적 기준을 규정.
United Nations, "International Covenant on Civil and Political Rights," 1966.

2. 러시아 국내법 및 공식 문서

Конституция Российской Федерации (The Constitution of the Russian Federation), 1993.
제61조: 재외국민 보호 의무 명시.
Федеральный закон от 24.05.1999 No.99-ФЗ "О государственной политике Российской Федерации в отношении соотечественников за рубежом" (Federal Law No. 99-FZ "On the State Policy of the Russian Federation towards Compatriots Abroad"). Федеральный закон от 31.05.2002 No.62-ФЗ "О гражданстве Российской Федерации"
(Federal Law No. 62-FZ "On Citizenship of the Russian Federation"). Федеральный закон от 15.08.1996 No.114-ФЗ "О порядке выезда из Российской Федерации и въезда в Российскую Федерацию" (Federal Law No. 114-FZ "On the Procedure for Exit from and Entry into the Russian Federation").
Указ Президента Российской Федерации от 31.12.2011 No.865 "О структуре Министерства иностранных дел Российской Федерации" (Presidential Decree No. 865/2011 "On the Structure of the MFA of Russia").
Постановление Правительства Российской Федерации от 01.12.2005 No. 889 "О порядке оказания экстренной помощи гражданам Россий

кой Федерации за рубежом" (Government Resolution No. 889/2005 on Emergency Assistance to Russian Citizens Abroad).

3. 러시아 외교 및 영사 서비스 관련 공식 자료

Ministry of Foreign Affairs of the Russian Federation (MID RF), Official Portal. "Consular Department Information," including Zarubezhny Pomoshchnik (2020-2024).

Ministry of Foreign Affairs of the Russian Federation, "Annual Report on the Activities of the Consular Department," various years.

MID Press Releases on: COVID-19 Repatriation (2020), Sudan Evacuation (2023), Ukrainian Crisis Responses (2014, 2022).

4. 주요 사건 관련 공식 및 언론 자료

TASS News Agency, "Russia Evacuates Nationals from Sudan," 2023.

RIA Novosti, "Mass Return of Russian Nationals During COVID-19 Pandemic," 2020.

Kommersant, "Russian Federation Passportization Program in Donbas," 2019.

RT International, "Cases of Child Custody Disputes in Norway and Finland," 2015-2021.

Interfax, "Statements on Protection of Russian-Speaking Minorities in Baltic States," various years.

5. 외국 정부 및 국제기관 자료

U.S. Department of State, "Consular Notification and Access Manual," 2020.

European Union, "Response to Russian 'Passportization' Policy in Ukraine," EU Parliament Resolution, 2019.

Organization for Security and Co-operation in Europe (OSCE), "Reports on Minority Rights in the Baltic States," various years.

United Nations High Commissioner for Refugees (UNHCR), "Nationality and Statelessness Reports," Baltic Region focus, 2017.

6. 학술 문헌 및 분석 자료

Alexander Lukin, Russia and the World: A Strategy for the 21st Century, Moscow: NLO, 2018.

Igor Zevelev, Russian National Identity and Foreign Policy, Center for Strategic and International Studies (CSIS), 2016.

Andrey Kazantsev, "Russian Policy Toward the Near Abroad: Between Integration and Disintegration," Problems of Post-Communism, 2015.

Maria Lipman, "The Compatriots Policy and the Idea of Russkiy Mir," Carnegie Moscow Center Reports, 2015.

Fiona Hill and Clifford G. Gaddy, Mr. Putin: Operative in the Kremlin, Brookings Institution Press, 2015.

제5장

# 호주의 재외국민 보호제도와 영사조력

김완중(전 주로스앤젤레스 총영사, 전 주호주 대사)

## 1. 호주의 재외국민 보호제도

### 가. 호주의 정치 제도

호주는 영국 왕을 국가원수로 하는 입헌군주제 국가다. 하지만 정치제도는 6개주(뉴사우스웨일스, 빅토리아, 퀸즐랜드, 서호주, 남호주, 태즈메이니아 등)와 2개 준주(북부 준주, ACT 준주)로 이루어진 미국식 연방제도와 영국식 의회제도를 혼합한 내각책임제로 운영되고 있다. 호주는 1901년 6개 영국 식민지(현재 주) 간 합의에 의해 창설된 연방제 국가이기 때문에 권력은 연방정부와 주정부(6개주 및 2개 준주)에 분산되어 있다. 이에 따라 연방정부는 외교(재외국민 보호 포함), 국방, 호주의 평화 및 질서 유지 등 헌법에 열거(제51조 및 52조)된 통치에 대한 전적인 권한을 보유하며 잔여 권한은 주정부에 귀속된다. 조세, 경제정책, 환경, 노동 등 연방정부와 주정부 간 권한이 중첩되는 분야에서의 변경·개혁에는 호주연방-주정부 협의체(COAG: Council of Australian Governments)를 통해 양자 간 협의가 필요하지만, 그렇지 않은 경우에는 대개 해당 주정부가 잔여 권한을 우선적으로 행사한다. 행정 권한은 형식상 영국 여왕과 영국 여왕을 대리하는 총독에게 있으며 총독이 정부 장관들로 구성된 추밀원의 자문에 따라 권한을 행사하도록 되어 있으나, 실질적으로는 영국식 의원내각제의 전통에 따라 총리와 내각이 행정권한을 행사하고 있다.

## 나. 해외 호주인들에 대한 영사보호 시스템

호주의 국가형성은 약 6만 년에 달하는 선주 원주민들의 역사를 예외로 할 경우 1788~1840년 사이 약 80,000명의 죄수들이 영국과 아일랜드, 기타 영국 식민지에서 도착하면서 유래되었다고 할 수 있다. 이러한 이민 국가의 특성상 호주의 재외국민 보호와 영사조력 제도를 살펴보기 위해서는 먼저 호주의 이민 역사를 개관해 볼 필요가 있다.

호주로의 본격적인 이민이 시작된 것은 1851년 호주에서 금광이 발견된 이후 영국, 미국, 뉴질랜드, 중국, 남태평양 지역으로부터 이민이 급증하면서였다. 1851~1861년 약 600,000명의 이민자가 유입되면서 인구가 405,000명에서 1,146,000명으로 급증하는 가운데, 저임금 유색인종 노동자들에 대한 백인들의 질시와 반발이 거세지기 시작하였다. 급기야 1901년 기존의 개별적인 식민지 주들이 호주 연방으로 합쳐지면서 이민제한법(Immigration Restriction Act)이 제정되고 백호주의(White Australianism) 정책을 도입함으로써 특히, 아시아로부터의 이민을 제한하였다. 제2차 세계대전 이후에는 독일, 이탈리아, 일본, 헝가리 출신 이민자들이 "적성국가 출신 거류외국인"으로 재분류되어 수용소에 억류되거나 경찰의 감시하에 놓이기도 했다. 1973년 휘틀럼(Gough Whitlam) 노동당 정권에서 호주 발전을 위해 유럽 위주 교류에서 인접 아시아와의 교류강화와 다문화국가를 선언하면서 백호주의가 정식 폐지되었다. 즉, 지역이나 출생국 기반의 이민 쿼터 시스템을 폐지하고 이민정책 방향을 수정하여 개인적·사회적 특성과 직업군에 기반한 이민심사를 시행하게 된 것이다. 이후 2000년대 초반 이민 쿼터 축소, 영어시험 실시 등 규제가 일시 강화되다가 경기 활성화에 따른 노동수요 급증으로 현재는 기술인력 중심의 이민비자 시스템을 적극 운영해 오고 있다.[1]

이처럼 호주는 한반도의 약 35배에 달하는 광활한 영토 개발과 안전보장, 적정 경제성장 견인을 위해 해외로부터의 이민 유입을 국가정책의 근간으로 삼아 왔으며, 최근에는 다양한 제도나 프로그램을 통하여 해외 호주인들에 대해서도 영사보호를 위해 사전 예방과 사후 대응 시스템을 마련, 적극 가동하고 있다. 호주 외교통상부는 여행홈페이지(smartraveller.gov.au)를 통하여 해외여행 안전정보 제공, 여권 발급은 물론, 내무부(Department of Home Affairs) 등 호주정부 고유권한인 비자(ETA, 학생비자, 워킹홀리데이 비자 등) 발급 등 영사업무에 대해 상세히 안내하고 있다.

호주 외교통상부는 우리나라와 같이 재외국민 보호를 위한 별도의 영사조력법을 두고 있지는 않지만, 외교통상부 영사서비스 지침(The Consular Services Charter)을 통해 해외거주 호주인을 위한 영사조력 범위와 내용을 규정하고 있다. 지침 제정, 운용의 원칙으로서 첫째, 해외에서 호주인들이 스스로 자력구제를 할 수 있도록 돕고(empower), 둘째, 해외 위기 상황에 효과적으로 대응·관리(effectively prepare for and manage)하며, 셋째, 해외에

---

1  호주 개황 2024(외교부), "호주의 이민정책"-이민역사, pp.148-150.

서는 많은 경우 정부의 영사조력이 제한되기 때문에 가장 도움을 필요로 하는(most in need) 호주인에게 중점을 두고 영사조력 제공 등 3가지를 설정하고 있다.[2]

### 다. 영사조력의 범위와 내용[3]

해외에서의 영사조력 대상으로서는 해외거주 호주인과 영사조력 상호제공협정에 따라 정해진 지역에서의 캐나다인이 포함되며, 복수국적자에 대한 영사조력은 예외적인 경우로 한정하고 있다. 영사조력 대상을 해외 거주 호주인으로 한정한 이유는 대규모 해외 위기 상황이 아닌 일반 사건사고에 대해서는 해외여행객 개인의 사건사고나 의료보험을 통한 자력구제를 원칙으로 하고 있기 때문으로 판단된다.

호주 대사관과 영사관의 해외에서의 영사조력은 근본적으로 제한적이기 때문에 호주 외교통상부는 영사조력의 기본전제로서 영사조력을 받을 권리가 법적인 권리는 아니며 당연하게 제공된다고 가정해서는 안된다는 점을 명확히 하고 있다. 또한 자신의 행동이 불법적이거나, 의도적·반복적으로 무모하거나 태만하게 행동할 경우, 자신이나 타인을 위험에 빠트릴 경우, 수 차례 영사조력을 요구하는 행동 패턴을 반복적으로 보일 경우 등 영사조력이 제한될 수 있는 경우도 열거하고 있다. 이러한 기본 전제하에 동 지침은 해외에서 영사조력이 제공될 수 있는 경우(What help you may pro-

---

2 The Consular Services Charter(Australian Government-Department of Foreign Affairs and Trade, 출처: smartraveller.gov.au)
3 The Consular Services Charter(Australian Government-Department of Foreign Affairs and Trade, 출처: smartraveller.gov.au)

vide)와 영사조력이 제공되지 않는 경우(what we can't do)를 대별하여 구체적으로 기술하고 있는데, 전자에는 아래 사항이 포함되어 있다.

 (1) 유료 여권 갱신과 여행증명서 발급
 (2) 민원인의 현재 소재지 내 접촉 가능한 지역 의사나 병원 정보 제공
 (3) 인신공격이나 범죄 피해 시 해당지역 변호사나 통역사 정보 등 조언과 지원
 (4) 체포·구금 시 신변안전 확인을 위한 접촉이나 방문
 (5) 가족의 해외 사망·행방불명·납치 시 조언과 지원
 (6) 국제 테러·내란·자연재해 시 특별 주선(special arrangements)
 (7) 영사 증인·서류 인증 등 공증 업무
 (8) 특정 지역에서의 연방 및 주정부 선거업무 등

영사 서비스 지침상 대사관이나 영사관 차원의 영사조력이 제공되지 않는 후자의 사례 예시는 아래와 같다.

 (1) 여행지 알선이나 다른 나라에서의 신변안전 보장
 (2) 법적 자문이나 통역 서비스 제공
 (3) 고용 분쟁·상사 분쟁·범죄사고·가사 분쟁 등에 있어서의 법정 절차 간섭이나 개입
 (4) 해당 당국의 책임과 권한인 범죄와 사망 원인조사 및 행방불명자 수색
 (5) 특정인의 추방을 막거나 구금시설에서 현지인보다 나은 특별대우
 (6) 의료비 대납
 (7) 외국 비자·면허·영주권 알선
 (8) 이민·관세·방역 조치 관여
 (9) 개인 물품이나 짐 보관
 (10) 우편물 대리 수령·발송

해외에서 다수의 호주인들이 사망, 부상 또는 심대하게 신변안전을 위협받을 수 있는 테러 공격, 대형 사고, 전염병, 자연재해 등 위난 상황이 발생하거나 내란 또는 정치적 소요 등으로 긴급하게 대피해야 할 경우 영사 서비스 지침상 제공할 수 있는 영사조력의 내용은 아래와 같다.

(1) 위난상황에 처한 호주인을 지원하기 위한 신속대응팀 파견(deploy)

(2) 사상자 가족 지원(liaise)

(3) 위난상황에 처한 호주인을 지원하기 위한 해당 당국과의 협조(work)

(4) 위난지역을 벗어나려는 호주인을 지원하고 가족과의 접촉 지원

(5) 여행경보 발령과 위난상황 업데이트

한편, 호주 외교통상부는 이러한 사회적 위난상황에 효과적으로 대응하고, 부주의로 인한 개인적 사건사고를 줄이고 스스로의 신변안전을 확보할 수 있도록 개인이 사전에 취해야 할 자력 조치에 대해서도 상세히 기술하고 있다.

(1) 여행 전 여행자보험 및 의료보험을 가입하고, 방문지에서의 사전 또는 특약 조건을 반드시 확인

(2) 여행 전 정신적, 육체적 건강 상태를 고려하되, 접종한 백신이 여전히 유효한 지 확인

(3) 본인이나 동반인이 정신건강 지원이 필요한 경우 출국 전 여행 및 정신건강에 관한 조언 숙독

(4) 특정 방문지에서 소요될 충분한 여행자금 소지, 여행 중 이러한 자금 인출이 가능한지 사전 확인

(5) 여권, 비자, 여행자보험 사본을 국내 가족이나 제3자에 위탁 등

상기 여행 전 취해야 할 자력 조치와는 별도로 여행 전 유의해야 할 사전 확인 사항은 다음과 같다.

(1) Smartraveller.gov.au를 통해 최신 여행경보 확인

(2) 사회관계망에서 Smartraveller를 팔로우하고 최신 업데이트 수령 신청

(3) 일부 국가들은 여권 유효기간이 6개월 미만일 경우 입국을 허용하지 않으므로 출국전 여권 만기일 확인

(4) 백신 접종을 입국허가 요건으로 정한 국가들도 있으므로 권고된 백신 접종이나 건강 유의 사항에 대해 의사나 전문가 상담

(5) 입국이나 일시 통과하려는 국가의 유효 비자와 입출국 요건 확인

(6) 복용약이나 의약 제품을 휴대하는 경우 사전에 허가 여부 확인

(7) 방문 예정국의 국민으로서 간주되는 지 여부 확인 및 복수국적이 여행 계획에 영향을 미치는지 확인

### 라. 해외 긴급상황 직면 시 대처 요령(Quick reference guide)[4]

호주는 영사서비스 지침(The Consular Services Charter)을 통해 해외에서 영사조력이 제공될 수 있는 경우(What help you may provide)와 영사조력이 제공되지 않는 경우(what we can't do)를 대별하여 기술하고, 해외에서 긴급 상황에 직면하였을 때 대처 요령에 대해 안내하고 있다.

(1) 심하게 아프거나 긴급 치료가 필요한 경우

- 숙소 호텔이나 여행사를 통해 현지 의사 방문이나 병원 치료
- 여행자보험사가 운영하는 24시간 콜센터를 접촉, 질병이나 상처에 대한 응급조치 요령과 여행지역 의료시설 정보를 안내받음
- 인근 대사관이나 영사관에 전화하여 긴급 안내를 받고, 현지에서 전화

---

[4] The Consular Services Charter(Australian Government-Department of Foreign Affairs and Trade, 출처: smartraveller.gov.au: quick reference guide

접촉이 어려운 경우 캔버라 영사응급센터(+61 2 6261 3305)에 전화

(2) 성범죄나 중대 범죄에 연루된 경우
- 인근 대사관이나 영사관에 전화하여 긴급 안내를 받고, 현지에서 전화 접촉이 어려운 경우 캔버라 영사응급센터(+61 2 6261 3305)에 전화
- 캔버라 영사응급센터(CEC)가 당신을 돕기 위해 가장 가까운 대사관이나 영사관을 직접 접촉할 것임

(3) 절도를 당하거나 긴급하게 금전이 필요한 경우
- 여행자보험사를 접촉, 현지 경찰에 신고하고 경찰 리포트(police report)를 받아 둘 것
- 가족이나 친구를 접촉하여 상업적인 금전 송금 서비스를 이용하거나 은행 송금서비스 이용

(4) 구속 또는 구금된 경우
- 가장 가까운 대사관이나 영사관에 전화시, 대사관이나 영사관이 여러분을 석방시켜 줄 수는 없으나 현지 변호사 리스트 등 일련의 정보를 제공하고 여러분이 현지법과 법절차에 따라 대우받을 수 있도록 가능한 조치를 취할 것임

(5) 누군가 행방불명되었을 경우
- 전화, 이메일, 사회관계망 등을 통해 행방불명자와 접촉을 시도
- 가족이나 친구에 전화하여 마지막 체류지, 은행, 여행사, 항공사, 여행안내인 등에 행방을 확인
- 계속해서 접촉이 안되고 걱정할 만한 이유가 있는 경우 캔버라 영사응급센터(+61 2 6261 3305)에 전화하기 전에 현지 경찰서에 행방불명을 신고

이처럼 호주 외교통상부는 기본적으로 해외에서의 영사조력이 제한된다

는 점을 명확히 하면서 자력구제 우선 원칙에 따라 개개인이 초동 대처하는 요령을 케이스별로 상세히 공지하고 있다. 즉, 영사서비스 지침상 호주 정부가 할 수 있는 일과 할 수 없는 일을 구분하여 공지하면서도 '영사관계에 관한 비엔나 협약'에 따른 파견국 영사의 의무를 직접 기술하고 있지는 않다. 하지만 위 협약 제37조는 '파견국(영사를 파견한 국가를 말한다)의 국민인 미성년자의 이익을 위하여 후견인 또는 재산관리인을 지정하는 것이 필요하다고 생각되는 경우 접수국(영사가 파견된 국가를 말한다)의 권한 있는 당국은 파견국의 권한 있는 영사기관에 지체 없이 통보하여야 한다.'라고 규정하고 있으므로, 이에 따라 해외에 파견된 호주 영사가 해외에서 호주 미성년자의 권리를 최대한 보호하기 위해 노력해야 하는 것은 당연한 귀결로 판단된다.

호주는 또한 재난이나 대규모 위기 상황이 발생하였을 경우에 호주 정부가 할 수 있는 조치를 영사서비스 지침상 5가지로 개괄적으로 나열하고 있다. 첫째, 위난 상황에 처한 호주인을 지원하기 위한 신속대응팀 파견(deploy), 둘째, 사상자 가족 지원(liaise), 셋째, 위난 상황에 처한 호주인을 지원하기 위한 해당 당국과의 협조(work), 넷째, 위난 지역을 벗어나려는 호주인을 지원하고 가족과의 접촉 지원, 다섯째, 여행경보 발령과 위난 상황 업데이트 등을 하고 있으나 우리와는 달리 구체적인 절차나 내용, 영사의 행동지침이나 의무에 대해서는 구체적으로 규정하고 있지 않다.

## 2. 호주의 여행경보 제도[5]

### 가. 여행경보 4단계

호주는 호주인들이 해외에서 곤경에 처하지 않도록 예방적 조치로서 다양한 여행관련 정보를 제공하기 위해 4단계 여행경보 제도를 운영하고 있다. 현재 호주 외교통상부는 세계 178개 국가·지역에 대해 여행경보를 제공하고 있으며 신변안전, 건강, 현지법, 여행 등 테마별로 최신 정보를 반영하여 수시로 여행경보를 업데이트하고 있다. 2023~2024년도의 경우 총 922차례의 여행경보 업데이트가 있었다.

호주 외교통상부의 여행경보 등급은 가장 낮은 1단계 '보통의 사전 안전 조치,' 2단계 '높은 단계의 주의,' 3단계 '여행 재고', 4단계 '여행 취소'로 나뉜다. 호주의 국가별 안전여행 정보는 Smartraveller.gov.au: travel advice explained advisories에서 확인할 수 있다.

여행경보 1단계(Exercise normal safety precautions)는 호주의 대도시에 준하는 안보 환경을 가진 국가에 발령된다. 테러 공격, 소요 사태, 범죄나 건강 위협 등에 직면할 수도 있지만 전반적으로 위험 정도가 호주 대도시보다 크지 않아서 안전 위험도가 적은 경우에 해당한다. 1단계 도시나 국가를 방문하는 경우에는 자신의 책임하에 현지 여행 조건, 신변안전, 건강 및 안전상의 우려 등을 확인하고, 여행 전 입국요건 등을 사전에 체크하면 된다.

2단계(Exercise a high degree of caution)는 호주 대도시 방문 시보다 더 높은 단계의 위험이 있는 국가에 발령된다. 이들 국가를 여행할 경우에는 신

---

[5] Travel advice explained(Australian Government-Department of Foreign Affairs and Trade, 출처: smartraveller.gov.au

변안전에 특히 유의하고 상존하거나 새로운 위험에 관한 미디어 정보를 수시로 확인하라는 것이다. 2단계 국가는 미약한 법질서 제도로 흉악범죄가 일상화되어 있고 경찰의 법집행 등 공공서비스가 부족하거나 제한되는 국가를 의미한다. 따라서 이러한 국가나 지역을 여행할 경우에는 1단계 여행경보 시 요구되는 사전 안전조치에 더하여, 출발 전 방문할 도시내 위험구역, 범죄유형, 교통수단 별 위험도, 여성과 성소수자 특별 유의사항, 현지인에 대한 모멸이나 현지법에 위반되는 행위 등을 숙지하고, 실제 여행 중에는 아래 사항에 대해 확인하고 사전 준비하여야 한다.[6]

(1) 일정 변경이나 최신 정보 업데이트를 위해 항공사 및 여행사와 연락 유지

(2) 종교기념일이나 국가적 상징성이 있는 행사에 테러 공격이 있는지 유의

(3) 공공 교통수단의 안전성 확인

(4) 항의 데모 등 빈번한 충돌지역 방문 회피

(5) 불특정 지역 배회 금지

(6) 소요 사태가 일어날 조짐이 있는 곳을 피하고 주변 사람이나 행동에 유의

(7) 사회관계망에서 공유하는 정보에 유념하고 공공연하게 여행계획 협의 자제

(8) 모르는 수화물 수취나 제안 거절

(9) 방문지 건강 위험도 모니터

3단계(Reconsider your need to travel)는 심각하고 생명을 위협할 수 있는

---

[6] Travel advice explained-exercise a high level of caution(Australian Government-Department of Foreign Affairs and Trade, 출처: smartraveller.gov.au

위험이 있으므로 여행 계획을 재고하라는 것이다. 이는 테러나 납치 위협, 여행 곤란, 빈번한 흉악범죄, 내란, 전염병 만연 등으로 목적지가 대부분의 관광객에게 적합하지 않고 여행하기에 안전하지 않은 상황을 의미한다. 따라서 여행목적에 대해 심각하게 고민해 보고 필수적인 여행이 아닌 한 이를 연기하거나 덜 위험한 목적지로 변경하여야 하며, 부득이 여행해야 할 경우에는 1단계·2단계 여행경보 시 요구되는 사전 안전조치에 더하여, 출발 전 아래 사전 예방조치를 취하여야 한다.[7]

(1) 예약 전 목적지 정치안보 상황을 점검하고 상존하는 위험 확인

(2) 3단계 국가나 지역은 여행자 보험이 유효하지 않을 수 있으므로 여행자보험 정책 조항을 주의 깊게 살필 것

(3) 의료 서비스 이용이 가능한지 확인하고 적정 안전조치가 있는 숙소에 사전 예약

(4) 여행 일정 작성 시 방문자제 지역 등 현지 권고사항을 반영

(5) 위험이 큰 공항 경유를 삼가고 가급적 직항편 이용

(6) 현지 맞춤형 경호 서비스를 이용하고 사전 비상 계획 마련

(7) 현지 안내 여행사에 안전조치 기록과 경호 조치 포함 여부를 문의하고, 안전 장비 제공 및 대피 계획 확인

(8) 사망 시에 대비하여 유언장 갱신과 변호사 선임, 보험 및 수혜자 지정

실제 3단계 국가나 지역을 여행 중에는 위험 노출을 줄이기 위해 장기간 홀로 여행은 삼가고, 여행 행선지 사전 계획, 야간 도보여행 자제, 차량 탑승 전 의심가는 사항 확인, 운전 시 유리창과 도어락 잠김 확인, 뒤따라 오는 사람을 경계하고 대중교통 이용 지양, 국경 이동 시 타인으로부터 어떤

---

[7] Travel advice explained-reconsider your need to travel(Australian Government-Department of Foreign Affairs and Trade, 출처: smartraveller.gov.au

물품도 인계 사양, 일정 변경 또는 현장에서의 위험발생 시에 대비한 비상계획을 마련, 잠재적인 테러 대상지를 피하고 테러 공격 시 행동요령 숙지, 여행 계획을 타인과 협의하지 말고 사회관계망 공유 지양 등 사전 예방조치를 강구하면서 조심스럽게 행동해야 한다.

4단계(Do not travel)는 테러 공격 위협, 폭력적인 사회적 갈등이나 소요사태, 전염병 만연, 높은 수준의 흉악 범죄 등으로 신변안전이 극도의 위험에 처하게 되는 경우로서 여행을 취소하거나 이미 여행 중인 경우에는 안전조치 전문가의 자문에 따라 즉시 현장을 이탈해야 한다.[8] 호주 정부는 피살이나 신체 손상, 감금, 납치 등이 실제 발생할 수 있는 4단계 위험 지역을 여행하지 말도록 권고하지만, 그럼에도 불구하고 여행할 경우 여행자보험 무효는 물론, 정부가 이에 대한 영사조력을 하지 못할 수 있음을 충분히 인지해야 한다.

자신의 책임하에 여행을 할 수 밖에 없을 경우에는 4단계 국가에 대해서는 대부분의 여행자 보험이 커버되지 않지만, 그럼에도 여행자 보험을 찾아보고, 현지 안전요원 자문을 받아 개인 경호 고용, 사전 사후 위기 관리조치 강구, 사망 시에 대비하여 유언장 갱신과 변호사 선임, 보험 수혜자 지정 등 사전적 조치를 취해야 한다. 이처럼 호주는 우리와 같은 4단계 국가 방문에 대한 사전 승인제도나 처벌조항을 두고 있지는 않으며, 정부 권고에도 불구하고 호주인이 해당 지역이나 국가를 여행하게 될 경우는 영사조력이 불가능할 수 있음을 명확히 하고 있다.

---

8 "Travel advice explained-do not travel(Australian Government-Department of Affairs and Trade, 출처: smartraveller.gov.au

### 나. 호주의 해외 영사조력 현황

호주 정부는 해외 주재 호주 대사관이나 영사관을 통해 해외에서 호주인들이 각종 사건사고나 신변안전 위기에 처할 경우 영사조력을 제공하고 있다. 예컨대 2023~2024년도의 경우 총 15,200건 이상의 각종 사고나 위기대응 영사조력을 제공하고 10분마다 1명꼴인 53,137건의 영사콜을 접수했다.[9]

구체적으로는 러시아의 우크라이나 침공과 관련하여 2023~2024년도에 우크라이나에 거주 등록된 47명의 호주인에 대해 위기 대응 영사조력을 제공하였고, 레바논에서는 2023년 10월 이래 여행 취소에 해당하는 4단계 경보를 발령하고 1,581명의 호주인과 가족을 위한 영사조력을 제공했다. 그 밖에 이스라엘과 팔레스타인 점령지역에서 3,643명의 호주인과 영주권자를 지원했으며 8편의 전세기를 통해 606명의 호주인과 242명의 외국인을 출국 지원했다.[10]

호주 정부가 2020년부터 2024년까지 지난 5년간 해외 영사관련 사고와 위기대응 등 구체적인 영사조력 사례는 표 4.1과 같다.[11]

---

[9] "Consular services in 2023-24(Australian Government-Department of Foreign Affairs and Trade, 출처:smartraveller.gov.au

[10] "Crisis response in 2023-24(Australian Government-Department of Foreign Affairs and Trade, 출처:smartraveller.gov.au

[11] "Consular and crisis cases: 5-year trends(Australian Government-Department of Foreign Affairs and Trade, 출처: smartraveller.gov.au

[표 4.1] 호주의 영사 사건사고 및 위기 대응 추세(2019~2024년)

| 회계년도 | | 2019~2020 | 2020~2021 | 2021~2022 | 2022~2023 | 2023~2024 |
|---|---|---|---|---|---|---|
| 사건사고 | 소재 확인 | 405 | 185 | 169 | 265 | 328 |
| | 복지 등 중대사안 | 5,080 | 4,386 | 3,086 | 3,160 | 2,840 |
| | 질병 및 입원 | 1,553 | 796 | 912 | 1,122 | 1,356 |
| | 사망사고 지원 | 1,546 | 1,328 | 1,523 | 1,871 | 1,919 |
| | 체포·출입국 억류 | 1,442 | 750 | 766 | 969 | 1,101 |
| | 감금 | 390 | 356 | 343 | 318 | 338 |
| | 절도 | 160 | 15 | 46 | 157 | 198 |
| | 고객 습격 | 279 | 141 | 129 | 199 | 214 |
| | 송환(코로나19 이외) | 297 | 236 | 59 | 163 | 538 |
| | 여타 조력 | 284 | 218 | 197 | 247 | 235 |
| | 소계 | 11,436 | 8,411 | 7,230 | 8,471 | 9,067 |
| 위기대응 | 코로나19 지원 귀국 | 26,600 | 23,373 | 12,377 | – | – |
| | 위급 상황 | 3,072 | 7,008 | 18,163 | 808 | 6,160 |
| | 소계 | 29,672 | 30,381 | 30,540 | 808 | 6,160 |
| 총계 | | 41,108 | 38,792 | 37,770 | 9,279 | 15,227 |

## 3. 호주의 영사조력 사례

### 가. 튀르키예 가지안텝 지진 관련 영사조력[12]

2023년 2월 6일 이른 새벽 튀르키예 지방도시 가지안텝에서 7.8도의 강진이 발생했다. 앙카라 소재 호주대사관 영사과 현지직원으로 15년 이상

---

[12] "Cyprus supports crisis response to sudan conflict(Australian Government-Department of Foreign Affairs and Trade, 출처: smartraveller.gov.au

근무 중이던 딜라라는 강도 7.8의 두 번째 여진이 발생했을 때는 이미 사무실에 출근해 있었다. 건물이 심하게 흔들리고 전화는 불통인 상황에서 초기대응이 거의 불가능한 상황이 지속되었으나 시간이 흐르면서 앙카라 주재 호주대사관 및 가족을 찾는 국내 가족들로부터 전화가 빗발치기 시작하였다.

전기와 수도가 모두 끊기고 시 전체에 걸친 광범한 피해가 발생한 상황에서 첫 1주일 동안은 대사관 차원에서 피해 현황 파악을 위한 현지 시당국 관계자 접촉조차 사실상 불가능하였다. 행방불명된 호주인들의 소재 파악을 위해 인근 병원에 전화해도 연결이 되지 않았고 어떤 병원들은 통째로 무너진 상태였다. 건물더미에 갇힌 호주인 구출을 위해 유엔의 도움으로 국제수사 및 구조팀과 접촉하고 해당 지역의 NGO와도 연락하여 우선 가능한 대로 긴급대피가 필요한 호주인들을 돕기 시작하였다.

대사관은 캔버라 및 인근 공관에서 파견되어온 신속지원팀 체류 및 업무 지원 외에도, 3건의 사망 사건과 100건 이상의 긴급 피해자 지원을 위해 동분서주했다. 행방불명 신고를 받은 한 사람 한 사람의 소재를 백방으로 확인하고 실시간으로 그 정보를 언론 및 본국과도 공유해 나갔다.

### 나. 2023년 수단 내전 시 호주인 긴급 철수[13]

수단에서 2023년 4월 내전이 발생하였을 때 호주인과 그 가족을 포함하여 수천 명의 외국인이 일시에 국외로 대피해야 했다. 무력 충돌 상황이 급속도로 심각해지자 호주 정부는 여타 영사협력국들과 공조하에 전세기

---

[13] "Out of rubble australia's helping hand(Australian Government-Department of Foreign Affairs and Trade, 출처: smartraveller.gov.au

를 보내 사이프러스를 중간 기점으로 호주인들을 대피시키는 작전에 돌입했다.

호주 정부는 중간 기점인 사이프러스에 합동구조협력센터(Cyprus Joint Rescue Coordination Centre)를 두고 호주인들을 수단에서 수송했으며, 대부분은 살던 집과 가재도구를 그대로 두고 은행에 들러 현금도 찾지 못한 채 가방 하나만 들고 사이프러스 육군훈련캠프에 도착하였다. 사이프러스에서 출생하여 사이프러스 호주 대사관에서 15년간 근무해 온 크리스토스는 현장에서 이들에게 임시 숙소나 텐트는 물론, 음식과 음료를 제공하고 호주로 돌아가는 항공편 예약도 도맡아야 했다. 또한 사이프러스 출입국 당국 및 호주 국방부 관계관과 협력하에 한 사람 한 사람 여권과 비자 문제도 사전 조율해야 했다.

이처럼 밤낮없이 10일 간에 걸친 철수 작전으로 수백 명의 호주 시민과 가족들이 성공적으로 사이프러스를 거쳐 호주로 철수할 수 있게 되었고, 호주 외교통상부는 수단을 여행 취소국가로 지정하여 더 이상 수단을 방문하지 않도록 권유하였다. 수단 내 호주인 긴급대피 작전은 해외에 거주하는 호주인들에게 신변을 위협하는 내전이나 무력 충돌 상황이 언제 어디서든 누구에게나 일어날 수 있다는 경고음이나 다름없었다.

## 4. 맺음말

한국전쟁 주요 참전국이며 미국의 주요 동맹국인 호주는 한반도 평화와 안정유지에 있어 우리의 핵심적인 협력 파트너다. 호주는 또한 우리의 5대 교역국이자 주요 자원 수입 대상국으로서 2014년 12월 발효된 한호주 FTA

를 기반으로 한·호 간 경제협력이 심화하고 있다. 양국 간에는 인적교류도 활발하여 2025년 5월 현재 약 16만 명의 동포가 호주에 거주 중이며, 2023년 12월 기준 우리 국민의 호주 방문객은 28만 8천 명, 호주인의 한국 방문객은 19만 9천 명에 달하고 있다.[14]

이러한 인적교류를 뒷받침하기 위한 별도의 영사 협정이 체결되어 있지는 않지만 한·호 양국 간에는 상용복수사증 발급에 관한 양해각서(1992), 형사사법공조조약(1993), 취업관광사증에 관한 양해각서(1995), 민사사법공조조약(2000) 등이 체결되어 있다. 주한 호주대사관은 이러한 양국 간 제반 양해각서 및 협정에 기반하여 호주인의 권익을 보호하되, 기본적으로 한국을 포함한 해외 위기 상황에서 호주인들이 '자력구제의 원칙'에 따라 1차적으로 스스로 신변안전과 권익을 보호하도록 하고 있다.

호주 외교통상부는 우리나라와 같이 재외국민 보호를 위한 별도의 영사조력법을 두고 있지는 않지만, 외교통상부 영사서비스 지침(The Consular Services Charter)을 통해 해외에서 호주인들이 스스로 자력구제를 할 수 있도록 돕고(empower), 해외 위기 상황에 효과적으로 대응(effectively prepare for and manage)할 수 있도록 지원한다는 기본원칙을 설정하고 있다. 해외에서는 영사조력이 근본적으로 제한적이기 때문에 호주와 같이 우리 정부도 영사조력법 시행령상 규정을 보강하여 해외에서 영사조력이 제공될 수 있는 경우와 영사조력이 제공되지 않는 경우를 구분하여 운용할 경우 실제 해외 위난 상황에서 가장 도움을 필요로 하는(most in need) 국민에게 최우선적으로 영사조력을 제공할 수 있게 되고 정부 차원의 위기 대응 시스템을 한층 효율적으로 개선, 강화할 수 있을 것이다.[15]

---

14 호주 개황 2024(외교부), "한호주 관계 개관"-한국의 대호주 정책, pp.159-160.
15 The Consular Services Charter(Australian Government-Department of Foreign Affairs

한·호 양국은 민주주의 가치와 지역 및 국제사회에 대한 유사한 시각을 공유하는 유사 입장국이자 포괄적 전략동반자로서 보다 전략적이고 미래지향적인 방향으로 협력관계를 지속 발전시켜 오고 있다. 양국은 또한 아세안과 태평양 도서국에 대한 관여는 물론, 특히 인태지역 차원에서도 인프라 분야 협력사업을 발굴하는 등 포괄적 전략동반자 관계를 공고히 해 오고 있다. 외교안보, 역내 공급망 안정 등의 경제협력, 문화교류 등 각 분야에 걸친 협력의 바탕 위에, 영사 분야에서도 양국 국민이 해외에서 대규모 위난 상황에 직면하였을 경우 실질적이고 실효적인 영사조력이 제공될 수 있도록 협력을 확대해 나가야 한다. 현재 시행 중인 영국, 일본 등과의 제3국에서의 위기관리에 관한 정보 교환, 제3국에서 자국민을 대피시켜야 하는 긴급 위난 상황이 발생하였을 경우에 대비하여 지역 및 글로벌 차원의 영사협력망을 더욱 촘촘하게 구축해 나갈 필요가 있다.

〈참고문헌〉

외교부. 2024. 『호주 개황 2024』

Smartraveller.go.au: Consular Services Charter (Australian Government-Department of Foreign Affairs and Trade)

Smartraveller.go.au: Travel Advice Explained (Australian Government-Department of Foreign Affairs and Trade)

and Trade, 출처: smartraveller.gov.au

제6장

# 싱가포르의 재외국민 보호제도와 영사조력

안영집(한국외국어대 초빙교수, 전 주싱가포르 대사)

## 1. 싱가포르의 재외국민 보호제도

### 가. 싱가포르의 영사보호 시스템

싱가포르에서 재외국민 관련 정책을 총괄하는 기관은 외교부이며 실무적 사항은 영사국이 담당하고 있다. 약 50개에 이르는 해외 공관이 재외국민 보호와 관련된 현장업무를 수행하며 영사국은 산하에 별도의 과 체제 없이 20여 명의 직원으로 구성되어 있다. 이렇듯 재외공관의 수가 상대적으로 적고 본부에서 영사 업무를 다루는 직원의 수도 적은 것은 기본적으로 싱가포르의 인구가 560여만 명 정도에 불과하고 재외국민의 수도 적기 때문이다. 그러나 영사 관련 업무는 해마다 늘어나 세계 어느 나라에 비해도 업무량이 뒤처지지 않는다. 이는 좁은 국토를 벗어나고자 하는 싱가포르 국민의 해외여행 빈도가 매우 높기 때문으로 설명할 수 있다. 2016년에 이미 해외여행 인구는 950만 명을 기록했으며 근래에는 통상 1천만 명에 달하는 해외여행객 시대가 되었다고 이야기를 한다. 2024년에 처리된 주요 영사 사례는 4,000건을 넘어섰고 여권 분실로 인해 재외공관에서 발급한 여행증명서만도 2,000건 이상이었다.[1] 점증하는 영사 수요에 대응하기 위해 외교부는 2021년에 연중 24시간 체제로 운영하는 10인의 직원으로 구성된 영사대응센터(Consular Response Center)를 출범시켜 전문 인력들이 전화와 메일을 통해 민원 처리를 지원하게 하고 있다.[2]

싱가포르는 재외국민 보호를 위해 자체 규정과 원칙, 제안 등을 통해 업무를 수행하는데 우리나라의 "재외국민 보호를 위한 영사조력법"과 같은 별도의 법률은 제정하고 있지 않다. 다만 1963년의 영사관계에 대한 비엔나 협약(Vienna Convention on Consular Relations)과 1961년의 외교관계에 대한 비엔나 협약(Vienna Convention on Diplomatic Relations)을 기준 전범으로 활용한다. 자체 규정과 원칙의 기본 내용은 외교부 홈페이지에 게시하고 있으며 홈페이지를 통한 정책 설명과 홍보 중심으로 제도를 운영하고 있다. 특히 여권을 발급받거나 해외여행을 준비할 때는 반드시 외교부 홈페이지를 방문하여 해외 체류 시의 유의 사항을 사전 숙지하도록 권고한다. 특이한 점은 다양하게 발생하는 사건·사고에 대한 국가의 영사조력 문제와 관련하여 국가가 지원할 수 있는 분야와 지원할 수 없는 분야를 명확히 구분하여 반복적으로 설명하고 있는 점이다. 국가의 행정력을 불필요한 곳에는 사용하지 않겠다는 의지의 표명이라고 볼 수 있다. 아울러 방문하는 국가의 법률과 규정을 충실히 준수할 것과 해당 국가의 국내 문제에 대해서는 정부 차원에서도 간여할 수 없다는 점을 분명하게 주지시키고 있다.

---

1 Speech by Senior Minister of State for Foreign Affairs Sim Ann during the Committee of Supply Debate 2025.3.3
2 Singapore Public Sector Outcomes Review 2024: Legal and Diplomacy part

재외국민 보호 현황에 대한 점검은 행정부 내에서의 자체 점검과 함께 의회에서의 대정부 질문과 답변을 통해 주기적으로 진행되며 대국민 실시간 방송을 통해 일반인들에게 전달된다. 언론도 주요 영사 사안에 대한 상세 보도를 통해 국민적 여론을 정부 측에 전달하는 역할을 수행한다.

### 나. 재외국민들과의 연계강화 노력

해외에 거주하는 싱가포르 재외국민의 수는 2016년 인구 센서스 기준 약 213,400명으로 10년 전인 2007년 센서스 기준이었던 172,000명에서 약 24%가 증가했다.[3] 재외국민에 대한 싱가포르인들의 시각은 지난 20여 년 동안 크게 변화해 왔다. 이들은 한때 한쪽 발은 싱가포르에 두고 다른 한발은 외국에 두면서 싱가포르가 위기에 봉착하면 언제든 해외로 나갈 사람들이라는 비판을 받기도 했다. 대표적인 것이 2002년 싱가포르 독립기념일 당시 고촉통 총리는 싱가포르인은 스스로를 둘러보고 자신이 체재자인지 아니면 포기자인지(stayer or quitter)를 살펴보라는 연설을 하면서 국가가 어려울 때 어려움을 함께 극복하지 않고 해외에서 편한 생활을 하는 사람들을(fair-weather Sinaporeans) 포기자라고 비난했다.[4] 이는 1997년 아시아 외환위기 극복과정에서 해외에 거주하는 싱가포르인들을 배신자(traitor)로 비판했던 사회 분위기와도 무관치 않다. 그러나 신자유주의 사상이 세계적 추세로 진행되는 과정에서 해외에서 활동하는 유능한 싱가포르인들을 적극 받아들이고 이들을 활용해야 한다는 주장이 힘을 얻게 되면서 재외국민

---

3 Chrissa Yang, Study to find out mindsets of overseas Singaporeans, Starits Times, 2017. 5.16
4 Goh Chok Tong, Singapore National Day Rally Speech 2002

들은 싱가포르의 또 다른 자산이라는 인식이 자리 잡게 되었다.[5]

싱가포르 정부는 2006년에 총리실 내에 해외 싱가포르인을 관리하는 Overseas Singaporean Unit(OSU)을 설치하여 해외 거주 싱가포르인들과의 연계를 강화해 왔다. OSU는 국내 여러 기관이 관련된 업무를 재외국민들이 손쉽게 해결할 수 있도록 연결시키고 국내외 최신 정보도 공급한다. OSU의 핵심 사업은 해외 싱가포르인 포털(Overseas Singaporean Portal: OSP)의 운영이다. 포털(www.OverseasSingaporean.sg)을 통해 세 가지 핵심 업무인 정보 제공, 전자서비스(eService) 제공, 온라인 커뮤니티(online community) 활동을 촉진하고 있다. 또한 해외에 주재하는 경제인이나 학생들이 세금 문제, 병역 문제 등을 손쉽게 처리할 수 있도록 도움을 주고 거주 지역별로 Singapore Club과 같은 재외국민 커뮤니티를 통해 유용한 정보도 교환할 수 있게 한다.

한국의 경우 Singapore Club Corea라는 네트워킹 플랫폼을 통해 한국 거주 싱가포르 국적자와 영주권자들이 상호 네트워킹을 하고 페이스북

[그림 6.1] Singapore Global Network 내 재외국민 생활 정보

---

5  Cheryl Narumi Naruse, Singapore, State Nationalism, and the Production of Diaspora, Comparative Literature and Culture 15.2(2013) p.1.

(facebook)을 통해 각종 이벤트를 함께할 수 있도록 지원하고 있다. OSU는 2019년 6월부터 경제개발청(EDB)내의 Singapore Global Network의 일부로 편입되어 활동 범위를 더욱 다각화하고 있다. 언론 역시 재외국민의 중요성에 대한 인식을 제고시키기 위한 노력에 적극 동참하고 있다. 싱가포르의 대표적 언론인『Stairts Times』지는 2008년부터 'Singaporean Abroad'라는 기획 기사를 장기간에 걸쳐 게재하고 있는데 해외 각지에 거주하는 싱가포르인들을 심층 인터뷰하여 그들의 생활을 본국에 소개하고 이들과 본국과의 연결을 공고히 하는 역할을 수행 중이다.[6]

### 다. 외교부 홈페이지와 모바일 앱의 적극적 활용

싱가포르 정부는 해외여행을 준비하는 사람들이 우선적으로 외교부 홈페이지와 모바일 앱을 적극 활용하도록 촉구한다. 홈페이지는 전면 상단부에 외교부 소개와 대외 정책에 이어 곧바로 재외공관과 영사 관계 항목을 배치하여 누구나 손쉽게 해외에서 필요로 하는 정보를 얻을 수 있도록 하고 있다. 영사 관계 항목에 들어가 보면 재외국민 보호 정책의 대상이 되는 싱가포르 인들에게 사안별로 영사 서비스 업무를 세분하여 설명한다. 우선 해외여행을 하거나 외국에 거주하는 사람들은 eRegister에 등록할 것을 권고한다. 이는 긴급상황이 발생했을 때 해당 지역에 체재하고 있는 사람에 대한 현황 파악을 용이하게 하고 필요시 즉각적인 접촉도 가능하게 해 주기 때문이다. 다음으로 여행과 관련한 다양한 정보를 제공한다. 여행 전 미처 생각해 보지 못한 사안들을 미리 챙겨보게 하여 해외에서의 곤란한 상

---

6  Ibid, p1-2

황을 미연에 방지하기 위함이다. 비자 관련 정보도 필수적으로 제공한다.

 싱가포르의 여권은 2025년 기준 195개국을 비자없이 방문할 수 있는, 세계에서 가장 강력한 여권으로 평가받고 있지만[7] 격오지 방문을 즐기는 싱가포르인들의 취향과 각국의 정세 변화에 따른 비자 정책의 변화에 대응코자 수시로 정보를 업데이트한다. 아울러 논란의 여지가 있는 영사조력 문제에 대해서는 각 범주별로 구분하여 상세한 설명을 할애하고 있다. 여행경보와 관련해서는 우리와 같은 단계별 여행경보는 발령하지 않지만 자연 재해, 전쟁, 무력충돌 등의 상황이 발생하면 홈페이지의 초기 화면에 최우선적으로 여행경보를 띄우고 당시까지 발령된 모든 여행경보를 일자 순으로 손쉽게 찾아볼 수 있게 하고 있다. 모바일 앱의 경우 MFAsg-X나 LinkedIN 등을 통해 외교부 홈페이지와 동일한 내용의 정보를 제공한다. 각 영사 사안별로 싱가포르 정부가 취하고 있는 정책을 살펴보면 아래와 같다.

## 2. 사안별 영사보호 정책[8]

### 가. eRegister 등록

 해외 여행자나 외국 거주자에 대한 eRegister 등록은 비록 강제성은 없으나 정부가 강력히 권고하는 사안이다. 사건 사고 발생 시 즉각적으로 당

---

[7] Forbes, The World's Most Powerful Passport in 2025, According to Henley Index, 2025.1.8.
[8] 영사 사안별 정부 정책은 싱가포르 외교부 홈페이지(www.mfa.gov.sg)에 상세히 기술되어 있음

사자와 접촉할 수 있는 기반이 되기 때문이다. 싱가포르 국민들은 온라인으로 정부관련 업무 및 거래를 할 때 디지털 주민등록과 같은 Singpass를 활용한다. 각 개인의 Singpass account에는 개인 정보를 기입할 수 있는 Myinfo란이 있는데 여기에 함께 여행하는 사람의 성명, 방문 국가와 도시, 여행 일정, 숙소, 연락처, 체재 기간 등을 기입하게 되어 있고 긴급상황 발생 시 연락할 싱가포르 내 연락처 등도 기록하게 한다. Myinfo에 입력한 모든 정보는 엄격한 대외비로 관리된다. 만일 eRegister에 등록을 원치 않는 사람의 경우에는 싱가포르 내 가족들에게 관련 정보를 남기도록 권고하고 있다.

### 나. 유용한 여행 정보 제공

싱가포르 외교부는 국민들에게 여행과 관련한 유용한 정보를 제공하고 이를 충실하게 따라 줄 것을 요청한다. 우선 해외여행을 나갈 때 건강보험이 포함된 포괄적 보험 가입을 권고한다. 예기치 못한 사건 사고의 경우 당사자 책임 우선 원칙을 적용하기 때문이다. 아울러 목적지 내의 건강 관련 정보와 예방접종 관련 정보를 확인토록 촉구한다. 복용약을 휴대할 경우에는 반드시 의사의 처방전을 지참하여 세관의 요청이 있게 되면 이를 함께 제시토록 권고한다. 외교부 홈페이지에 나와 있는 해외 여행 정보도 수시 확인토록 하며 여권 유효기간이 6개월 이상 남아 있는지 반드시 확인할 것도 촉구한다. 이와 함께 여행 출발 전 주요 서류를 복사하여 가족 또는 친구에게 보관토록 하며 가족이나 친구에게 여행지를 알리고 접촉 방법을 사전에 전달해 놓을 것을 권고한다.

## 다. 영사조력 문제에 관한 기본 입장

싱가포르 외교부는 영사조력 문제에 있어 정부가 해줄 수 있는 일과 해줄 수 없는 일을 분명히 구분하여 설명한다. 각 개인이 해결해야 할 일에 정부가 나설 경우 불필요한 행정 낭비가 발생할 뿐 아니라 국민이 낸 세금이 잘못 사용된다는 신념 때문이다. 이에 따라 영사조력 문제 전반을 설명하는 경우에도 외교부가 해줄 수 있는 일과 할 수 없는 일을 분명히 할 뿐만 아니라 다양한 사건 사고 처리에 관한 세부 안내 과정에서도 외교부가 해줄 수 있는 일과 없는 일을 반복적으로 부연한다.

1) 영사조력 일반에 있어 외교부가 해줄 수 있는 일
- 정보 제공, 영사지원, 조언 등
- 여권 분실 시 여행증명서 발급
- 친구와 친척들에게 당사자를 위한 금융지원 요청
- 부상을 당했거나 체포된 사실을 친구와 친척들에게 통보
- 필요시 공식적으로 등록된 변호사나 통역사에 대한 목록 제공
- 사망자의 유해나 유품의 귀국 진행 관련 지원
- 해외에서의 자연재해, 폭동, 테러 공격 시 지원

2) 영사조력 일반에 있어 외교부가 해줄 수 없는 일
- 해외여행 국민들의 의료비, 법률비, 숙박비, 여행 경비 등에 대한 지불
- 현금 제공
- 외국 사법 당국이 처분한 구류, 보석금 지불, 벌금 납부 등에 대한 간여
- 민사 및 상업적 분쟁에 간여

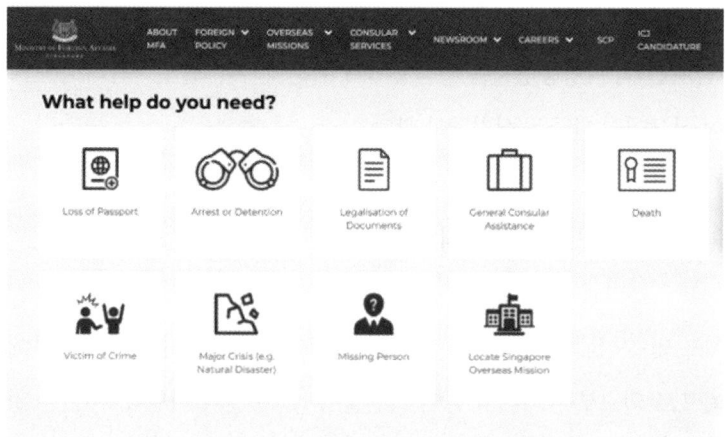

[그림 6.2] 외교부 홈페이지 내 영사조력 사안별 안내

- 법률 상담 및 법적 소송 개시
- 보증인 또는 후원자 역할 수행
- 숙소를 찾아주거나 고용을 알아보아 주는 일
- 통·번역, 우편 전달, 전화 및 기타 개인 서비스 제공 등

**라. 여권 분실 시의 조치**

싱가포르인들의 해외여행 건수가 증가하다 보니 여권을 분실하는 사례가 자주 발생한다. 싱가포르의 높은 여권 파워에 따른 탈취 범죄도 심심치 않게 발생한다. 여권 분실이 확인되면 우선 싱가포르 출입국관리소(ICA)에 온라인으로 신고해야 한다. 만일 분실이 범죄와 관련되어 있다면 현지 경찰에 대한 신고와 함께 현지를 담당하는 싱가포르 재외공관에도 신고토록 한다. 분실 신고 후 해외 공관에 신규 여권을 신청할 경우 발급에 4~6주 정도가 소요된다. 이 때문에 급히 귀국해야 하는 경우 여행증명서를 발급해

주는데 여행증명서는 싱가포르 귀국용으로만 사용되며 제3국으로의 여행은 금지된다. 여행증명서는 일회용이기 때문에 추후 출입국관리소를 방문하여 신규여권 발급을 신청해야 한다.

### 마. 체포 및 구금 시의 대처

체포 및 구금과 같은 상황에서 긴급히 영사조력을 받아야 하는 경우에도 싱가포르 외교부는 아래와 같이 지원할 수 있는 일과 지원할 수 없는 일을 분명하게 구분하여 대처한다.

1) 외교부가 지원할 수 있는 일
- 현지 당국으로부터 영사접근권을 보장받을 수 있도록 협조
- 재판을 앞두고 불균형적으로 오랜 기간 구금되지 않도록 보장
- 사건의 진행 동향에 관한 정보를 가족에게 전달
- 가족들의 교도소 방문을 주선
- 수집한 현지 법률 정보 및 교도소 체계 관련 정보를 제공
- 변호사 명단을 당사자와 가족에게 제공
- 필요한 의료서비스에 대한 접근이 거부되지 않도록 보장
- 법률 수수료 지불과 관련된 자금 이전 지원
- 석방 후 싱가포르 복귀를 위한 편의 제공

2) 외교부가 지원할 수 없는 일
- 보석금 지불이나 벌금 납부
- 석방을 위해 주재국의 법률을 무시하는 행동

- 법적 상담을 제공하기
- 법적 소송에 간여하기

**바. 사망 처리의 문제**

사망 처리 문제와 관련, 과거 민원인과 정부 측 사이에 크고 작은 다툼이 있었다. 이에 따라 동 사안에서도 싱가포르는 영사가 지원할 수 있는 일과 없는 일을 분명히 구분하여 대처한다.

1) 영사가 지원할 수 있는 일
- 사망자의 최근친(next of kin)에게 통보
- 최근친에게 현지 장의사의 목록을 제공하고 직접 소통할 수 있도록 주선
- 현지 매장/화장 비용 추산에 대해 상담하고 유골·유품의 운송 문제를 상담
- (상설 공관이 있는 지역일 경우) 사망자에 대한 매장·화장 비용의 전달에 협조

2) 영사가 지원할 수 없는 일
- 사망 원인 조사
- 사망자 가족을 대리하여 보험금 청구
- 법률 지원 제공
- 매장·화장 비용 지불
- 유골의 싱가포르 운송비용 지불

- 사망자의 부채 청산
- 사망자의 미결재 청구서나 부채에 대해 지불(사망자가 보험이 없거나 부적절한 보험에 가입되어 있을 경우 사망자의 최근친 또는 친지가 관련 비용을 지불하는 것이 원칙)

### 사. 범죄 피해자에 대한 지원 문제

범죄 피해자가 재외공관이나 외교부에 접촉해 오면 우선 가까운 경찰서에 보고서를 제출토록 권고하며 변호사 선임에 대해서도 권고한다. 재외공관은 현지 변호사 명단 제공에 협조해야 한다. 그러나 동 명단이 모든 변호사를 포괄하고 있지 않다는 점과 외교부는 그들의 능력과 성실성까지 보증하지는 못한다는 점을 반드시 밝히게 되어 있다. 그런데 재외공관이나 외교부는 법률 상담을 직접 제공하거나 현지 사법절차에 간여할 수는 없다. 또한, 민사나 상사 분쟁 시 중재자로서의 간여도 할 수 없게 되어 있다.

### 아. 주요 위기 상황(자연 재해 포함)에 대한 대처

외교부는 모든 해외여행 시 개인 안전에 최대한 유의토록 권고하고 있다. 외국에 도착하면 현지 방송을 수시로 모니터링하고 현지 당국이 요청하는 지침도 잘 준수하도록 권고한다. 전쟁, 폭동, 자연재해 등 긴급조력이 필요한 상황이 발생하면 가까운 재외공관 및 외교부 당직실에 곧바로 접촉하도록 안내한다. 아울러 위기 상황을 겪고 있는 당사자는 싱가포르 내 가족, 친지와의 접촉을 통해 수시로 자신의 안전을 확인시켜줄 것을 권고한다.

## 자. 행방불명자에 대한 대응

행방불명자에 대한 신고가 들어오면 우선 가까운 경찰서에 보고서를 제출토록 안내한다. 이후 싱가포르 재외공관이나 외교부 당직실에 동 경찰보고서를 제출하게 한다. 외교부나 재외공관은 대상자가 병원에 있을 것으로 판단될 경우 주요 병원을 점검한다. 만일 대상자가 체포되었을 것으로 판단되면 현지 당국에 사실관계를 점검한다. 한편, 행방불명자에 대한 대응에 있어서도 싱가포르는 외교부가 할 수 없는 일을 적시하고 있다. 행방불명자에 대한 추적 활동, 해당 인물이 싱가포르를 떠났는지 또는 제3국에 입국했는지 여부를 확인하는 일은 하지 못하도록 규정하고 있다.

## 차. 여행경보

외교부는 수시로 각국의 현지 상황을 점검하여 홈페이지에 게재한다. 주로 자연재해, 전쟁, 폭동, 정치적 격변, 전염병 발생 시에 경보를 발하고 있다. 다만 우리나라와 같은 단계별 여행경보 제도는 운영하지 않는다. 2024년도에 발령된 주요 여행경보 사례를 살펴보면 ① 요르단의 대규모 시위, ② 인도네시아의 화산 폭발, ③ 뉴칼레도니아에서 발생한 폭동 및 통행금지 조치, ④ 에콰도르의 조직범죄 대처 관련 비상사태 선언, ⑤ 아이티 폭동에 대한 대응조치, ⑥ 페루의 대규모 산림화재 발생에 대한 주의 촉구, ⑦ 레바논 사태 유의 권고, ⑧ 이스라엘-팔레스타인 사태에 대한 유의 권고 등의 사례가 있다.

## 3. 영사조력 사례 및 영사조력 범위

### 가. 주요 영사조력 사례

싱가포르인들의 해외 활동이 활발해짐에 따라 영사조력에 대한 수요 증대와 이에 따른 정부 측의 대응 사례가 계속 증가하고 있다. 다음은 가장 대표적인 최근의 영사조력 제공 사례이다.

1) 코로나 진원지 우한에서의 싱가포르 국민 철수 지원

2020년 1월 코로나 바이러스가 전 세계로 확산될 때 진원지인 우한에는 많은 싱가포르인이 거주하고 있었다. 중국 당국은 바이러스 확산 방지를 위해 1월 23일 우한 일원에 대한 봉쇄 명령을 내렸고 외국인을 포함한 모든 거주자들은 거주 이동의 자유가 거부되었다. 싱가포르 정부는 자국민의 신속한 소개를 위해 중국 당국과의 교섭을 개시했고 두 차례에 걸쳐 항공편으로 이들을 데려오기로 하는 데 합의했다. 싱가포르 국내에서는 외교부, 보건부, 교통부, 국가개발부, 이민청, 항공청이 팀을 이루어 대책을 마련했으며 중국 당국과의 기본 교섭은 베이징에 있는 싱가포르 대사관이 맡았다. 그러나 베이징에 있는 대사관 직원 역시 현장 접근을 할 수 없었던 관계로 요원 파견은 외교부 본부에서만 하고 사안의 성격상 최소한의 인원만을 파견하기로 했다. 파견 인원은 중국 업무 경험이 있는 직원 중 자발적 의사를 표명한 사람 중에 선발했으며 1차로 싱가포르 항공의 자회사인 Scoot 항공기를 1월 30일 우한 공항에 착륙시켰다. 우한 현장에는 외교부 출신 직원 2명 만이 지상에서 미리 연락된 교민들의 소개작업을 지원했으며 소수의 관련 부서 직원들은 비행기에서 대기했다. 이날 총 92명의 교민들을 소

개하였고 이 중 싱가포르 도착 후 바이러스에 감염된 것으로 판명된 다섯 명은 별도의 치료 시설로 격리되었다.

제2차 소개 작전은 2월 8일 진행되었으며 174명의 교민을 데려왔고 이 중 2명이 도착 후 바이러스 감염이 확인되어 격리조치 되었다. 모든 바이러스 감염자는 치료 후 건강을 회복했다. 2차 소개 시에도 외교부에서는 2명의 직원만이 파견되었고 이들만이 공항 지상에서의 활동이 허용되었다. 2차 소개 시에는 항공기에 의사와 간호사도 동승시켜 교민들의 관련 질문에 답변하고 이들의 보건 관련 사안을 지원했다. 싱가포르 당국은 짧은 시간 내에 소개 작전을 성공적으로 수행한 요인으로 첫째, 사전에 중국 당국과의 긴밀한 조율이 있었고, 둘째, 완벽하게 중국어를 구사하며 중국에서의 근무 경험을 가진 자발적인 자원자들을 파견했던 점을 꼽았다.[9]

### 2) 후쿠시마 핵사고 시의 영사 대응팀 파견

2011년 3월 11일 쓰나미로 촉발된 후쿠시마 원자력 발전소 사고로 일본이 대혼란을 겪게 되자 싱가포르 정부는 영사대응팀(Consular Response Team)을 긴급 파견하여 일본 내 자국민의 보호와 철수를 지원했다.[10] 먼저 도쿄 주재 대사관은 상황을 면밀히 모니터링 하면서 각국 정부의 대응 상황을 수시 보고하고 현지 싱가포르인들에 대한 구호 조치와 소개에 필요한 점을 본부에 건의했다. 본부에서는 이를 바탕으로 영사대응팀 파견 결정을 하고 총리실 보고 및 관계부처에 필요한 협조를 요청했다. 긴급히 파견된

---

9  Tan Dawn Wei, Coronavirus: MFA officers who flew into Wuhan to ensure no Singaporean is left behind, The Straits Times, 2020.3.20.
10 Remarks on consular assistance to Singaporeans by Senior Parliamentary Secretary for Foreign Affairs Sam Tan in Parliament during the Committee of Supply Debate on 6 March 2012

영사대응팀은 싱가포르 교민과의 통신 유지, 영사 지원 활동, 구호품 전달 활동 등을 전개했으며 귀국희망자를 안전하게 대피시켰다. 영사대응팀의 활동에 대해 일반 싱가포르인들의 반응은 매우 긍정적이었으며 의회에서도 정부의 영사조력 활동에 대한 적극적인 지지 의사가 표출되었다.

### 3) 이집트에서의 학생 및 거주 교민들에 대한 소개

2013년 7월 이집트 군부의 모하메드 무르시 대통령 축출로 이집트 정국이 대혼란을 겪게 되자 카이로주재 대사관이 중심이 되어 현지 수학 중인 싱가포르 학생들에 대한 소개 활동을 전개했다. 대사관은 eRegister에 등록된 모든 사람에게 이메일과 SNS를 통해 최신 정보를 계속 제공하고 위험지역에서 벗어나도록 경고했다. 아울러 영사대응팀을 파견하여 이집트를 떠나고자 하는 학생들을 안전지대에 집결시킨 후 8월 20일 23명을 싱가포르로 소개했으며 이후 추가적인 인원에 대해서는 일정 기간 영사보호 조치를 취하면서 순차적으로 소개시켰다.[11]

한편, 2020년 4월 코로나 사태로 이집트 당국이 모든 상용 항공기의 이착륙을 금지하자 다수의 싱가포르 학생과 거주민이 현지에 발이 묶이는 상황이 발생했다. 싱가포르 외교부와 싱가포르 이슬람 종교 위원회(MUIS)는 이집트 당국과의 긴밀한 협력을 통해 특별기를 파견한 후, 224명의 싱가포르 국민들을 무사히 본국으로 소개하고 14일간의 격리 조치를 시행했다.[12]

---

[11] March 2012MFA Spokesman's Comments in response to media queries on the situation in Egypt, 2013.8.21

[12] Ministry of Foreign Affairs of Singapore, Evacuation of Singapore residents from Egypt, 2020.4.8

## 나. 영사조력의 범위

싱가포르 정부가 영사조력의 범위를 분명하게 정리하여 공지하고 있음에도 불구하고 정부 측의 적극적인 개입을 요구하는 주장이 계속되고 있어 논란이 끊이지 않는 것도 사실이다. 싱가포르 정부는 이러한 사례들을 주기적으로 정리하여 외교부 홈페이지에 올리거나 의회에서의 질의 답변 과정을 통해 국민들에게 환기시킨다. 다음은 2014년 K. Shanmugam 싱가포르 외교장관이 국민들에게 직접 호소하며 공개한 논란 사례들이다.[13]

### 1) 싱가포르 여행객과 크루즈 선사 간의 갈등 사례

미국 크루즈 선박에 승선해서 관광을 즐기던 싱가포르 승객이 선내 생활과 관련하여 선사 직원 여러 명과 갈등을 빚게 되었다. 크루즈 선사는 원만한 해결을 위해 여러 번에 걸친 중재를 통해 부분적인 보상안을 제시했다. 그러나 동 관광객은 이 제안을 거부하고 대신 선사가 유럽으로 여행할 수 있는 풀 패키지 크루즈 여행권을 제공할 것을 요구했다. 선사가 이를 거절하자 해당 승객은 싱가포르 외교부가 미국 회사로부터 풀 패키지를 받아내도록 지원해야 함을 주장하고 요구했다. 이에 대해 싱가포르 외교부는 정부가 개인의 민사적·상업적 분쟁에 간여할 수는 없다는 점을 당사자에게 통지하고 이를 거절했다.

### 2) 가족 간의 갈등 해소 요청 사례

자신의 딸이 해외에서 꿈을 쫓아 선교사가 되겠다고 하는 것에 대해 딸이

---

[13] K Shanmugam Sc의 Facebook 포스팅(2014.6.4) 과 X 포스팅(2014.6.5)

외국인에게 세뇌를 당했으니 정부가 나서 구해 줄 것을 요청한 사례도 있다. 민원인은 지역구 의원에게 압력을 넣어 외교부가 딸을 데려오는 데 협조해 주도록 요구했다. 해당 사건을 지역구 의원이 소개하자 외교부는 가족 간의 분규에는 정부가 개입하지 않는다며 이를 거절했다.

### 3) 화폐 교환 요청 사례

인도를 방문 중인 싱가포르 관광객은 인도 당국이 500루피와 1000루피 화폐의 유통과 사용을 금지시킨 사실을 뒤늦게 알게 되었다. 동인은 싱가포르 은행과 인도 주재 싱가포르 대사관에 연락하여 자신의 고액권 화폐를 소액권 화폐로 교환해 주도록 요청했다. 대사관측이 이를 거부하자 이제는 외교부 본부까지 접촉하여 환전 지원을 요청했다. 이에 대해 싱가포르 외교부는 자신들이 환전상이나 여행사가 아니라는 점을 주지시키고 이를 거부했다.

### 4) 성매매 불만 사례

해외에 나간 싱가포르인이 현지의 불법 성매매 서비스에 만족하지 못하여 환불을 요구했으나 거부당했다. 이에 동인은 현지 공관에 연락하여 지원해 달라고 요청했으나 공관에서는 불법적인 행위에 대해 정부 당국이 간여할 수 없다며 거절했다.

### 5) 이혼 절차 개입 요청 사례

해외에 체재하는 싱가포르인이 재외공관에 연락하여 자신의 외국 여자 친구가 남편과의 이혼 절차를 빨리 진행하도록 설득해서 자신이 결혼할 수 있게 조치해 달라고 요청했다. 외교부 당국은 싱가포르인이 결혼하는 것에 대해 정부는 적극 성원하지만, 개인의 이혼 절차에 정부가 개입할 수는 없다며 거절했다.

### 6) 인종차별 시정을 위한 개입 요청 사례

해외 KFC 매장에서 자신은 현지인들보다 작은 크기의 통닭을 받았다며 이는 인종차별에 해당하는 것이기에 외교부가 이 사건을 조사해서 공정성을 회복시켜 달라는 요청이 있었다. 외교부는 모든 사람에게 동일한 크기의 통닭을 제공하기는 어렵다는 점과 통닭의 크기와 인종차별 간의 연관성을 증명하기도 어렵다는 점을 들어 거절했다.

### 7) 개인 화물 운송을 위한 외교부의 지원 요청 사례

해외에서 생활하다 귀국하면서 주방 관련 짐이 많아 다 부치지 못하고 일부를 남겨두고 온 사람이 외교부가 이를 빼내오는 데 협조해 달라고 요청했다. 또한, 인도네시아 거주 싱가포르인은 미국에서 데스크탑 컴퓨터를 온라인으로 주문하여 싱가포르에서 수령하게 한 후 이를 외교부가 자신에게 배달해 달라고 요청한 사례도 있었다. 이에 대해 외교부는 재외국민 보호제도의 취지를 일탈한 것이라며 거부했다.

## 4. 우방국과의 재외국민 보호 협력

싱가포르는 전 세계를 상대로 50개에 이르는 대사관과 영사관을 운영하고 재외공관이 없는 곳에는 30명의 명예영사를 임명하여 운영하고 있으나, 전 세계에서 발생하는 사건 사고 및 영사 수요를 감당하기에는 물적 인프라가 많이 부족한 것도 사실이다. 이러한 난점을 극복하기 위해 영연방 국가인 영국, 호주, 뉴질랜드 등과 긴밀한 협력을 유지하면서 문제 발생 시 이들 국가의 영사 시스템으로부터 협조를 받고 있다.[14] 영연방국 상호 간에는 관례적으로 또는 양자 간 합의를 통해 상호 도움을 줄 수 있도록 하고 있는데 이들 영연방 국가들은 싱가포르의 재외공관이 없는 곳에서 비상시 구호 활동 및 여행증명서 발급 등에 도움을 주고 있다. 아울러 아세안 국가 상호 간에는 회원국 국민이 제 3국에서 위기 상황에 처했을 때 서로 도와주도록 하는 협약이 맺어져 있다. 2018년 11월 13일 채택된 "Declaration on the Guidelines on Consular Assistance by ASEAN Member States' Missions in Third Countries to Nationals of Other ASEAN Member States"가 바로 그것이다.[15] 동 규정에 따르면 회원국의 재외공관은 제3국에서 회원국의 국민이 도움이 필요한 경우 지원해 주도록 되어 있다.

2023년 태국 공관의 도움을 통해 우크라이나에 남겨진 싱가포르인 모자를 본국으로 소개한 사례가 바로 이에 해당한다.[16] 따라서 싱가포르는 제3국에 있는 영연방국 또는 아세안 10개국의 해외 공관도 충분히 활용하여 영사 서비스망을 좀 더 촘촘하게 유지할 수 있다.

이와 함께 싱가포르는 여타 우방국과의 협력도 활발히 진행한다. 2023년 10월 이스라엘과 하마스 간 전투가 치열하게 진행될 당시 한국 정부는 신속대응팀을 텔아비브로 급파했다. 이때 싱가포르 정부는 한국 정부에 대해

---

14 MFA Press Release: Remarks by Minister for Foreign Affairs K Shanmugam, 2nd Minister for Foreign Affairs Grace Fu, SMS for Foreign Affairs Masagos Zulkifli and SPS for Foreign Affairs Sam Tan in Parliament during the Committee of Supply Debate on 5 March
15 ASEAN Main Portal, https://asean.org>Declaration-on-TCCA-Adopted
16 Speech by Senior Minister of State for Foreign Affairs Sim Ann at MFA's Committee of Supply Debate, 2023.2.27

여섯 명의 싱가포르 국적자를 우리 군 수송기로 함께 소개해 주도록 요청했고 우리 신속대응팀은 이들을 서울로 소개하는 협력을 제공했다.17 또한 2023년 미얀마 정부군과 반군 간의 전투가 치열하게 전개되자 당시 미얀마 북부에 체재하던 싱가포르 국적자를 소개하기 위해 싱가포르 정부는 태국, 베트남, 중국 정부에 협조를 요청했다. 이들 정부의 도움으로 싱가포르로의 소개가 이루어졌다.18

## 5. 맺음말: 싱가포르의 재외국민 보호제도 평가와 한·싱가포르 영사협력

싱가포르의 재외국민 보호 정책과 우리의 재외국민 보호 정책을 단순 비교하기는 어렵다. 각자의 환경이 다르고 중점을 두는 있는 철학도 다르기 때문이다. 다만 크게 보았을 때 싱가포르에는 우리의 영사조력법과 같은 재외국민 보호 법률이 존재하지 않고 우리와 같이 상세한 해외 안전 여행 관련 안내도 부재하다는 점을 지적할 수 있다.

반면 싱가포르는 우리에 비해 각 사안별로 국가가 지원할 수 있는 분야와 없는 분야를 명확히 설명하고 있는 점이 인상적이다. 이를 우리 '재외국민 보호를 위한 영사조력법'의 규정과 비교해 보면 그 차이가 분명해진다. 우리 영사조력법 제10조 3항은 '재외국민이 스스로 또는 연고자나 주재국 정부의 지원을 받아 해결할 수 없을 경우에 한하여 영사조력이 제공되어야

---

17 대한민국 정책 브리핑: 외교부·국방부 2023.10.16.
18 Supplimentary Questions for Minister for Foreign Affairs Dr. Vivian Balakrishnan during the Committee of Supply Debate, 29February 2024

한다.'고 규정하고 있다. 이 경우 스스로 해결할 능력 여부에 대한 판단을 누가 하는지가 분명하지 않고 당사자의 주장만으로 영사조력을 제공할 수 있는 경우가 포괄적으로 가능할 수 있다. 제19조 제1항은 '신체·재산의 보호 비용은 스스로 부담해야 한다.'고 하면서도 '재외국민의 무자력 상태 등 예외적인 경우 국가가 부담할 수 있다.'고 규정하고 있다. 이 경우 해외에서 우리 국민의 무자력 상태 여부를 확인하기가 쉽지 않고 그 증명을 당사자가 아닌 국가가 해야 한다면 불필요한 행정 낭비가 초래될 가능성도 크다. 결국, 우리의 경우 국가가 지원할 수 있는 여지를 상당 부분 넓혀 놓은 것이라고 볼 수 있다.

한편, 싱가포르와 비교할 때 한국이 강점을 가진 분야도 많다. 우리의 영사콜센터, 통역 서비스, 신속 해외송금 서비스 및 외국에 도착했을 때 휴대전화에 자동으로 뜨는 로밍 문자서비스에 대해서는 싱가포르인들도 많이 부러워한다. 여기에 무료 전화앱, 카카오톡 상담 서비스, 위챗 상담 서비스, 라인 상담 서비스 등에 대해서도 평가가 아주 높다. 싱가포르 사람들이 가장 인상적으로 평가하는 것 중의 하나는 우리의 신규여권 발급 서비스이다. 해외 공관에서 손쉬운 절차를 통해 여권을 신청할 수 있을 뿐만 아니라 발급 속도도 매우 빠르기 때문이다.

반면, 싱가포르가 강점을 갖는 분야도 많다. eRegister를 통해 개개인에 대한 연락을 신속하게 취할 수 있고 맞춤형에 가까운 보호서비스도 제공할 수 있다. 외교부 홈페이지 디자인을 단순하게 구성하면서도 재외국민 보호 관련 항목을 쉽게 찾아볼 수 있도록 배치한 점도 평가할 만하다. 가장 발생 빈도가 높은 사안별로 영사 서비스의 구체 내용을 정리하여 일목요연하게 제시하고 있는 점도 눈에 띈다. 아울러 매 사안 별로 각 개인의 책임을 강조하고 우선시하여 국민 스스로가 조심하고 경계를 게을리하지 않도록 유도

하고 있는 점도 특기할 사항이다.

현재 싱가포르는 점증하는 영사 수요에 대응하기 위해 최신 기술을 영사 서비스에 접목시키고 유능한 인력을 영사 부문에 투입하는 노력을 진행하고 있다. 2024년에는 본부와 각 공관을 연결하는 영사관리 시스템(Consular Case Management System)을 도입하여 각 영사 사건의 진행 경과를 쉽게 추적하고 지원방안을 효율적으로 조율하며 축적된 자료를 통해 관련 동향에 대한 분석과 대응책을 마련하는 노력도 게을리하지 않는다.[19] 다만 재외공관의 수가 여타국에 비해 많지 않기 때문에 하나의 공관이 커버해야 하는 지역이 광범위하고 관리의 손길이 미치기 어려운 지역이 여전히 존재한다. 영사 담당 직원의 수가 많지 않은 것도 구조적 어려움이다. 이를 극복하기 위해 인공지능과 빅 데이터를 활용한 영사 시스템 구축 작업을 진행 중이며 주변국과의 영사 협력 체제를 한층 더 강화하는 노력을 경주하고 있다.

우리와의 관계에서는 앞서 설명한 이스라엘로부터의 싱가포르 국민 소개 시 양국이 긴밀한 협력 체제를 가동한 사례와 같이 향후 재외국민 보호 분야에서 상호협력을 확대해 나갈 여지가 클 것으로 생각된다. 2023년 기준 연간 한국인의 싱가포르 방문객 수는 57만 명, 싱가포르인의 한국 방문객 수는 34만 명에 이를 만큼 양국 국민들의 상호 교류 숫자는 연간 백만 명 선에 육박하고 있다. 양국 국민들 간의 상호 교류가 증가하면 그만큼 영사 수요도 다양하게 발생한다. 주한 싱가포르 대사관에서 근무하고 있는 싱가포르 영사는 한국에서 영사 업무를 하면서 가장 어려움을 겪는 일 중의 하나가 긴급 환자가 발생했을 때라고 한다. 싱가포르인들 중 우리 국내 의료보험이 없을 경우 병원 방문이 쉽지 않기 때문이다. 이에 따라 외국의 민간

---

[19] Singapore Public Sector Outcomes Review 2024: Legal and Diplomacy part

의료보험이나 국가 의료보험과 우리 의료보험과의 연계성 강화 등 한국 내 싱가포르인의 의료 보호 수요에 부응하는 서비스 제공을 위해 많은 시간이 할애되고 있다고 한다. 이러한 사안은 한국 내 외국인에 대한 우리 정부의 전반적인 정책 차원에서도 한번 점검해 볼 필요가 있다고 판단된다.

2024년 한국과 싱가포르는 형사사법 공조 조약과 범죄인 인도조약을 각각 체결하여 양국 간 법률 및 영사 부문에서의 협력을 한 단계 높인 바 있다. 향후 양국 간 영사 국장 회의나 영사 담당관 회의를 개설하여 해외 사건 사고에 대한 대처와 재외국민 보호 분야에서의 협력을 활성화하고 상대가 잘하는 분야는 서로 배우고 도입하는 기회를 계속 확대하기를 기대한다.

〈참고문헌〉

Speech by Senior Minister of State for Foreign Affairs Sim Ann during the Committee of Supply Debate 2025.3.3.
Singapore Public Sector Outcomes Review 2024: Legal and Diplomacy part
Chrissa Yang, Study to find out mindsets of overseas Singaporeans, Starits Times, 2017. 5.16.
Goh Chok Tong, Singapore National Day Rally Speech 2002
Cheryl Narumi Naruse, Singapore, State Nationalism, and the Production of Diaspora, Comparative Literature and Culture 15.2(2013) p.1.
Forbes, The World's Most Powerful Passport in 2025, According to Henley Index, 2025.1.8.
Tan Dawn Wei, Coronavirus: MFA officers who flew into Wuhan to ensure no Singaporean is left behind, The Straits Times, 2020.3.20.
Remarks on consular assistance to Singaporeans by Senior Parliamentary Secretary for Foreign Affairs Sam Tan in Parliament during the Committee of Supply Debate on 6 March 2012
MFA Spokesman's Comments in response to media queries on the situation in Egypt, 2013.8.21.

Ministry of Foreign Affairs of Singapore, Evacuation of Singapore residents from Egypt, 2020.4.8.

K Shanmugam Sc의 Facebook 포스팅(2014.6.4) 과 X 포스팅(2014.6.5.)

MFA Press Release: Remarks by Minister for Foreign Affairs K Shanmugam, 2nd Minister for Foreign Affairs Grace Fu, SMS for Foreign Affairs Masagos Zulkifli and SPS for Foreign Affairs Sam Tan in Parliament during the Committee of Supply Debate on 5 March

ASEAN Main Portal, https://asean.org>Declaration-on-TCCA-Adopted

Speech by Senior Minister of State for Foreign Affairs Sim Ann at MFA's Committee of Supply Debate, 2023.2.27.

대한민국 정책 브리핑: 외교부·국방부 2023.10.16.

Supplimentary Questions for Minister for Foreign Affairs Dr. Vivian Balakrishnan during the Committee of Supply Debate, 29February 2024

Singapore Public Sector Outcomes Review 2024: Legal and Diplomacy part

〈그림〉

[그림 6.1] Singapore Global Network 내 재외국민 생활 정보

[그림 6.2] 외교부 홈페이지 내 영사조력 사안별 안내

**제7장**

# 이스라엘의 재외국민 보호제도와 영사조력

마영삼(전 주이스라엘 대사, 주팔레스타인 대표)

## 1. 이스라엘 재외국민 보호제도의 원칙

　재외국민 보호 문제는 이스라엘의 국가정책에 있어 우선순위가 매우 높으며, 관련 정책과 제도는 그 종류가 다양하고 효과적으로 운용되고 있다. 그렇다고 해서 재외국민 보호에 관한 별도의 명시적 국내법이 존재하는 것은 아니며, 관습과 전통에 기초하고 있다. 관련 제도가 필요한 경우 당시의 상황과 외국의 제도를 참고하여 자국 현실에 적합한 형식으로 수정 보완하여 마련한다. 그리고 국제법의 경우, 유엔헌장이나 1948년 제네바협약 등을 존중하지만, 전쟁이 잦은 국가이기 때문에 자국민이 전쟁법이나 '국제형사재판소(ICC)에 관한 로마규정'의 위반 혐의로 기소되는 사례가 종종 발생하며, 이때 이스라엘 정부는 적극적으로 법적 지원을 제공한다.
　한편, 해외에 거주하거나 방문 중인 재외국민의 안전 및 이익 보호와 관련된 문제에 대해서는 이스라엘 외교부와 재외공관이 일차적으로 대처한다. 그런데 여전히 잔존하는 '반유대주의(Anti-Semitism)'로 인해 재외국민이나 유대인들이 테러의 대상이 됨에 따라 모사드(Mossad) 등 정보기관과 국방부가 적극적으로 개입하고 있으며, 외교부, 정보기관, 군 간에 공조 체제가 원활히 작동되고 있다. 이러한 특이점을 감안하여 이스라엘의 재외국민 보호제도의 근간을 받치고 있는 몇 가지 기본원칙에 대해 우선 살펴 보고자 한다.

### 가. '반유대주의' 테러로부터 유대민족을 보호해야 한다는 강한 책임감

유대민족은 2000년간에 걸쳐 박해와 차별을 받아왔고 급기야 600만 명이 집단학살 당하는 비극적 경험을 했기 때문에 그들의 뇌리에는 "또 당할 수 있다"는 잠재의식이 남아 있다. 한편, 제2차 세계대전 종전을 계기로 반유대주의가 지구상에서 사라졌을 것으로 기대하였지만, 세계 일부 지역에서는 여전히 그러한 조짐이 나타나고 있는 것이 현실이다.[1] 특히 이스라엘-팔레스타인 간의 마찰이 장기화 되면서 일부 국가에서는 시나고그(Synagogue)나 학교 등 유대인 시설을 공격하는 사례가 늘어나고 있다.

반유대주의에 따른 테러 행위에 대해 이스라엘 정부는 매우 민감하게 반응하고 있다. 재외국민 보호 과제는 이스라엘 정부의 어떤 정책보다도 그 우선순위가 높으며, 국가의 중대사를 결정할 때 이 문제에 대해 가장 심각하게 고심한다. 이뿐만 아니라, 유대민족은 합심하여 이를 방지하지 않으면 민족 전체가 말살될 수도 있다는 절박함 속에서 대처해 오고 있다. 이는 비단 이스라엘 정부만의 책임이 아니라 유대민족 모두가 떠맡아야 하는 책

---

1 Jo Adetunji, "Antisemitism: how the origins of history's oldest hatred still hold sway today", https://theconversation.com/antisemitism-how-the-origins-of-historys-oldest-hatred-still-hold-sway-today-87878

임으로 인식하고 있으며, 따라서 안보와 생존에 관한 한 '공동책임(shared responsibility)'이라는 합의가 이루어져 있다.

### 나. '이스라엘에로의 귀환(Aliyah)'을 최대한 지원

이스라엘 정부에는 특이한 행정부처가 있다. 유대민족국가를 확고히 건설하기 위해 귀환 유대인을 돕는 '귀환 및 통합 담당부(Ministry of Aliyah and Integration)'를 설치했다. 또한 유대민족은 성지 예루살렘에서 생을 마감하는 것을 소원으로 삼고 있기에 많은 사람들이 이스라엘로 '귀환(Aliyah)'하고자 한다.

유대인의 귀환은 1948년 이스라엘의 건국과 더불어 본격화되었다. 안보 유지를 위해서는 웬만한 규모 이상의 유대 인구가 필요했기에 국가정책으로 인구 증가를 적극 장려했다. 특히 1990년대 공산권 와해 후 구소련으로부터 약 100만 명의 유대민족을 귀환시킴으로써 역내 팔레스타인 민족의 수와 어느 정도 균형을 맞추게 되었다. 이것이 안보의 기초가 되었음은 물론, 과학자 예술인 등 우수한 인재가 대거 유입됨으로써 이스라엘의 국가 발전을 촉진 시키는 계기도 되었다. 이스라엘에서는 이를 '이민(immigration)'라 하지 않고 '귀환(Aliyah)'이라 일컫는데, 이는 강제로 쫓겨났던 유대인들이 고향 땅으로 귀환함을 의미하는 것이다.[2]

---

[2] 히브리어로 'Aliyah'라 함은 '상승(elevation)' 또는 '올라감(going up)'을 의미하는데, 여기서 'Aliyah to Israel'이라 함은 성전이 있는 높은 곳인 예루살렘으로의 '귀환' 또는 '귀향'을 뜻한다. https://www.chabad.org/library/article_cdo/aid/1584066/jewish/What-Is-Aliyah.htm

### 다. 해외 유대인 단체와 긴밀한 채널 구축

안보 및 안전 문제에 관한 한 유대인 모두가 합심하여 대처해야 한다는 컨센서스는 해외 네트워크를 구축하는 데 크게 기여하고 있다. 전 세계 유대인 인구는(2013년 기준) 약 1,570만 명인데, 이 중 720만 명이 이스라엘에, 약 630만 명이 미국에 그리고 나머지 약 220만 명이 유럽, 중남미, 호주 등 각지에 거주하고 있다.3 이렇게 해외에 있는 많은 유대인들이 대체로 그 사회에서 성공하면서 현지 유대인 공동체를 잘 이끌고 있으며, 친 이스라엘 단체를 결성하여 정치, 경제, 문화 측면에서 뿐만 아니라 안보와 정보 측면에서도 이스라엘에 큰 도움을 주고 있다.

이스라엘은 이러한 네트워크를 통해 해외 유대인 단체와 긴밀한 채널을 구축해 놓았으며 재외국민의 보호 측면에서도 큰 도움을 받고 있다. 상황이 이렇다 보니 해외 유대인 단체나 친이스라엘 로비 그룹이 민감한 정보를 신속히 수집하여 이스라엘 정부와 공유하고, 또한 거주국 정부나 의회에서 유대인 관련 입법이나 정책 수립과정에서 영향력을 발휘하는 것이다.

### 라. 외교부-정보기관-국방부 간 공조체제 가동

이스라엘 내에서 부처 간 협력은 매우 적극적이고 활발히 이루어지고 있다. 이번 이스라엘-하마스 전쟁, 이스라엘-헤즈볼라 전쟁, 그리고 이스라엘-이란 간 전쟁이 전개되는 과정을 보면, 그러한 공조체제가 얼마나 잘 작동되고 있는지 여실히 보여 주고 있다. 재외국민 보호 측면에서도 마찬

---

3 The Jewish Agency for Israel website, https://www.jewishagency.org/jewish-population-rises-to-15-7-million-worldwide-in-2023/

가지다. 에티오피아에 오래 거주해 왔던 흑인 유대민족을 대거 탈출 시키는 작전을 1984년부터 시행하였는바, 오랜 기간에 걸쳐 외교부, 정보기관, 국방부 간의 완벽한 공조 끝에 이를 성공시킨 것이다.

이스라엘 내에서도 부처 간의 갈등과 이견이 종종 불거져 나오기도 한다. 그러나 앞서 언급한 바와 같이 국가 안보나 유대인의 안전에 관한 문제에 있어서는 여러 부처가 한 몸으로 움직이는 것이다. 필자가 과거 주 이스라엘 한국 대사관에서 근무할 당시, 중요한 프로젝트에 관한 계획 수립을 위해 이스라엘 외교부, 정보부, 국방부 측에 관련 브리핑을 요청한 적이 있었는데, 이때 세 부처에서 각기 자신의 관점과 방법으로 설명해 주었으나 결론은 동일한 것이었다. 즉 부처 간의 정보 공유가 매우 잘 이루어지고 있다는 인상을 받았었다.

## 2. 재외국민 보호를 위한 제도

### 가. 여행경보제도(Travel Advisories)

이스라엘 정부도 다른 나라와 유사한 여행경보 제도를 운용하고 있다. 이스라엘 국가안보위원회(NSC) 대테러국과 외교부 간의 협의를 통해 단계별 조치를 결정, 발령하고, 외교부, NSC, 대사관, 총영사관 등 기관의 웹사이트, 앱 또는 SNS를 통해 관련 정보를 확산시킨다. 이스라엘 정부가 발령하는 단계별 여행경보는 아래와 같다.

(1) 1 단계: 기본안전인식(No Travel Threat, Basic Precautionary Measures)
 - 뚜렷한 위험은 없지만, 일반적인 주의를 환기시킬 필요가 있을 때 발령

– 우리나라 여행경보제도하에서 제1단계 경보(여행유의)에 해당
(2) 2단계: 예방조치권장(Potential Threat, Increased Precautionary Measures)
– 일정 수준의 위험이 존재하며 특별주의 촉구의 필요성이 있을 때 발령
– 우리나라 경보제도의 제1단계(여행유의) 및 제2단계(여행자제)에 해당
(3) 3단계: 불필요한 여행회피(Moderate Threat, Avoid Non-Essential Travel)
– 상당한 수준의 위험이 존재하는 상황으로서 꼭 필요치 않으면 여행 자제를 권고
– 우리나라 경보제도의 제2단계(여행자제) 및 제3단계(출국권고)에 해당
(4) 4단계: 여행 금지(High Threat, Travel to this destination is prohibited)
– 고수준의 위험이 존재하는 상황에 발령하며, 여행 금지를 공지
– 보통 전쟁이 발발했거나 이스라엘인에 대한 테러 위협이 존재할 때를 상정
– 우리나라 경보제도의 제4단계(여행 금지)에 해당

만약 이스라엘 국민이 제4단계인 '여행 금지'의 규정을 어기고 해당 지역을 여행하다가 적발되는 경우, 법규상으로는 처벌하는 것이 마땅하다. 그런데 한 가지 특이한 점은 이스라엘 사회에서는 이런 문제에 대해서는 대체로 관대하고 훈방 조치를 내리는 경우가 많다고 한다. 이는 과감하고 고집스러운 성향을 수용하는 유대 사회의 '후츠파' 문화에 기인하고 있다. 최근 이스라엘이 하마스 및 헤즈볼라와 전쟁하는 과정에서 유대인 고고학자라든가 강성 유대교 신자들이 출입금지 지역을 방문하다가 적발된 사례가 있었지만 크게 문제 삼지 않는 분위기였는데, 이는 바로 이런 유대문화를 반영하는 것이다.

위에 설명한 4단계의 경보조치 외에도 '특별경보(Special Threat Types)'를 발령하는 경우도 있다. 이는 테러, 납치, 정치불안, 코로나19, 자연재해 등

일시적 위험 상황이 발생하는 경우에 단기간 내리는 조치다. 실제로 코로나19로 인해 특별경보 조치가 내려진 상황에서 해당지역을 방문한 이스라엘인을 적발하고 훈방조치를 하였는바, 이 사례 역시 관대한 '후츠파' 문화로 해석하고 있다. 그러나 금지지역 방문에는 여행자 보험이 적용되지 않으므로 개인적으로 경제적 피해가 발생하는 경우 여행자 자신이 이를 감수해야 한다는 점을 주지시키고 있다. 정부 인사의 경우에는 보다 엄격하게 관리되고 있는데, 공무상 필요로 인해 금지지역을 방문해야 하는 경우에는 반드시 사전에 여행 허가를 받아야 한다.

[그림 7.1] 이스라엘의 4단계 여행경보[4]

### 나. 영사콜센터 운영[5]

우리나라와 마찬가지로 이스라엘 외교부에도 영사콜센터가 운영되고 있다. 이곳에는 영사 전문 요원이 24시간 상시 근무하는 체제를 갖추고 있으며, 해외 주재 공관과도 연결되어 있다. 그런데 위험한 상황이 발생하는 경

---

4 이스라엘 국가안전보장회의(National Security Council) 웹사이트 https://www.gov.il/en/departments/dynamiccollectors/travel-warnings-nsc?utm_source=chatgpt.com&skip=0

5 CONTACT US, https://new.embassies.gov.il/england/en/contacts

우, 외교부 고위관리가 이곳에서 직접 상황을 관리하고 지시하기 때문에 신속한 대처가 가능하다. 또한 이스라엘은 현장 요원의 능력과 권한을 믿는 전통이 있기 때문에 위급한 상황에서도 보고 체계가 매우 단순하게 그리고 효율적으로 작동하고 있다.

### 다. IDF 재난대응팀(IDF Humanitarian & Disaster Relief Team) 파견[6]

해외에서 긴급 상황이 발생하는 경우, 이스라엘 정부는 '인도적재난대응팀'을 파견한다. 이 팀은 이스라엘군(IDF)을 중심으로 외교관, 정보요원, 수색구조 요원, 의료진, 원조기관 관계자, NGO 구호단체 요원 등으로 구성된다. 재난대응팀은 과거 여러 차례 파견된 경험이 쌓여 있기에 현장에서의 대처 능력이 탁월하다. 우선 위급 상황이 발생하는 경우, 불과 몇 시간 내에 현장에 도착할 수 있는 태세를 갖추고 있으며, 현장 도착과 동시에 지휘소, 야전병원, 임시피난소를 신속히 설치한다. 또한 현지에 도착해 있는 해당국 및 외국의 긴급대응팀 뿐만 아니라, 국제구호단체 등과도 협업을 개시한다.

한편, 해당국에 거주하고 있는 이스라엘 국민이나 긴급대응팀 자체의 안전 확보를 위해서는 현장에 파견되어있는 모사드 등 이스라엘 정보기관들과의 협업도 필수적이다. 또한 위험하고 급박한 상황이 전개될 가능성에 대비하여, 긴급철수 계획을 수립하는데, 이를 위해 비상항공편(emergency flights)과 복수의 안전통로(safe-passages)도 미리 확보해 놓는다.

신속대응팀의 일원으로 파견된 이스라엘 외교관들은 해당국 및 외국 기

---

6 "The IDF's Humanitarian Aid Through the Years", Israel Defense Forces website, https://new.embassies.gov.il/england/en/contacts

관과의 연락과 협의 업무를 담당한다. 또한 이들 외교관들은 현지 구호대상인 이스라엘 재외국민들과 소통하면서 이들의 요청사항을 지원하고, 필요시 본국의 가족과도 연락할 수 있도록 돕고 있다. 이스라엘의 신속대응팀은 과거 여러 차례 해외에 파견되었는데, 대표적인 사례로는 2013년 케냐 나이로비 쇼핑몰(Westgate Mall) 테러 사건, 2015년 네팔지진, 2023년 튀르키예 지진 등의 경우이다.

**라. 항공안전을 위한 철저한 보안검색**

항공안전을 위한 보안검색에 있어서는 이스라엘에서 출발하는 비행기나 이스라엘로 향하는 비행기를 가리지 않고 모든 비행에 대해 매우 엄격한 절차를 거쳐야 한다. 특히 텔아비브의 벤구리온 공항에서의 검색과정은 시간이 매우 오래 걸리고 가끔 불쾌하기도 하다. 일체 예외 없이 모든 승객이 이러한 보안검색에 응해야 한다.

인천국제공항이나 해외공항에서 이스라엘로 향하는 여객기를 타는 경우를 보자. 승객들은 '특별한' 보안검색을 받아야 하고, 이 과정에 시간이 많이 소요되므로 상당 시간 전에 공항에 도착하라는 안내를 받는다. 공항에 도착해 보면, 보통 맨 구석의 체크인 카운터가 배정되어 있고, 여기서 이스라엘 보안요원이 시시콜콜한 질문을 많이 한다. 그런데 이들은 특수교육을 받은 전문가들이기에 이러한 일상의 질의응답 속에서 조금이라도 의심할 만한 단서를 잡으면 매우 집요하게 파고든다. 실제 이런 과정을 통해 테러 음모의 사전 탐지에 성공한 사례가 여러 차례 있었다 한다.

이들은 짐가방 검색을 금속탐지기에만 의존하지 않는다. 조금이라도 의심스러우면 승객들이 많이 모여 있는 장소에서도 직접 짐가방을 풀어 헤치며 물건 하나하나를 검색한다. 이 지겨운 과정이 꽤 길며, 한번 잘못 걸리게 되면 진땀을 빼기 마련이다. 그런데 마침내 모든 수속이 끝난 후 탑승하고 보면, 조금 전까지 검색을 담당했던 보안요원도 함께 타고 있다. 자신이 검색했었기에 이 비행기가 목적지에 안전하게 도착할 때까지 담당 보안요원이 동승하면서 스스로 책임진다는 원칙을 실천하는 것이다. 이쯤 되면 검색 과정의 불쾌감이 안도감으로 바뀌게 된다.

### 마. 여행자보험 가입 제도[7]

이스라엘은 해외여행 시 비상상황하에서 커버되는 보험에 가입하는 것을 의무화시키고 있다. 사실 요즘은 해외 여행자들이 출국에 앞서 여행자보험에 가입하는 것이 보편화되어 있는데, 그렇다고 해서 이것이 의무사항은 아니고 권고사항일 뿐이다. 그런데 이스라엘 국민에 있어서는 여행자보험 가입이 의무사항이다. 여행자 각자의 판단에 따라 보험 가입 여부를 결정하는 것이 타당하지만, 유대인과 이스라엘인들이 위험에 노출되는 사례가 워낙 많기 때문에 이스라엘 정부에서는 여행자 보험 가입을 의무화시켜 놓았다. 이스라엘 국민들도 이 정책의 취지에 대해 다들 공감하기 때문에 거부감 없이 보험에 가입하는 것을 당연시하고 있다고 한다.

다만 혜택이 보다 광범위한 포괄적 여행자 보험에 가입하는 것은 권장 사항이다. 포괄적 보험은 안전지역으로의 이동에 따른 경비 지원, 특정 지역 여행 취소 시 호텔비 지원, 그리고 수하물 분실 등에 따른 보상금 등을 폭넓게 지급하는데, 이스라엘 정부로서는 이를 권장할 뿐, 실제 가입 여부는 여

---

[7] "Traveler's Health Insurance", Nefesh B'Nefesh, https://www.nbn.org.il/life-in-israel/healthcare-in-israel/travelers-health-insurance/(2024.11.28)

행자 각자의 판단에 맡기고 있다.

### 바. 해외 유대인 공동체 보호

유대인 사회에서는 해외 유대인 간의 결속이 몹시 강하고 민족적 정체성과 문화에 대한 자부심이 높은데, 이는 해외 유대인 공동체의 활성화에 도움을 주고 있다. 한편, 이들 유대인 커뮤니티에 대한 안전문제가 심각해지고 있다. 특히 최근 들어 일부 유럽지역에서 반유대주의 조짐이 확산되고 있음에 따라 이스라엘뿐만 아니라 해당국 치안 담당기관에서 여러 가지 보안 강화 조치를 취하고 있다.

이에 따라, 이스라엘 정부는 유대인 학교, 유대 예배당(synagogues), 유대인 커뮤니티 센터의 안전을 위해 시설 보안, 모니터링 장비 제공, 보안요원의 파견 등을 실시한다. 또한 해외정보 업무를 담당하는 모사드는 해당국가의 정보기관과 정보를 공유하고 있으며, 국내 치안 담당인 신벳(Shin Bet)은 현지의 치안 기관과 협업을 하고 필요시 보안요원들에 대한 특별훈련을 지원하는 등 탄탄한 공조 체제를 유지하고 있다. 또한 이스라엘 정부기관은 American Jewish Committee(AJC), American Israel Public Affairs Committee(AIPAC), European Jewish Congress 등 현지의 유대인 단체와 긴밀히 접촉하면서 협업체제를 구축하고 있으며, 긴급한 상황 발생에 대비한 대응 방안도 마련해 놓고 있다.

한편, 해외 거주 유대인에 대한 위험이 고조되는 경우, 이스라엘 정부는 마지막 수단으로 이들을 이스라엘로 이주(Aliyah)시키는 방안도 적극적으로 검토한다. Jewish Agency for Israel(JAFI), Ebenezer Emergency Fund International 등 유대인 단체는 이들의 이주에 따르는 재정지원은 물론, 각종 편의 제공을 하고 있다. 이스라엘 정부로서도 막대한 예산을 배정하여, 귀환민들에 대한 주택자금 지원, 취업 알선, 히브리어 교육, 학자금 지원, 사회복지제도 편입 등 정책을 펼치고 있다.[8]

### 사. 대사관 및 총영사관 시설에 대한 특별 안전조치

1992년 주 아르헨티나 이스라엘 대사관이 폭파되어 30명이 사망하는 테러가 발생하였다. 이어 1994년에는 주 아르헨티나 문화센터가 폭파되는 대형 테러가 발생하여 85명이 사망하고 300여 명이 부상당했다. 이에 따라 이스라엘 정부는 해외에 있는 유대인 시설에 대해 해당국 정부와의 협조하에 특별한 안전조치를 취하고 있다. 특히 이스라엘 대사관이나 총영사관 등 외교 시설에 대해서는 매우 엄격한 조치를 한다.

우선, 시설에 대한 안전조치로서 접근로를 통제하고 실내 방호실(safe room)을 마련한다. 또한 CCTV, 금속탐지기 등 첨단 감시장비를 갖추고, 원격모니터링 센터도 설치한다. 대사관이나 총영사관에는 전문 보안요원도 배치되어 있다. 이들은 이스라엘 정부에서 파견하고 있으며, 주재국 경찰 요원의 지원도 받고 있다. 보안요원들은 방문객에 대해 안전 검색을 시행하며, 방문객의 소지품 및 선물에 대해서도 사전에 금속탐지기로 검사를 한다. 최근에 이르러 테러리스트들의 공격술이나 테크닉이 고도화됨에 따라 이스라엘 정부는 해외 대사관이나 총영사관의 안전 상태를 수시로 점검하며, 취약하다고 판단되면 이전이나 임시 폐쇄 조치도 내린다.

---

[8] 정지영, "이스라엘의 재외동포 정책 -- 본국귀환 및 정착정책을 중심으로", 민족연구 5호 (2000.9.1.), http://nationsworld.kr/cncho/kric/kric/%C0%CC%BD%BA%B6%F3%BF%A 4%C0%C7%20%C0%E7%BF%DC%B5%BF%C6%F7%C1%A4%C3%A5.htm

[그림 7.2] 1992 주 아르헨티나 이스라엘 대사관 폭파 사건 [9]

공관의 안전을 확보하기 위해서는 현지의 테러 관련 정보수집이 필수적이며, 따라서 모사드 등 정보기관에서 해당국 정보기관과 협업하면서 테러 관련 정보를 공유하고 있다. 해외 이스라엘 대사관을 방문하기 위해서는 사전 예약이 필수다. 우선 방문객이 해당 건물에 들어가면 안내데스크에서 신원 및 면담 계획을 확인하며, 이 절차가 끝나면 경호 요원이 나타나 동행 안내한다. 공관 내부에 도착하면, 금속탐지기 검색을 하고 핸드폰 등 전자 장비를 맡기고서야 비로소 면담실로 안내된다.

이스라엘 대사나 총영사 등 공관장이 이동할 때는 반드시 경호요원(body guards)들이 동행한다. 공관장이 레스토랑이나 행사장소에 가는 경우에도 보안요원들이 사전에 행사장소에 대해 안전점검을 시행하며, 공관장이 머무는 동안 근접경호를 한다. 공관장이 거주하는 관저에 대한 경호에 있어

---

[9] 이스라엘 외교부 웹사이트, https://www.gov.il/en/pages/terror-attack-israeli-embassy-buenos-aires-17-mar-1992

서도 외교적 보호권이 미치는 지역이므로 엄격한 보안 조치가 시행되고 있다.

2024년 주한 이스라엘 대사관에 불법 침범을 시도한 사건이 발생했다. 외국인으로 추정되는 인물이 접근로에 있는 시설을 파손하면서 침입을 시도하다가 도주했었는데, 한국 경찰이 짧은 시간 내에 혐의자를 체포하였다.

### 아. 안전 홍보 캠페인(Public Awareness Campaigns)

재외국민의 안전이 계속 위협받음에 따라 이스라엘 정부는 반유대주의, 테러, 사이버 위협 등에 대한 캠페인을 국내인 및 해외거주 유대인을 상대로 실시하고 있다. 해당 기관의 웹사이트는 물론, 공중파 방송, 신문, 그리고 SNS를 적극 활용하고 있다. 그런데 경고 기간이 오래 지속되다 보니 유대인들 사이에서도 피로감이 쌓여 경각심이 무디어지는 경우가 있다. 특히 청년과 배낭여행자들은 여행경보 제도에 대해 귀를 기울이지 않는 경향이 있으며, 특히 앞서 언급한 '후츠파 정신'이 이들을 지나치게 오도할 수도 있으므로 이에 대한 대책 마련에 부심하고 있다.

## 3. 유대인 집단 구출 및 귀환 사례

### 가. 엔테베 작전(1976)

1976년 6월 27일, 이스라엘 로드공항을 이륙한 에어프랑스(AF-139) 항공기가 아테네 공항에 잠시 멈춰 승객을 추가로 실은 후 다시 고도를 높였다.

불과 3분 후 동 여객기는 '팔레스타인인민해방전선(PFLP)'소속 테러범 2명과 독일 적군파 요원 2명에 의해 납치되었다. 납치된 인원은 승객, 승무원 등 258명이었다. 이 항공기는 리비아의 뱅가지 공항에 기착하여 재급유를 받고 PFLP 대원 3명을 추가로 태운 후, 우간다의 엔테베 공항으로 날아갔다. 당시 우간다는 이디 아민(Idi Amin) 대통령이 통치하고 있었다. 테러범들은 일단 비이스라엘 승객을 석방한 후, 서방 국가 및 이스라엘에 수감 중이던 테러범 수십 명의 석방을 요구하면서 정해진 시한까지 이행하지 않으면 인질들을 살해하겠다고 위협하였다.[10]

한편, 이스라엘 정부는 대책 마련에 골몰하고 있었다. 방법은 (1) 협상을 통해 테러범의 요구사항을 들어 주는 것 (2) 인질 구출 작전의 감행 등 두 가지 밖에 없었다. 일단 협상 시간을 늦추면서 두 가지 방안에 대한 동시 준비에 돌입했다. 그러나 이스라엘에서 엔테베까지 거리가 4,000km나 되고, 항공기 중간급유 문제, 엔테베 공항의 경비군인들과의 전투 가능성, 이에 따른 인질들의 안전 문제 등을 고려할 때 구출작전은 불가능에 가까웠다.

그러나 이스라엘 정부는 구출 작전을 감행키로 결정했다. 3대의 C-130 수송기를 포함하여 총 4대의 항공기가 적의 레이더망을 피하기 위해 저고도로 비행하였다. 1, 2호 수송기에는 특공대(Sayeret Matkal) 요원과 장비를 실었고, 3호기는 인질들을 태우기 위해 비워 놓고 날았다. 수송대장의 회고에 의하면, "어려운 훈련을 끝없이 반복했으므로 깜깜한 어둠 속에서도 착륙할 자신이 있었다. 그러나 만약 활주로에 자동차 한 대라도 세워 놓았으면 착륙이 불가능하며, 이것이 가장 걱정되는 점이었다. 다행히 그런 방해물이 없었고 사뿐히 착륙할 수 있었다"고 한다. 이디 아민 대통령이 타던 자

---

10 Wars and Operations, Israel Defense Forces(IDF) website, Wttps://www.idf.il/en/minisites/wars-and-operations/operation-entebbe/

동차와 동일한 모델의 검은색 메르세데스 벤츠 220D[11]가 수송기에서 나왔고 대통령 경호원으로 가장한 이스라엘 특공대원들이 마치 이디 아민 대통령 차량을 호위하듯 에워싸면서 전진했다.

인질들이 있는 건물의 구조를 이미 파악해 놓은 특공대원들은 착오없이 진입했다. 일부러 히브리어로 "엎드려!"를 외치고서는 서 있는 사람들을 향해 난사했다. 테러범 7명 전원과 우간다 군인 약 20명이 사살되었고, 6분 만에 상황이 종료되었다. 이스라엘인 인질 103명 중 3명이 희생되었으며 특공대원 중에서도 사망자가 1명 나왔다. 바로 특공대장 요나탄 네타냐후(Yonatan Netanyahu)로 현 이스라엘 총리의 친형이다.

특공대는 우간다군의 추격을 피하기 위해 공항에 세워져 있던 미그(MIG)

[그림 7.3] 이디 아민 대통령 차량과 동일한 모델로 엔테베 작전에 사용된 택시[12]

---

11 동 작전에 참여했던 특공대 지휘관에 따르면, 예루살렘 택시 중에서 동일한 차종을 찾아 긴급 구입했고 검정색으로 채색한 후 작전에 투입했다 한다.
12 이스라엘 국방부 웹사이트, Wars and Operations, Israel Defense Forces(IDF), https://www.idf.il/en/mini-sites/wars-and-operations/operation-entebbe/(2002.1.18)

### 엔테베 작전에 얽힌 에피소드

(에피소드 1)

납치사건 발생 즉시 구출작전 시행 연습에 돌입했던 당시 C-130 Hercules 수송대장*은 어느 날 시몬 페레스(Shimon Peres) 국방장관의 전화를 받았다.

그의 질문은 간단했다. "가능한가?"

수송대장은 자신이 어떻게 대답하느냐에 따라 인질들의 운명이 결정될 것임을 직감하고서, "매우 어렵습니다. 그러나 불가능하지는 않습니다"라고 답했다.

드디어 출동 명령이 떨어졌다.

(에피소드 2)

인질과 시신을 실은 수송대가 재급유와 부상자 응급치료를 위해 케냐 나이로비 공항에 내렸다.

수송대장의 증언이다. "3호기 속을 들여다보았더니, 거기는 천당과 지옥이 공존하고 있었다. 해방감에 환호하는 사람들의 소리와 희생자 시신을 껴안고 아우성치는 소리가 뒤섞여서 귀가 멍멍했다"

(에피소드 3)

항공기들이 이스라엘 영공에 들어오자, 이스라엘 정부는 엔테베 작전 성공을 발표하였다. 아침 이른 시각, 수송대장의 집에 전화 벨이 울렸다. 부인이 수화기를 들었더니 친구가 외쳤다.

"당신 남편이 큰 일을 했어 축하해!"

남편이 어젯밤 늦게 부대에서 돌아와 자고 있을 것이라고 생각하던 부인이 이상하다 싶어 남편 침실 문을 열었더니 비어 있었다. "아니, 이 사람 위험한 작전에 나가면서 내게 한마디 귀띔도 안 했어? 들어 오기만 해 봐라…"

---

* 수송대장(the leading pilot)은 Joshua Shani 소령으로서 2009년 당시 주 이스라엘 대사이던 필자에게 일화를 들려주었다.

기 11기를 폭파하고 즉시 이륙했다. 지상에서의 소요시간은 58분. 구출작전에 성공한 특공대가 드디어 귀국 길에 올랐다.

## 나. 에티오피아 거주 유대인 귀환 작전(1984, 1985, 1991)

이스라엘에는 흑인 유대인들이 꽤 많다. 이들은 대부분 수천 년간 에티오피아에서 살았는데 이스라엘 정부가 세 차례에 걸친 과감한 작전을 통해 귀환시켰다. 이들의 기원에 대해서는 솔로몬 왕과 시바 공주 사이의 자손이라는 설, 유대인 12지파 중 사라진 지파의 후손이라는 설 등이 있지만 아직 확실히 고증된 바는 없다.[13]

### 1) 모세 작전(Operation Moses, 1984)

1974년 쿠데타를 통해 셀라시에(Selassie) 정권을 무너뜨린 멩기스투(Mengistu) 정부는 1980년대에 심각한 내전에 휩싸였고 이로 인해 현지 유대인들은 정치적 불안, 종교적 박해, 기근에 시달리게 되었다.[14] 점차 생명의 위협에 처한 이들은 국경을 넘어 수단으로 피신하여 게다레프(Gedaref) 지역에 난민캠프를 형성하였다. 이에 모사드는 미국 CIA, 수단보안대(SSS), 벨기에 정부 등과 협의를 거친 후, 30여 회에 걸친 공수작전을 통해 약 8,000명의 유대인을 수단 카르툼 공항에서 벨기에를 경유하여 이스라엘로 귀환시켰다.[15]

---

13 Adam Rozen-Wheeler, Operations Moses, Joshua, and Solomon (1984-1991), https://www.blackpast.org/global-african-history/operations-moses-joshua-and-solomon-1984-1991/ (2017.7.22)

14 Eugene, "Operation Moses" - Largest Secret Jewish Evacuation in History (2024.9.4), https://backtojerusalem.com/operation-moses-largest-secret-jewish-evacuation-in-history/

15 World Jewish Congress, https://www.worldjewishcongress.org/en/news/this-week-in-jewish-history--operation-moses-israel-airlifts-thousands-of-ethiopian-jews-to-safety-11-2-2020

2) 여호수아 작전(Operation Joshua, 1985)

1985년에 들어 제2차 귀환이 추진되었는데, 당시 미국 정부와 부시(George H. W. Bush) 부통령이 동 계획에 적극 개입했다. 그 결과 CIA와 모사드 간의 긴밀한 협의를 거쳐 미군 수송기 Hercules를 동원한 후 약 800명을 귀환 시켰다. 당초 2,000명 수송을 기대하였으나 유대 난민들의 소재 파악에 어려움이 있어 상당수 유대인들이 현지에 남게 된 것이다.

3) 솔로몬 작전(Operation Solomon, 1991)

다시 대규모 귀환작전이 기획되었다. 그런데 이번에는 이스라엘과 에티오피아 정부 간에 길고 긴 협상이 진행되었다. 마침내 에티오피아 정부는 5,000만 달러를 받는 조건으로 이들의 출국을 허용하였다 한다.[16] 이스라엘은 34대의 여객기 및 수송기를 동원하여 36시간에 걸쳐 14,325명을 수송했는데, 그중 비행기 한 대는 좌석을 떼내고 무려 1,088명을 태움으로써 기

[그림 7.4] 수송기에서 내리는 에티오피아 출신 유대인 가족[17]

---

16 Alexandra Wilson, "Operation Brothers", Storymaps.arcgis.com (2021.4.6) https://storymaps.arcgis.com/stories/3e8618867d424e34acbd7c319c626006

네스북의 기록을 세우기도 하였다.[18]

## 다. 구소련 거주 유대인 100만 명 귀환 프로젝트(1990년대)

1948년 건국 당시 이스라엘 인구는 팔레스타인 주민이나 주변 아랍국 인구에 비해 극히 적은 수였고 출산율에 있어서도 유대계가 불리했다. 장래 국가의 존립을 위해서는 인구 증가가 필수였으며, 또한 '유대국가(Jewish State)'의 기본성격을 유지하기 위해서도 유대인의 대거 유입이 필요했다. 따라서 1950년 '귀환법(Law of Return)'을 제정하여 유대인으로 증명되면 어렵지 않게 귀환할 수 있도록 하였다. 물론 1984~1991년간 진행된 에티오

[사진 7.5] 고르바초프 정부에 이주 허가를 요구하는 유대인 시위[19]

---

17 The Jewish Agency for Israel 웹사이트, https://www.jewishagency.org/operation-solomon/
18 "WHEN 1088 PEOPLE FLEW ON A 747 AT ONCE", KEY.AERO (2020.8.10) https://www.key.aero/article/when-1088-people-flew-747
19 Capital Jewish Museum 웹사이트, https://capitaljewishmuseum.org/freedom-sunday-and-activism-today/

피아 유대인의 귀환작전에 있어서도 그러한 요인이 작용하였지만, 특히 인구 구성에 획기적 변화를 준 것은 1991년 소련 연방이 해체되고 고르바초프 대통령이 개방화 정책을 도입하면서 대규모 유대인의 해외 이주를 허용한 때다.[20]

당시까지만 하여도 소련 거주 유대인에게는 주로 미국이 이민 대상지였으나, 마침 미국의 이민정책이 폐쇄화 경향을 띠면서 대부분의 구소련(러시아, 우크라이나, 벨라루스 등) 지역에서 거주하던 유대인들이 이스라엘로 향했다. 당시 이스라엘 내에 살던 팔레스타인 주민은 약 20%였으며 유대인은 70%대에 머물고 있었다. 그러다가 약 100만의 유대인이 귀환함에 따라[21] 이들이 이스라엘 내 유대인 인구의 20%, 팔레스타인 주민을 합친 전체 인구의 약 13%를 구성하게 되었다.[22] 그뿐만 아니라 이들은 의사, 간호사, 엔지니어, 예술가, 교사 등 고급 인력이 많이 포함되어 있었기에 이스라엘 국가 발전에 큰 기여를 할 수 있었다. 이들은 대도시를 포함해 전국에 정착하였으며, 일부는 서안지구 내 정착촌에도 이주함에 따라 아랍인들의 비난을 일으키기도 했다.

---

20 "History of Jewish Immigration to Israel (Aliyah)" Reform Judaism, https://reformjudaism.org/history-jewish-immigration-israel-aliyah
21 'Immigration to Israel: Introduction & Overview", Jewish Virtual Library, https://www.jewishvirtuallibrary.org/introduction-and-historical-overview
22 소정현, "고르바쵸프 개방 공산권 붕괴 후 대거 유입", 해피우먼전북, https://www.womansense.org/16925(2013.3.2)

# 4. 이스라엘 재외국민 보호제도의 특징

## 가. 모사드(Mossad)의 적극적 역할 수행

이상에서 살펴본 바와 같이, 이스라엘은 재외국민이나 유대인을 보호하는 정책을 이행함에 있어 대외 정보기관인 모사드가 깊이 관여하고 있다. 모사드의 역사는 길지 않지만, 그간 쌓은 '전설적' 활약상은 이미 잘 알려져 있다. 모사드는 해외에 거주하거나 방문 중인 이스라엘 국민과 유대인에 대한 잠재적 위험을 모니터링 하면서 관련 정보를 수집 분석한 후, 이러한 정보에 기초하여 공작(operations) 활동을 전개한다. 이 과정에서 국내 정보기관인 신벳(Shin Bet) 및 군 정보기관인 아만(AMAN)과 긴밀히 협업하고 있다.[23] 2023년 10월 7일 하마스의 기습공격으로 이스라엘인 약 1200명이 사망하고 약 250명이 납치된 것과 관련하여 정보수집 및 분석의 실패에 대한 비판이 많이 나왔다. 가자지구의 하마스 관련 정보는 모사드 관할이 아니라고는 하지만, 정보기관 간 협업에 허점이 있었음은 부인하지 못한다.

모사드는 요즘들어 부쩍 발생 빈도가 높은 해외 반유대주의 테러 위험에 대한 대책을 수립하고 해외 유대인 커뮤니티를 보호하는 데 일차적 책임을 지고 있다. 성공적인 책임 수행을 위해서는 타국 정보기관 및 국제정보기구와의 협력이 필수적인데 모사드는 이에 탁월하다. 특히 미국의 CIA, 영국의 MI6, 독일의 BND와의 협업은 말할 것도 없거니와, 심지어는 적국 또는 비우호국으로 간주되는 국가의 정보기관과도 긴밀한 채널을 유지하고 있다고 한다. 2024년 이란이 이스라엘을 향해 발사한 300기 이상의 미사일과

---

[23] Antonella Colonna Vilasi, "The Israeli Intelligence Community", Scientific Research Publishing (2018), https://www.scirp.org/pdf/SM_2018032915444002.pdf

드론은 이스라엘군과 연합군에 의해 99% 요격되었다고 알려졌다. 작전 과정에서 아랍국의 정보기관들이 이스라엘 정보기관에 협조했다고 보도되었었다.[24]

그런데 모사드의 전체 요원 수에 대해서는 기밀로 분류되어 정확히 알 수 없지만, 대체로 1,500~2,000명 정도라고 한다.[25] 이렇게 적은 수를 가지고서도 전설적인 공작을 수행할 수 있는 배경에는 해외에 있는 수 만 명의 협조자들이 기꺼이 참여하는 덕분이라고 한다. 그리고 모사드가 전문성을 유지할 수 있었던 것은 순수 정보 업무만 다루고 정치로부터 완전히 분리되어 있기 때문이다. 역대 모사드 부장 중에는 약 10년간 재임한 책임자들이 여럿 있는데 정권 교체와 상관없이 중립적으로 정보 업무만 다루었음을 의미한다.

### 나. 위험한 대응조치도 과감히 수행

재외국민 보호에 관한 한 이스라엘 정부는 매우 과감한 작전도 수행한다. 이런 경우 관련인들의 목숨에 큰 리스크가 수반되지만, 이스라엘 정부는 기꺼이 이를 감수한다. 1976년 에어프랑스 항공기 납치 사건으로 103명의 이스라엘인이 인질로 잡혔을 때 수송기를 동원, 4,000km 떨어진 우간다의 엔테베 공항까지 구출 특공대를 급파한 것이 좋은 예다. 이는 희생이 따르는 위험부담을 안고서라도 신속히 그리고 과감하게 작전을 수행해야 한다

---

24 "How Arab nations 'helped' Israel fend off Iran's attack and why it is...", Firstpost (2024.4.16.), https://www.firstpost.com/explainers/iran-attacks-israel-role-of-arab-nations-jordan-saudi-arabia-uae-13760032.html

25 https://irp.fas.org/world/israel/mossad/index.html

는 원칙에 따른 것이다.

2023년 10월 발생한 하마스의 기습작전에서 약 250명의 인질이 납치당했는데 일부는 협상을 통해 석방되었지만, 몇몇 인질들은 이스라엘의 군사작전을 통해 구출되었다.[26] 하마스 대원들이 인질들을 엄중 감시하고 있는 적진 속에서 헬기를 동원한 작전이었는데, 만약 조그만 착오라도 있으면 인질들이 희생되는 위험한 상황이었지만 과감히 작전을 수행했다. 이처럼 이스라엘은 필요한 조치라고 판단하고 마침 적절한 기회가 온다면 주저 없이 진행하는 것이다. 여태까지 이러한 작전이 다수 성공했는데 이는 고도의 정보수집과 군사작전 그리고 탁월한 외교가 조화를 이룬 결과이다.

### 다. 안보협정 및 정보협정 체결을 통한 재외국민 보호제도 강화

해외여행에 대한 유대인들의 선호도는 매우 높다. 그런데 세계 곳곳에서 반유대주의 운동이 사라지지 않고 있으므로 이스라엘 정부는 자국민 보호를 위해 외국 정부와 적극 협력하고 있다. 관련 국가와 여러 종류의 안보협정이나 정보협정을 체결하여 이를 재외국민 보호의 틀로 활용하고 있는 것이다. 그 결과, 합동훈련, 사이버 안보협력, 그리고 해적소탕 훈련이 빈번히 전개되고 있다. 또한 유엔 등 국제기구의 활동에도 적극 참여하고 있는바, 이를 통해 무기밀수, 인신매매, 국제테러 근절 노력에 이스라엘의 경험과 노하우를 공유하면서 국제협력의 채널을 강화해 나가는 것이다.

실제로 해외에 있는 유대인 학교, 유대교 회당, 유대인 커뮤니티 센터 등에서 대형 사고가 적잖이 발생하고 있다. 그런데 해외에서는 이스라엘 정

---

[26] 선명수, "인질 4명 구출하려고 … 팔 주민 270명 살해한 이스라엘", 경향신문(2024.6.9). https://www.khan.co.kr/article/202406092108005

부의 공권력이 미치지 않으므로 해당국과의 협력체제를 구축해 놓는 것이 긴요하다. 2024년에 UAE 소재 유대인 단체(Chabad)에서 활동 중이던 랍비가 시신으로 발견된 바,27 이스라엘 측에서는 "범죄적 반유대주의 테러 공격"이라고 규정하면서 그 배후를 조사하였는데, 결국 이스라엘과 UAE 당국의 적극적 수사 공조로 용의자를 체포할 수 있었다.

## 5. 맺음말

위에서 살펴본 바와 같이, 이스라엘의 재외국민 보호제도는 다른 선진국과 마찬가지로 여러 가지 정책 수단을 활용하면서도 이들 국가보다 훨씬 더 위험한 선택지도 과감하게 채택하고 있다. 이는 유대민족의 역사적 경험에서 유래하고 있을 뿐만 아니라 1948년 국가 창설 후에도 계속 도전받고 있는 국가 안보를 지켜내기 위한 군사전략에도 기초하고 있다. 우리나라의 경우, 연간 해외 방문객이 3천만 명에 이르고 재외동포도 700만 명을 넘어서서 사건 사고가 빈발하고 있으므로 재외국민 보호 문제가 어느 때보다도 중요해지고 있다. 이런 맥락에서 이스라엘의 재외국민 보호 제도가 우리의 재외국민 보호정책에 시사하는 바를 살펴보자.

첫째, 재외국민 보호정책은 이스라엘 정부의 국정과제 중 최우선 범주에 해당한다.

어느 나라에서든 재외국민 보호 문제가 중요하기는 마찬가지지만, 홀로코스트의 경험이 있는 이스라엘은 이 문제를 훨씬 더 심각한 사안으로 다

---

27 Frank Gadner & Tom McArthur, "Rabbi Zvi Kogan was murdered in UAE, Isreal says", BBC News (2024.11.24), https://www.bbc.com/news/articles/cwy4j5j7503o

루고 있다. 따라서 유대인 보호 문제에 있어서는 최고의 중요성과 긴급성을 가지고 대처하고 있다. 특히 전세계 유대인들이 책임감을 가지고 반유대주의에 대한 모니터링을 철저히 하면서 대책 마련에 골몰하고 있다. 그런데 이 과업을 제대로 수행하기 위해서는 정보력, 군사력, 시설 보안, 경호, 대처 능력 등 종합적인 능력이 확보되어야 하고, 아울러 경제력과 인원 및 자원이 뒷받침되어야 한다. 따라서 각국은 사안의 중요성에도 불구, 이스라엘 만큼은 신경을 쓰지 못하는 것이 현실이다.

우리 정부의 경우, 재외국민 안전 문제에 대해 본격적으로 관심을 갖고 실질적인 정책 마련에 착수한 것은 2004년 김선일 사건 및 2007년 샘물교회 사건으로부터 비롯된 것이다. 당시의 상황을 복기해 보면, 동 사건으로 인해 국정 전반이 마비되다시피 했으며, 국민의 안전 문제가 나라 전체에 미치는 영향이 지대했음을 깨닫게 되었다. 그런데 이제 해외방문객과 재외동포가 증가함에 따라 해외에서의 사건 사고 및 테러의 발생 가능성이 더욱 높아졌다. 이미 우리 정부가 재외국민의 안전문제를 중요한 사안으로 다루고 있지만, 앞으로 보다 철저한 대책을 마련하기 위해서는 이스라엘 사례를 참고할 필요가 있다.

둘째, 단 한번의 실패도 막아야 한다는 절박함이 안전 유지의 근간이다. 2천 년 동안의 박해 속에 민족 절멸의 위기를 경험하였던 유대인들은 "한번 실패는 다시 만회할 수 없다"는 절박함 속에서 안전 문제를 다루고 있다. 만약 이스라엘항공(El Al)에서 단 한 건의 테러 폭파 사고라도 발생한다면 동 항공사는 결코 재기할 수 없다는 경각심을 가지고 다소 무리하다 싶을 만큼 철저히 안전조치를 취하고 있는 것이다. 우리 정부도 정책 수립 과정에서 이러한 절박함을 가지고 재외국민의 안전 문제를 다룬다면, 미래의 위기 상황 극복에 크게 기여할 것이다.

셋째, 리스크를 회피하지 않는 용기가 미래의 더 큰 재앙을 막는다.

이스라엘 국민들의 뇌리 속에는 "어렵더라도 지금 나서지 않으면 미래의 위험을 감당하지 못한다"는 인식이 자리 잡고 있다. 사실 대부분의 정부로서는 어떻게 해서든 리스크를 회피하면서 안전하게 나갈 수 있는 정책을 추구하는 경향이 있다. 타협이 외교의 긴요한 수단이다. 그러나 그러한 타협이 가지고 올 부정적인 여파도 충분히 고려하면서 정책 수단을 선택해야 한다. 테러집단과 돈으로 타협한다면 당장에는 문제해결이 되는 듯하지만, 미래 유사한 상황에서는 더 큰 어려움에 처할 가능성이 있다. 재외국민의 안전 문제에 있어서도 예외가 아니다.

넷째, 재외국민 보호정책에 대한 국민들의 폭넓은 이해와 지지가 필수다. 유대인들은 우리 한국인 만큼 성질이 급하고 참을성이 부족하다. 그러나 국가 안보와 유대인의 안전 문제에 관한 한, 대체로 정부의 정책을 이해하고 기꺼이 자신의 불편함을 감수한다. 이스라엘 공항 내에서의 보안 검색은 매우 불쾌하고 장시간을 요한다. 그리고 웬만한 크기의 빌딩에 들어갈 때는 보안요원의 검색에 응해야 한다. 성질대로라면 당장 화를 낼 법도 하지만, 모두가 묵묵히 협조한다. 안전문제에 관한 한 절대 예외가 없다는 이스라엘인들의 자세를 본받을 만하다.

〈참고문헌〉

(한글자료)
선명수, "인질 4명 구출할려고 … 팔 주민 270명 살해한 이스라엘", 경향신문(2024.6.9.), https://www.khan.co.kr/article/202406092108005
소정현, "고르바쵸프 개방 공산권 붕괴 후 대거 유입", 해피우먼전북(2013.3.2.) https://www.womansense.org/16925

정지영, "이스라엘의 재외동포 정책-본국귀환 및 정착정책을 중심으로" 민족연구 5호 (2000.9.1), http://nationsworld.kr/cncho/kric/kric/%C0%CC%BD%BA%B6%F3%BF%A4%C0%C7%20%C0%E7%BF%DC%B5%BF%C6%F7%C1%A4%C3%A5.htm

(공공기관 웹사이트)
(Israel) National Security Council, "Travel Warning", https://www.bbc.com/news/articles/cwy4j5j7503o
CONTACT US, https://new.embassies.gov.il/england/en/contacts
Wars and Operations, Israel Defense Forces(IDF) website, https://www.idf.il/en/minisites/wars-and-operations/operation-entebbe/ (2002.1.18)
"The IDF's Humanitarian Aid Through the Years", Israel Defense Forces website, https://new.embassies.gov.il/england/en/contacts
The Jewish Agency for Israel website, https://www.jewishagency.org/jewish-population-rises-to-15-7-million-worldwide-in-2023/
https://www.chabad.org/library/article_cdo/aid/1584066/jewish/What-Is-Aliyah.htm
Adam Rozen-Wheeler, Operations Moses, Joshua, and Solomon (1984-1991), https://www.blackpast.org/global-african-history/operations-moses-joshua-and-solomon-1984-1991/ (2017.7.22)
World Jewish Congress, https://www.worldjewishcongress.org/en/news/this-week-in-jewish-history—operation-moses-israel-airlifts-thousands-of-ethiopian-jews-to-safety-11-2-2020 Capital Jewish Museum, 1 February 2021
Antonella Colonna Vilasi, "The Israeli Intelligence Community", Scientific Research Publishing, https://www.scirp.org/pdf/SM_2018032915444002.pdf
"History of Jewish Immigration to Israel (Aliyah)"Reform Judaism, https://reformjudaism.org/history-jewish-immigration-israel-aliyah
"Traveler's Health Insurance", Nefesh B'Nefesh, https://www.nbn.org.il/life-in-israel/healthcare-in-israel/travelers-health-insurance/(2024.11.28)
"Immigration to Israel: Introduction & Overview", Jewish Virtual Library, https://

(기타 웹사이트)
Frank Gadner & Tom McArthur, "Rabbi Zvi Kogan was murdered in UAE, Isreal says, BBC News, (2024.11.24.) https://www.bbc.com/news/articles/cwy4j-5j7503o

Eugene, "Operation Moses" - Largest Secret Jewish Evacuation in History, https://backtojerusalem.com/operation-moses-largest-secret-jewish-evacuation-in-history/ (2024.9.4)

Alexandra Wilson, "Operation Brothers", Storymaps.arcgis.com https://storymaps.arcgis.com/stories/3e8618867d424e34acbd7c319c626006 (2021.4.6)

"WHEN 1088 PEOPLE FLEW ON A 747 AT ONCE", KEY.AERO, https://www.key.aero/article/when-1088-people-flew-747 (2020.8.10)

"Antisemitism: how the origins of history's oldest hatred still hold sway today", https://theconversation.com/antisemitism-how-the-origins-of-historys-oldest-hatred-still-hold-sway-today-87878

"How Arab nations 'helped' Israel fend off Iran's attack and why it is a big deal", Firstpost (2024.4.16.), https://www.firstpost.com/explainers/iran-attacks-israel-role-of-arab-nations-jordan-saudi-arabia-uae-13760032.html

www.jewishvirtuallibrary.org/introduction-and-historical-overview

Newsroom Infobae, https://www.infobae.com/kr/2022/03/17/30-years-after-the-attack-on-the-israeli-embassy-a-new-anniversary-of-punishment-3/

〈그림〉

[그림 7.1] 이스라엘의 4단계 여행경보
[그림 7.2] 1992 주 아르헨티나 이스라엘 대사관 폭파 사건
[그림 7.3] 이디 아민 대통령 차량과 동일한 모델로 엔테베 작전에 사용된 택시
[그림 7.4] 수송기에서 내리는 에티오피아 출신 유대인 가족
[그림 7.5] 고르바쵸프 정부에 이주 허가를 요구하는 유대인 시위

제8장

# 스웨덴의 재외국민 보호제도와 영사조력

이정규(현 세종연구소 객원연구원, 전 주스웨덴 대사)

## 1. 스웨덴의 재외국민 보호제도

　스웨덴 정부는 재외국민(해외에 거주하는 스웨덴 국민)을 보호하는 중요한 책임을 지고 있으며, 이를 위해 다양한 정책과 조치를 취하고 있다. 그 이유는 스웨덴이 국제 사회에서 인간의 권리와 자유를 중시하는 국가로서, 자국민을 보호하는 것을 국가의 기본적인 의무로 여기고 있기 때문이다. 스웨덴의 재외국민 보호제도는 스웨덴 정부가 해외에 있는 자국민을 보호하기 위한 체계이다. 이 제도는 스웨덴 외교부와 그 산하 대사관 및 영사관을 통해 운영된다. 스웨덴의 재외국민 보호제도는 다음과 같은 주요 기능을 포함한다.[1]

- 긴급 상황 대응: 자연재해, 정치적 불안정, 테러 등 위급 상황 발생 시, 스웨덴 대사관과 영사관은 자국민에게 긴급한 지원을 제공한다. 예를

---

1　Konsulär service till svenskar utomlands - Regeringen.se; Hjälp till svenskar utomlands - Regeringen.se

들어, 위험 지역에서 대피, 여행 경로 변경, 임시 여권 발급 등의 지원을 들 수 있다.
- 여권 및 영사 서비스: 해외에서 여권 분실 등의 상황이 발생하면, 대사관이나 영사관에서 임시 여권을 발급해 주며, 그 외에도 공증 서비스와 같은 다양한 영사 서비스를 제공한다.
- 정보 제공 및 상담: 해외에 있는 스웨덴 국민들에게 안전한 여행을 위한 정보와 경고를 제공하며, 위기 상황에서는 대응 방법을 안내한다.
- 현지 법적 지원: 스웨덴 국민이 해외에서 법적 문제에 직면한 경우, 대사관은 법률적 조언을 제공하고 현지 법률 전문가와의 연결을 도와준다.

스웨덴 외교부는 스웨덴 국민들이 해외에서 겪을 수 있는 다양한 위험을 대비하기 위해 재외국민 보호와 관련된 다양한 자료를 제공한다. 또한, 스웨덴 외교부의 Travel Information 웹사이트나 Swedish Abroad 앱을 통해 안전 관련 정보를 주기적으로 업데이트하여 제공한다. 스웨덴은 재외국민의 보호를 위해 여러 가지 기본 원칙을 지키고 있는데, 이 원칙들은 스웨덴 정부의 외교적 입장에서 매우 중요한 요소로 작용한다.

- 외교적 지원 제공: 스웨덴 정부는 재외국민이 해외에서 위급한 상황에 처했을 때, 외교적인 지원을 제공할 수 있는 체계를 갖추고 있다. 예를 들어, 여행 중에 사고를 당하거나, 범죄 피해를 입거나, 자연재해가 발생했을 경우, 스웨덴 대사관과 영사관은 이들에게 필요한 지원을 제공한다.
- 보호와 권리 보장: 스웨덴은 재외국민이 해외에서 인권 침해나 불법적인 처우를 받을 때, 이를 방지하고 보호하기 위해 외교적 노력을 아끼지 않는다. 이는 해외에서 자국민의 권리를 보장하는 중요한 원칙 중

하나이다.

스웨덴 정부가 재외국민을 보호하는 목적은 여러 가지가 있다.
- 국가의 책임: 스웨덴은 국가의 의무로 자국민을 보호해야 한다고 믿는다. 이는 스웨덴의 법과 국제적인 조약에 의해 명확히 규정되어 있고, 국가가 국민의 보호를 책임져야 한다는 기본적인 원칙에 따른 것이다.
- 국제적인 평판과 신뢰성: 스웨덴은 국제 사회에서의 신뢰와 평판을 중요하게 여기며, 자국민 보호는 다른 나라와의 외교적 관계에서 중요한 요소로, 이는 스웨덴이 다른 나라들과의 협력에서 더욱 신뢰를 얻는 데 도움을 준다.

스웨덴 국민으로서의 권리 보장: 스웨덴은 모든 국민에게 인간으로서의 기본적인 권리와 자유를 보장하는 국가이고, 해외에 거주하는 스웨덴 국민들도 이러한 권리의 보호를 받을 자격이 있다고 여기므로 스웨덴 정부는 이들을 보호할 책임이 있다.

즉 스웨덴 정부는 재외국민 보호를 중요한 외교적, 국가적 의무로 간주하며, 이를 통해 국민의 안전과 권리를 보장하고 있다.

스웨덴은 노르딕 국가에 속하며 노르딕 국가들 사이에는 서로의 국민에 대한 영사 지원을 제공하는 협력 시스템을 가지고 있다. 노르딕 국가에는 스웨덴 이외에 노르웨이, 덴마크, 핀란드, 아이슬란드가 포함되며, 노르딕 국가들은 전통적으로 '노르딕 협력'이라는 다자 협력체제를 통해 영사 분야를 포함한 다양한 분야에서 협력하고 있다. 예를 들어 노르딕 국가 중 대사관이 없는 지역에서 자국민이 긴급 지원이 필요한 경우 다른 노르딕 국가 대사관이 협력과 지원을 신속하게 대신 제공하며, 재난 상황 발생 시 노르딕 국가 상호 간 신속하고 유기적인 정보 공유와 협력을 통해 자국민 보호와 구호 활동을 전개한다.

스웨덴은 자국민에 해외에서 재난, 테러나 질병 등 긴급 상황 발생 시, 우리나라의 '신속대응팀' 같은 긴급 구조팀을 별도로 운영하고 있지는 않으며, 외교부 본부가 각국에 나가 있는 대사관 및 영사관과 유기적인 협력을 통해 자국민에 필요한 지원을 제공하고 있다. 또한 스웨덴은 우리나라같이 영사업무 매뉴얼을 별도로 마련해 두고 있지 않으며, 각각의 상황에 맞춰 외교부 본부와 현지 대사관의 판단과 결정으로 대응한다. 스웨덴은 우리나라의 재외동포청 같은 재외국민 영사업무를 관장하는 별도의 정부 기관을 두고 있지 않으며, 외교부 본부가 그 일을 전담하고 있다.

## 2. 여행경보 제도

스웨덴의 여행경보 제도는 스웨덴 외교부에서 운영하며 국민들이 해외여행을 계획할 때 참고할 수 있는 중요한 정보이다.[2] 스웨덴 외교부가 특정 국가로의 여행을 권고하지 않는 이유는 문제가 생길 위험이 높기 때문이다. 즉 분쟁지역에서 외교부와 대사관이 스웨덴 여행객에게 현장에서 적절한 도움을 제공하는 데 어려움을 겪을 수 있기 때문이다. 또한 여행을 자제하도록 권고하는 경우 안보 상황이 심각하다는 신호일 수 있으며 해당 지역의 안보 상황이 매우 위험하거나 예측 불가능하거나, 급격하게 바뀔 수 있다고 평가되는 경우이며 이럴 때 외교부는 해당 국가 전체 또는 일부 지역으로의 여행을 자제하도록 권고한다. 즉 여행자제 권고에 해당하는 상황에는 정치적 불안, 폭력, 특정 위협 또는 감염이 심각하게 확산될 위험이 포

---

2  Vad innebär en avrådan? - Sweden Abroad.

함되며, 자연재해도 포함된다. 이 경우 해당 지역으로의 여행을 결정할 때 신중하게 판단해야 한다는 의미이다. 외교부의 여행 금지 권고에도 불구하고 여행을 선택한 경우, 여행 보험은 일반적으로 적용되지 않는다.

여행경보 제도는 국가별로 여행의 위험 수준을 평가하고, 그에 따라 여행경고를 발령한다. 여행경고는 다음과 같은 기준에 따라 분류된다.

- 녹색(안전): 여행에 큰 위험이 없으며, 평소처럼 여행할 수 있는 상태
- 노란색(주의): 일부 위험 요소가 있을 수 있으나, 기본적으로 여행이 가능하며, 여행자는 주의를 기울여야 하는 단계
- 주황색(위험): 해당 국가나 지역에서 현저한 위험이 존재하며, 여행을 자제할 것을 권고하는 단계. 예를 들어, 테러, 내전, 강력한 자연재해 등의 이유로 위험 수준이 높은 경우에 해당

[그림 8.1] (출처: 스웨덴 정부 홈페이지 캡쳐)

- 빨간색(위험 매우 높음): 해당 지역이 매우 위험하다고 판단되며, 여행을 전면적으로 자제해야 한다고 권고되는 단계. 긴급한 상황에서만 여행을 허용

또한 스웨덴 외교부는 여행 권고의 대상이 되는 범주를 다음과 같은 세 가지로 구분하고 있다.

- 필수 여행: 관광객 및 방문객 여행을 권장하지 않음
- 모든 여행: 관광 및 방문 여행, 업무 여행 및 기타 모든 유형의 여행을 권장하지 않음
- 국가를 떠나라는 경고: 모든 유형의 여행을 권장하지 않으며, 스웨덴 국민에게 국가를 떠나라고 촉구함. 생명과 건강에 급박한 위험이 있는 상황에만 발표

스웨덴 외교부는 특정 국가나 지역에 대한 여행 경보를 외교부 공식 웹사이트 앱(UD Resklar)이나 스웨덴 정부 공식 웹사이트(regeringen.se) 또는 대사관 웹사이트의 Sweden Abroad 등 다양한 방법으로 국민들에게 공지한다. 이 정보를 바탕으로 스웨덴 국민들은 위험한 지역에 대한 정보를 확인하고, 여행을 계획할 때 더욱 신중한 결정을 내릴 수 있다. 스웨덴의 여행경보 제도와 재외국민 보호제도는 스웨덴 국민들이 해외에서 안전을 지킬 수 있도록 돕고 있으며, 여행 계획을 세울 때 중요한 참고자료로 활용된다.

## 3. 영사재정지원법

스웨덴은 해외에서 위기에 처한 스웨덴 국민들에게 경제적 지원을 제공하는 법률을 가지고 있다. 영사재정지원법(Swedish Consular Financial Assistance Act)[3]은 스웨덴 정부가 외국에서 스웨덴 국민의 안전과 복지를 보호하기 위한 역할을 수행하는데 중요한 법적 근거를 제공하며, 주요 목적은 위급한 상황에서 해외에 있는 스웨덴 국민들이 긴급히 도움을 받을 수 있도록 보장하는 것이다.

### 가. 지원 대상과 조건

- 스웨덴 국민: 스웨덴 영사재정지원법은 스웨덴 국적을 가진 사람들을 대상으로 하며, 그들이 해외에서 경제적 어려움에 처한 경우 지원을 받을 수 있다.
- 지원 조건: 기본적으로 지원을 받기 위해서는 재정적 어려움이나 긴급 상황에 처한 상태여야 하며, 그 지원이 해당 국가에서 해결될 수 없는 경우에만 스웨덴 정부가 개입한다.

### 나. 지원 범위와 의무

- 긴급한 재정 지원: 여행 중 사고나 질병, 자연재해, 범죄 등으로 인해 자금이 급히 필요한 경우에 지원이 제공된다. 이 지원은 항공권, 의료비, 기타 긴급한 비용을 포함할 수 있다.
- 상환 의무: 스웨덴 영사재정지원법에 의한 지원은 일반적으로 무상 지원이 아니며, 나중에 상환해야 하는 형태로 제공된다. 지원을 받은 국민은 이를 반환해야 하는 의무가 있다는 의미이다.

---

3  Lag(2003:491) om konsulärt ekonomiskt bistånd | Lagen.nu

### 다. 지원 제공 절차

- 영사관 요청: 스웨덴 국민은 해당 국가의 스웨덴 영사관에 연락하여 긴급한 재정 지원을 요청할 수 있다.
- 지원의 결정: 영사관은 요청을 접수한 후, 해당 지원이 필요한지, 그리고 지원을 통해 해결할 수 있는지를 평가하며, 이때 지원이 제공되면, 보통은 스웨덴 정부가 직접 자금을 대거나, 특정 기관을 통해 지원이 이루어진다.

### 라. 지원의 제한 사항

- 지원 금액 한도: 스웨덴 영사재정지원법은 모든 상황에 대해 무제한으로 지원을 제공하지 않는다. 정부가 제공하는 재정 지원에는 일정한 예산상 한도가 있으며, 그 한도를 넘는 지원은 추가적인 조건을 요구할 수 있다. 일례로 지난 2020년에는 코로나19 팬데믹 상황에서 스웨덴 정부가 지원 예산액의 한도를 9천만 크로나(한화 134억 원 상당)에서 1억 크로나(한화 149억 원 상당)로 상향 조정한 바 있다. 정부 예산의 한도(ceiling)는 정해 놓지만, 개인이 매건 별로 요청할 수 있는 한도를 미리 정해 놓은 것은 아니며, 지원 요청은 건별로(case-by-case) 검토한 후 지원 여부를 결정한다.
- 상환 계획: 지원을 받은 스웨덴 국민은 해당 금액을 상환해야 하며, 상환 일정과 방법에 대해서도 규정이 존재한다. 지원금을 상환할 때 영사관은 해당 민원인에게 소액(6백 크로나, 한화 약 9만원 상당)의 수수료를 부과한다.

## 마. 지원의 예외 및 제한

- 범죄적 행위: 지원은 범죄 행위나 불법적인 행위로 인해 발생한 문제에 대해서는 제공되지 않을 수 있다.
- 사적인 문제: 사적인 이유나 민사적인 문제로 인해 발생한 어려움에 대해서는 스웨덴 정부가 지원을 제공하지 않을 수 있다.

## 바. 법적 근거 및 배경

스웨덴 영사재정지원법은 외교부에서 관리하고 있으며, 스웨덴 정부가 해외에서 자국민을 보호하는 중요한 법적 수단으로 기능하고 있다. 이 법

**Act (2003:491) on Consular Financial Assistance**

| | |
|---|---|
| Ministry | Department |
| Issued | 2003-06-26 |
| Amendment i… | SFS 2003:491 as amended by SFS 2018:205 |
| | Compare with previous wordings |
| Force | 2003-09-01 |
| Source | Government Offices' legal databases |
| Last Retrieved | 2019-04-04 |

**General provisions**

**Section 1** Financial assistance to individuals abroad (consular financial assistance) is provided by Swedish embassies and career consulates in accordance with the provisions of this Act.

Consular financial assistance shall be repaid by the individual in accordance with what is stated in Sections 9-13.

**Section 2** For the purposes of this Act, the question of whether a person is resident in Sweden shall be determined in accordance with the provisions on residence in Sweden in Chapter 5.of the Social Insurance Code. Law (2010:1288).

**Who can receive assistance**

**Section 3** Consular financial assistance can be provided to:
1. Swedish citizens residing in Sweden, and
2. refugees and stateless persons residing in Sweden.

**Section 4** If there are special reasons for this, consular financial assistance can also be provided to:
1. a Swedish citizen who is not resident in Sweden, and
2. a foreign national residing in Sweden other than that referred to in Section 3(2).

[그림 8.1 스웨덴 정부 홈페이지 캡쳐]

은 국제적 협정 및 스웨덴 국내법과 일치하도록 설계되어, 국제적 공조 및 외교적 원칙을 준수한다.

## 4. 스웨덴의 영사조력 제도와 사례

### 가. 스웨덴의 영사조력 제도

스웨덴은 해외에 거주하는 자국민들을 위한 영사조력 시스템을 잘 갖추고 있는 나라이다. 스웨덴의 해외 영사조력은 여러 가지 경우에 해당하며, 이는 자국민이 해외에서 법적 문제나 긴급 상황에 처했을 때 도움을 받을 수 있도록 하는 중요한 서비스이며, 주요 내용은 다음과 같다.

- 긴급 상황 발생 시 지원: 스웨덴 영사관은 자국민이 해외에서 사고나 긴급한 상황에 처했을 때 지원을 제공한다. 예를 들어, 자연재해나 테러 사건, 질병 발생 등의 상황에서 피해자에게 의료 지원을 연결하거나, 그들의 가족과 연락을 도와준다.
- 체포 및 구금 시 지원: 자국민이 외국에서 체포되거나 구금된 경우, 스웨덴 영사관은 그들의 권리가 보호받을 수 있도록 지원한다. 영사관은 자국민에게 변호사를 소개하거나, 법적 절차에 대한 안내를 제공하며, 구속에 대한 적법성을 확인할 수 있도록 돕는다. 물론 영사관은 현지 법을 존중해야 하므로, 자국민에게 법적인 혜택을 바로 제공할 수는 없지만, 그들이 적절한 대우를 받을 수 있도록 지원한다.
- 재정적 지원: 스웨덴 영사관은 해외에서 자국민이 재정적으로 어려운 상황에 처했을 때 일부 재정적 지원을 제공하기도 한다. 예를 들어, 여

행 중 돈을 잃어버리거나 예기치 못한 비용이 발생했을 때, 자국민이 귀국할 수 있도록 긴급 대출을 제공할 수 있다. 자세한 내용은 2003년에 제정된 영사 재정 지원법에서 규정하고 있다.
- 여권 분실 시 지원: 여권을 분실하거나 도난당한 경우, 스웨덴 영사관은 임시 여행 여권을 발급해 자국민이 귀국할 수 있도록 도와준다. 이 과정에서 여권 재발급을 위한 서류 절차를 안내하고, 필요한 경우 대체 신분증 발급을 지원한다.
- 정치·사회적 위기 상황에서의 지원: 정치적 불안이나 사회적 혼란이 있는 국가에서 스웨덴 정부는 자국민의 안전을 우선시하여 출국을 유도하거나, 대체 피난처를 제공하기 위한 도움을 준다. 이 경우, 영사관은 해당 지역에서 대피 계획을 수립하고, 자국민이 안전하게 피난할 수 있도록 안내한다.
- 사망 및 장례 절차 지원: 해외에서 스웨덴 국민이 사망한 경우, 영사관은 가족에게 필요한 법적 절차를 안내하고, 사망 신고 및 장례 절차를 지원한다. 또한, 시체의 송환을 위한 조치도 취할 수 있다.

이와 같은 다양한 방법을 통해 스웨덴 정부는 해외에 거주하는 자국민에게 다양한 형태의 지원을 제공하고 있다. 특히, 스웨덴 외교부와 해외 대사관 및 영사관은 이러한 상황에서 신속하고 적절한 대응을 위해 지속적으로 노력하고 있다.

### 나. 스웨덴의 영사조력 제공 사례

1) 2001년 9·11테러 사건

미국 뉴욕에서 9·11 테러 사건이 발생한 2001년 당시 스웨덴 정부는 해외에 거주하는 자국민들을 보호하기 위해 여러 가지 조치를 취했다. 당시 스웨덴은 해외에 거주하는 국민들의 안전을 중요하게 생각하고, 전 세계적으로 긴장이 고조되었기 때문에 다음과 같은 조치를 취한 것으로 알려져 있다.

- 외교부의 긴급 대응: 스웨덴 외교부는 신속하게 해외에 거주하는 스웨덴 국민들에게 연락을 취하고, 그들의 안전을 확인하기 위한 절차를 시작했다. 또한, 스웨덴 대사관과 영사관들은 긴급 상황에서 필요한 지원을 제공할 수 있도록 준비를 했다.
- 국민 대피 지원: 9.11 사건 직후, 스웨덴 대사관과 영사관은 특히 미국 내에서 거주하는 스웨덴 국민들에게 필요한 정보를 제공하고, 필요할 경우 대피 계획을 마련했다. 또한 스웨덴 정부는 자국민들이 안전한 지역으로 이동할 수 있도록 지원을 아끼지 않았다.
- 항공편과 교통수단 관리: 911 테러로 인해 세계 각지의 공항이 통제되었고, 스웨덴 정부는 해외에 있는 국민들이 스웨덴으로 돌아올 수 있도록 항공편의 예약을 지원하고, 필요한 경우 민간 항공사와 협조하여 대체 교통수단을 마련했다.
- 비상연락망 강화: 해외에 있는 스웨덴 국민들에게 비상연락망을 통해 최신 정보를 제공하고, 긴급 상황에 대응할 수 있도록 전화, 이메일, 웹사이트 등을 통한 긴급 알림 시스템을 운영했다.
- 안전 수칙 제공: 스웨덴 정부는 해외에 있는 자국민들에게 테러나 전쟁과 같은 위험 요소에 대한 예방책과 행동 요령을 안내하는 정보를 제공했다. 이는 외교부 웹사이트나 대사관을 통해 공지되었다.

이러한 조치들은 해외에 거주하는 스웨덴 국민들의 안전을 보장하고, 국제적인 긴장 상황에서 최대한 신속하게 대응하기 위한 노력의 일환이었다.

## 2) 2004년 인도네시아 쓰나미 사태

2004년 인도네시아 쓰나미 사태 당시, 스웨덴 정부는 많은 자국민들이 피해를 입은 지역에 있었기 때문에 그들의 안전을 보장하기 위해 여러 조치를 취했다. 당시 스웨덴은 약 500명의 자국민이 인도네시아와 그 주변 지역에서 휴가를 보내고 있었으며, 이로 인해 피해가 커졌다.

- 구호 및 구조 활동: 스웨덴 정부는 피해 지역에 구조 팀을 파견했고, 스웨덴군은 인도네시아와 태국에서 구호 활동을 지원하며 구조 작업을 진행했으며, 피해를 입은 스웨덴 국민들의 수색과 구조를 위해 적극적으로 나섰다.
- 외교적 지원: 스웨덴 외교부는 자국민을 보호하고 구출하기 위한 다양한 외교적 노력을 기울였으며, 인도네시아, 태국 등 각국 정부와 협력하여 피해를 입은 스웨덴 국민들의 신속한 구조를 도왔다.
- 통신 및 정보 제공: 스웨덴 정부는 자국민들에게 피해 지역의 상황에 대한 정보를 제공하고, 가족과의 연락을 돕기 위해 긴급 전화와 온라인 서비스를 제공했다.
- 의료 지원: 스웨덴은 피해자들에게 의료 지원을 제공하기 위해 긴급 의료팀을 파견했으며, 스웨덴 국내에서도 피해를 입은 자국민에 대한 치료와 지원을 이어갔다.
- 기타 구호 활동: 스웨덴 정부는 재난 발생 직후 국제 구호단체들과 협력하여 쓰나미 피해 지역에 대한 인도적 지원을 적극적으로 전개했다. 스웨덴 적십자사와 같은 구호 기관들은 피해 지역에서 식량, 물, 의약품 등을 제공했다.

쓰나미 사태 이후 스웨덴 정부는 피해를 입은 자국민의 신속한 구출과 회복을 위해 많은 자원을 투입했으며 국제적인 협력을 기반으로 적극적인 구조와 구호 활동을 전개하였다.

### 3) 2021년 아프가니스탄 사태

스웨덴 정부는 2021년 아프가니스탄 탈레반의 수도 카불 점령 이후 자국민과 아프가니스탄 내에서 일하던 스웨덴 대사관 직원 및 협력자들의 안전을 위해 여러 가지 조치를 취했다.

- 항공편을 통한 대피: 스웨덴은 자국민을 포함한 아프가니스탄에 있는 외국인과 협력자들을 안전하게 대피시키기 위해 군용기와 상용 항공기를 사용했다. 특히, 스웨덴 정부는 아프가니스탄 대사관 직원, 스웨덴군 및 NGO(비정부기구) 직원들, 그리고 스웨덴과 협력했던 아프가니스탄 사람들을 우선적으로 대피시켰다.
- 대사관 철수 및 직원 대피: 스웨덴 대사관은 탈레반의 진입을 앞두고 대사관 직원들을 철수시켰다. 대사관의 기능이 중단되었고, 외교 업무는 인근 국가에 있는 스웨덴 대사관을 통해 처리되었다.
- 협력자 지원 프로그램: 아프가니스탄에서 스웨덴과 협력한 현지 직원들은 위험에 처할 가능성이 높았기 때문에, 이들을 보호하기 위한 특별 프로그램이 시행되었다. 스웨덴은 이들에게 난민 지위나 다른 보호 조치를 제공하는 방법을 모색했다.
- 인도적 지원 제공: 스웨덴은 아프가니스탄에 대해 인도적 지원을 계속 제공하고 있으며, 탈레반이 지배하는 상황에서도 사람들에게 생필품, 의료 지원, 식량 등을 제공하기 위한 노력을 했다.
- 외교적 노력: 스웨덴은 국제 사회와 협력하여 아프가니스탄 상황을 해결하기 위한 외교적 노력을 강화했다. 이는 탈레반의 행동을 감시하고, 아프가니스탄 국민의 권리를 보호하기 위한 노력의 일환이었다.

이러한 조치를 통해 스웨덴은 자국민과 협력자들의 안전을 확보하고, 아프가니스탄 내에서의 책임을 다하려 했다.

## 5. 맺음말: 평가와 시사점

스웨덴의 재외국민 보호 제도는 다른 나라들이 재외국민 보호에 대한 체계적인 접근을 구축하는 데 중요한 모델이 될 수 있다. 스웨덴은 국민을 해외에서 보호하고 지원하는 데 있어 여러 가지 효과적인 시스템을 운영하고 있으며, 이는 특히 다문화 사회에서 중요한 역할을 한다. 우리에게 주는 교훈과 시사점은 다음과 같이 정리할 수 있다.

첫째, 체계적인 재외국민 보호 시스템 구축이 중요하다. 스웨덴은 재외국민 보호를 위한 명확한 법적 근거와 시스템을 갖추고 있다. 이 시스템은 외교적 지원, 법적 조언, 긴급 상황에서의 대처 등을 포함하며, 국민들이 해외에서 겪을 수 있는 다양한 위험에 대한 예방적 대응을 한다. 우리나라도 재외국민 보호를 위한 더 체계적인 시스템을 구축해야 할 필요가 있다. 특히 급변하는 국제 정세와 재난 상황에서 국민들이 적절한 지원을 받을 수 있도록 법적, 제도적 기반을 더 체계적으로 보완하는 것이 중요하다.

둘째, 재외국민에 대해 상시적으로 정보를 제공하고 교육을 강화해야 한다. 스웨덴은 재외국민들이 외국에서 생활하는 동안 실시간으로 필요한 정보를 제공하고, 이를 통해 국민들이 불안정한 상황에 대비할 수 있도록 한다. 또한, 재외국민을 위한 안전교육과 재난 대응 훈련을 주기적으로 시행하는 등의 노력도 기울이고 있다. 우리나라도 재외국민들에게 해외에서 직면할 수 있는 위험 요소나 위기 상황에 대한 교육을 지금보다 더 강화할 필요가 있다. 특히, 위급 상황에서의 대처 방법이나 현지 법과 문화에 대한 정보 제공은 재외국민들이 적응하고 안전을 지킬 수 있도록 돕는 중요한 요소이다.

셋째, 외교적 협력을 확대하고 대사관의 역할을 강화해야 한다. 스웨덴은 각국에 설치된 대사관과 영사관을 통해 재외국민의 안전을 적극적으로 보장하며, 국가 간 협력을 통해 자국민 보호를 강화하고 있다. 외교적 네트워크를 활용하여 해외에서 발생할 수 있는 사건에 신속하게 대응한다. 우리나라 역시 외교적 협력을 통해 재외국민 보호를 강화할 방안을 모색해야 한다. 특히, 외교적 협상이나 다자간 협력 체계를 통해 다른 나라들과 재외국민 보호를 위한 협약을 지금보다 더 많은 나라와 체결하는 것도 하나의 방법이 될 수 있다.

넷째, 디지털 기술 활용과 대응 시스템의 현대화를 도모해야 한다. 스웨덴은 디지털 기술을 활용하여 재외국민들의 안전을 모니터링하고, 필요한 정보를 실시간으로 제공하는 시스템을 운영하고 있다. 이는 특히 재난 발생 시 매우 유효한 대응 방법으로 작용하고 있다. 우리도 디지털 기술을 활용하여 재외국민 보호를 위한 실시간 모니터링과 대응 시스템을 구축할 필요가 있다. 예를 들어, 재외국민들을 위한 모바일 앱이나 온라인 플랫폼을 통해 안전 정보나 긴급 연락망을 제공하고, 위급 상황에서 신속하게 대응할 수 있는 체계를 마련하는 것이 중요하다.

다섯째, 심리적 지원과 보살핌을 제공할 필요가 있다. 스웨덴은 재외국민이 위기 상황에서 겪을 수 있는 심리적 고통에 대해서도 관심을 기울이며, 필요한 심리적 지원을 제공하는 시스템을 마련하고 있다. 이는 특히 재난 상황에서 매우 중요한 역할을 한다. 우리나라 역시 재외국민들이 외국에서 경험할 수 있는 심리적 스트레스나 불안을 경감할 수 있는 시스템을 강화할 필요가 있다. 정신건강 지원을 포함한 더 종합적인 재외국민 보호 시스템이 필요하다.

결론적으로, 스웨덴의 재외국민 보호제도는 다른 국가들에 많은 시사점을 제공한다. 우리나라도 스웨덴의 사례를 참고하여 더 체계적이고 효율적인 재외국민 보호 시스템을 구축하는 것이 중요하며, 특히, 외교적 협력 강화, 디지털 기술 활용, 실시간 정보 제공, 심리적 지원 등 다양한 측면에서 지금보다 더 나은 서비스를 제공하기 위해 노력해야 한다.

〈참고문헌〉

Andersson, L. (2018). "The Role of Travel Warnings in Swedish Foreign Policy."
Andersson, P. (2015). "Sweden's Efforts to Ensure Safety for Nationals in Crisis Zones."
Bengtsson, J. (2019). "Risk Communication and Travel Safety for Swedish Nationals."
Henrikson, A. (2018). "Diplomatic Assistance for Swedish Nationals in Emergency Situations."
Holm, H. (2017). "Travel Warnings and Government Responsibility: The Case of Sweden."
International Consular Assistance Reports- "Comparing Financial Assistance Models for Nationals: Sweden's Approach."
International Organization for Migration (IOM)- "Consular Protection and Assistance: A Comparative Study of Sweden."
International Travel Safety Reports- "Global Travel Warnings: A Study of Swedish Policy."
Johansson, S. (2020). "Emergency Financial Support for Swedish Citizens Abroad."
Lund, P. (2017). "Travel Warnings and National Security in Sweden."
Malmberg, M. (2017). "Consular Financial Assistance in Practice: A Study of Sweden's System."
Pettersson, P. (2020). "The Impact of Travel Warnings on Swedish Diplomacy."
Sandberg, T. (2019). "Diplomatic and Financial Assistance to Swedish Nationals in Crisis."

Schön, T. (2020). "Legal Aspects of Consular Protection: Sweden's National and International Responsibilities."

Söderberg, M. (2016). "Understanding the Swedish Travel Advisory System."

Söderman, M. (2019). "Sweden's Approach to Consular Protection: A Review of Policy and Practice."

Svensson, C. (2018). "The Role of Consular Financial Assistance in Swedish Foreign Policy."

Swedish Civil Contingencies Agency (MSB)- "Sweden's Approach to Financial Assistance Abroad."

Swedish Civil Protection Agency (MSB)- "Travel Safety Protocols and Alerts."

Swedish Embassy Reports- "Providing Consular and Financial Support for Nationals in Distress."

Swedish Government Official Reports (SOU)- "Report on Swedish Consular Protection and Emergency Assistance."

Swedish Ministry for Foreign Affairs (Utrikesdepartementet)- "The Swedish Foreign Service and Consular Protection."

Swedish Institute of International Affairs (UI)- "Sweden's Role in Global Migration and Diaspora Protection."

Swedish Institute- "Travel Alerts and Global Safety Concerns: A Swedish Perspective."

Swedish Ministry for Foreign Affairs- "Travel Advisory and Safety Information for Swedish Citizens."

Swedish Ministry for Foreign Affairs- "Consular Services and Financial Support for Swedish Nationals Abroad."

Swedish Red Cross- "Humanitarian Assistance and Consular Protection for Swedish Citizens."

The Swedish Civil Contingencies Agency (MSB)- "Crisis Management and Protection of Swedish Nationals Abroad."

The Swedish Government Official Reports (SOU)- "Sweden's Financial Support to Nationals in Crisis Situations."

Törnell, A. (2021). "International Cooperation in Providing Consular Support and Financial Aid."

**제9장**

# 아르헨티나의 재외국민 보호제도와 영사조력

장명수(현 대구가톨릭대학교 초빙교수, 전 주아르헨티나대사)

## 1. 아르헨티나의 재외국민 보호제도

아르헨티나는 19세기 초반 스페인으로부터 독립한 이후 국가 건설 과정에서 많은 이민을 받아들였다. 아르헨티나의 역사는 이민자의 역사라고 해도 과언이 아닐 정도로 이탈리아와 스페인 등 주로 유럽의 많은 나라들로부터 이민자를 받아들였고 이들이 아르헨티나 국가 발전에 큰 역할을 한 바 있다. 때문에 많은 아르헨티나 국민들이 자신들의 조상들이 건너온 국가들과 긴밀한 유대관계를 유지하고 있으며, 친척들이 아직도 그 나라에 거주하고 있는 경우도 많아 빈번하게 이들 나라를 방문하고 있다. 주로 이탈리아와 스페인계 이민자들이 다수를 차지하기는 했지만, 이 나라들 이외에도 프랑스, 영국, 독일 등 유럽 각국은 물론 중동 지역에서도 많은 이민자들이 들어 왔다. 이러한 역사적인 배경으로 인해 아르헨티나 정부는 초기부터 아르헨티나로 이주해 온 이민자들이 자신의 출신 국가에 왕래하는 데 편의를 제공하는 데에 노력을 기울여왔다.

한편, 20세기 초·중반까지도 주로 이민을 받아들이던 아르헨티나는 1960년대에 들어 군사쿠데타 등으로 인해 국내 정치 및 경제 상황이 어려워짐에 따라 상당수의 국민이 외국으로 떠나게 되었다. 2024년 11월에 발간된 주요 일간지 '라 나시온(La Nacion)'에 따르면 2023년 말 현재 해외에 거주하는 아르헨티나 국민은 약 180만 명에 이르며, 거주자가 많은 국가는 스페인, 미국, 이탈리아, 브라질, 파라과이, 우루과이 순이다.[1] 따라서 아르헨티나 정부의 영사보호 업무는 자신들의 연고가 있는 지역으로 여행하는 아르헨티나 국민에 대한 편의 제공에서 시작하여 이제는 여행자는 물론 해외에 거주하는 많은 수의 아르헨티나 국민에 대한 영사조력 제공까지 그 영역이 확장되었다.

## 2. 영사조력 체제

### 가. 관련 법령

아르헨티나는 1963년에 "영사에 관한 규정(Consular Regulation, Reglamento Consular)"을 법률로 제정, 시행하고 있다. 1963년 12월 24일자 아르헨티나 관보는 "영사에 관한 규정(Reglamento Consular)" 법률을 Decree 8,714(1963) 로 게재했다.[2] 동 관보에 따르면 기존의 "아르헨티나 해외 복

---

[1] La Nacion紙. 2024.11.26. "El Gobierno divulgó cuántos argentinos estarían viviendo en el exterior y los principales países donde se asentaron"

[2] 1963.12.24. 일자 아르헨티나 관보 PODER EJECUTIVO NACIONAL(P.E.N.)
1963-12-24 Ministerio de Relaciones Exteriores y Culto
REGLAMENTO CONSULAR Apruébase. DECRETO 8.714 - Bs.As. 3/10/63.

무법"(La Ley 12,951 del Servicio Exterior de la Nacion, Law 12,951 of Foreign Service of the Nation)과 "영사 관련 규정"(Derceto 12,354 de 1947, Reglamento Consular, Decree 12,354 of 1947, Consular Regulation)이라는 두 개의 법이 있지만, 그동안의 기술·사회·경제 그리고 교역에 있어서의 변화를 감안하여 새롭게 법률을 제정한다고 언급하고 있다. "영사에 관한 규정"은 1963년 제정 이후 지금까지 10차례 보완·개정되었는데 가장 최근에 개정된 것은 2024년 2월 8일이다. 아르헨티나 외교부는 이 "영사에 관한 규정" 외에도 내부 매뉴얼(Internal Manual)과 특정 상황에 대해 본부의 지침을 하달하는 Circular 등을 활용하고 있으나 아쉽게도 모두 대외에는 비공개로 되어 있다.

## 나. 영사조력 체계와 대상

### 1) 영사조력 체계

아르헨티나 외교부 내에서 영사업무는 5명의 외교차관 중 수석차관이라고 할 수 있는 정무차관이 관할하는 영사총국(Dirección General de Asuntos Consulares)이 담당하고 있는데 특히 재외국민에 대한 보호 업무는 영사총국 중에서도 "재외국민국(Dirección de Argentinos en el Exterior)"에서 맡고 있다. 그러나 아르헨티나 외교부 인원 자체가 기본적으로 많지 않은 데다가 재외국민국 직원들의 인력 사정도 많은 업무를 담당하기에 충분하지는 않다고 한다.

### 2) 영사조력의 대상

아르헨티나 정부의 영사조력의 대상은 해외에 거주하거나 여행하는 아르헨티나 국민이다. 전술한 바와 같이 이민자의 역사라고 해도 과언이 아닐 정도로 많은 나라들로부터 이민자를 받아들인 아르헨티나는 국민이 자신들의 조상들이 건너온 국가들과 긴밀한 유대관계를 유지하고 있는 경우가 많아 빈번하게 이들 나라를 방문하고 있다. 또한 1960년대 이후에는 불안정한 정치적 경제적 상황으로 인해 해외로 이주한 아르헨티나 국민도 약 180만 명에 달하고 있어 이들도 아르헨티나 정부의 영사조력의 대상이 된다. 아르헨티나 국민 가운데 다수가 자신들의 조부모나 부모의 출신국과 현재에도 긴밀한 관계를 유지하고 있는 결과 상당수의 아르헨티나 국민은 복수국적을 보유하고 있는 것으로 알려지고 있다. 아르헨티나 정부는 복수 국적자들이 해외에서 아르헨티나 공관에 영사조력을 요청하는 경우, 아르헨티나 단독 국적을 소지하고 있는 국민에게 제공하는 영사조력과 동일한 영사조력을 복수 국적자에게도 제공하고 있다.

### 다. 영사조력의 범위

아르헨티나의 재외공관은 홈페이지를 통해 영사의 책무, 영사가 제공할 수 있는 서비스와 제공하지 않는 서비스를 명확하게 제시하고 있으며 이와 함께 실질적인 도움이 되는 조언들도 함께 공지하고 있다. 주한아르헨티나 대사관의 홈페이지에도 영사의 책무(Funciones del Cónsul, Functions of the Consul) 메뉴에 이 같은 내용이 명시되어 있는데 그 내용은 아래와 같다.

1) 영사의 책무
홈페이지에는 "아르헨티나공화국의 영사관들은 해외에서 국내법과 국제법의 범위 내에서 아르헨티나 국민의 이익을 보호하는 의무를 지고 있다.

여기에서 제공되는 정보는 여러분이 영사관에서 어떤 종류의 조력을 받을 수 있는지 알 수 있도록 해 줄 것이다. 의문이 있는 경우 언제든지 아르헨티나 공관에 문의하여 상담을 받기 바란다."고 하면서 아래의 내용을 확인하고 있다.

2) 영사업무의 내용과 한계
① 영사가 당신을 위해 해 줄 수 있는 업무
- 당신의 사적인 우편물 수령을 위해 영사관의 주소를 활용할 수 있도록 허용
- 법적인 사안, 의료 관련 사안, 공증 관련 사안 및 기타 사안들에 대한 안내
- 사고를 당한 사람들에 대한 지원
- 여권과 아르헨티나 주민등록증 교부
- 사고 또는 사망, 재난과 관련된 사항들을 부모나 관련자들에게 통보하고 조력을 제공
- 구금 또는 수감된 국민을 지원하고, 어떤 특정한 상황에 처했을 경우 그들의 부모에게 소식을 전달
- 재판에 회부된 아르헨티나 국민에 대한 보호
- 주재국 행정 관청에 아르헨티나 국민의 소재 파악을 요청
- 친권자의 법적 동의를 통해 미성년자의 여행에 관한 허가 교부
- 사망 사고의 원인 관련 조사를 받는 아르헨티나 국민의 이익을 보호
- 자신들의 상황과 필요한 사항들에 대해 가족이나 관련자들에게 소통이 가능하도록 지원
- 미성년자 또는 장애를 가진 아르헨티나 국민들의 이익을 보호하며, 특

히 보호소나 후견인과 관련하여 이들에 대한 보호
- 아르헨티나 국내의 공증인이 행사할 수 있는 모든 행위, 특히 공증에 대한 영사 확인
- 외국에 거주하는 아르헨티나 국민이 아르헨티나의 법적 의무를 이행해야 하는 시기가 도래했을 때 아르헨티나 국적에 대한 선택권 행사 조치

② 영사가 당신을 위해 해 줄 수 없는 업무
- 사법절차에 참여하거나 교도소에서의 석방 조치
- 법적인 지원을 일부 제공하거나 아르헨티나 국민에 대한 사법절차가 신속하게 추진되도록 하는 조치
- 거주국 관계 기관, 시청, 보건기관 및 사회보장 기관, 병원 또는 교도소에서 아르헨티나 국민이 일반인들과는 다른 차별화된 대우를 제공받도록 하는 행위
- 여행사, 항공사, 은행 등의 업무 대행
- 아르헨티나 귀국이 필요한 매우 특별한 경우를 제외하고 아르헨티나로의 귀국 또는 다른 곳으로의 여행을 계속할 수 있도록 항공권 등 지원
- 아르헨티나 국민의 계산서를 지불하거나 지불을 보증(호텔비, 소송비, 의료비 또는 다른 어떤 종류의 비용)
- 보증을 하거나 또는 보증인이 되는 결과가 되는 숙소, 주거지, 취업 또는 노동 허가 등의 조치를 하는 행위
- 물건이나 귀중품의 보관소 역할

③ 실질적인 도움이 되는 조언들
- 해외에서는 그 나라의 법률과 관습이 적용된다는 것을 기억할 것. 따라서 방문국의 법률과 관습을 이해하고 이를 존중하는 것이 필요
- 국경 통과시 제3자의 물건을 운송하지 않도록 할 것

- 특히 주류와 마약의 소비 및 소지와 관련한 방문국의 규정을 준수할 것
- 운전면허증이 유효하며 방문국에서 사용 가능한지 여부를 확인하고 교통법규를 공부할 것. 다수의 국가들이 교통법규 위반에 대해 많은 벌금을 부과한다는 것을 인지할 것. 외국 방문객이라고 예외는 없음.
- 어떤 이유로 인해 방문국 관계 당국에 의해 구금된 경우 아르헨티나 영사관에 통보해 달라고 요구할 것. 영사관 직원이 최대한 신속히 당신에게 연락을 취할 것임. 이 영사관 직원은 해당국의 절차 진행에 있어 도움을 제공하고 변호사를 구해 줄 수 있으며 처리 과정에 있어 방문국 국민과 동일한 대우를 받도록 도와줄 수 있음. 그러나 영사는 법적인 비용을 부담하지 않으며 당신이 관련된 사건의 진행에 있어 어떤 영향력을 행사할 수는 없음
- 만일 금전, 서류 또는 물품을 도난당하였을 경우에는 즉시 가장 가까운 경찰서에 신고하고 신고서 사본을 받아 둘 것. 나중에 영사관에 와 여행을 계속하는 데에 필요한 서류를 재발급받을 것
- 아르헨티나를 떠날 때 방문국에 소재하고 있는 아르헨티나 공관들의 주소와 연락처를 소지할 것

아르헨티나 외교부는 영사조력이 아르헨티나 영사의 직무 중 중요한 것이지만 기본적으로 영사가 할 수 있는 업무와 할 수 없는 업무를 명확히 구분하여 영사가 할 수 없는 일에 대한 개입은 하지 않는다는 입장을 확고하게 견지하고 있다. 주한아르헨티나대사관 영사에 따르면 재외국민 보호 업무 가운데 빈번하게 발생하는 경우가 아동을 데리고 아르헨티나 국외로 출국한 아동의 보호자가 사고 또는 고의로 아동을 더 이상 보호하지 못하게 되거나 보호하지 않는 경우라고 한다. 이런 사례는 특히 브라질, 파라과이, 볼리비아, 칠레, 페루 등 아르헨티나 접경 국가에서 발생한다고 한다. 이 같

은 상황이 발생하는 경우 영사로서는 상당한 신중한 접근이 필요하며 무조건 아르헨티나로 귀국시키지는 않는다고 한다. 왜냐하면 귀국시 국내의 상황이 아동에게 오히려 더 열악한 경우가 빈번하기 때문이다. 따라서 아르헨티나 국내로 아동을 귀국시키기 전에 국내에 돌아왔을 때 이 아동을 제대로 보호, 양육할 수 있는 여건을 마련하는 조치가 선행되어야 한다. 그러므로 이를 조치들이 사전에 이루어지기까지 많은 협의가 이루어져야 하므로 생각보다 많은 시일이 소요될 수도 있다고 한다.

## 3. 시행 중인 영사보호 제도

### 가. 아르헨티나 정부 포털

아르헨티나 정부는 주로 인터넷 홈페이지를 통하여 현재 시행 중인 영사보호를 위한 여러 제도들을 적극 소개하고 활용하고 있다. 아르헨티나 정부 포털에는 "세계의 아르헨티나 국민"(argentinos en el mundo, argentines in the world) 이라는 메뉴를 게재하고 있는데, 여기에는 현재 외국에 거주하거나 앞으로 외국으로 여행, 학업 또는 취업 등을 희망하는 아르헨티나 국민에게 필요한 각종 정보를 제공하고 있다. 또한 아르헨티나로 귀국을 희망하는 해외거주자들에 대한 안내와 해외에 거주하는 동안 아르헨티나 국내 신분증을 갱신하는 방법 등도 아울러 설명하고 있다.

## 나. 해외여행자등록제도

아르헨티나 외교부는 급증하고 있는 해외방문객들에게 적절한 정보를 제공하기 위하여 홈페이지를 통해 외국으로 여행하는 아르헨티나 국민이 사전에 자신의 여행 일정과 연락처 등을 등록하는 "해외여행자등록제도" (ViajAr, Registro consular de turistas argentinos en el exterior, Consular regis-tration for argentine tourists abroad)를 운영하고 있다. 주한아르헨티나 대사관 영사에 따르면 이를 바탕으로 아르헨티나 국민이 아르헨티나를 떠나 해외에 도착하게 되면 가장 인근에 소재하고 있는 아르헨티나 공관의 연락처가 자동으로 여행자의 휴대폰에 통보된다고 한다.

## 다. 특별한 주의를 요하는 지역에서의 비상시 연락처

또한 아르헨티나 외교부는 홈페이지 상단에 "긴급"(Emergencies)이라는

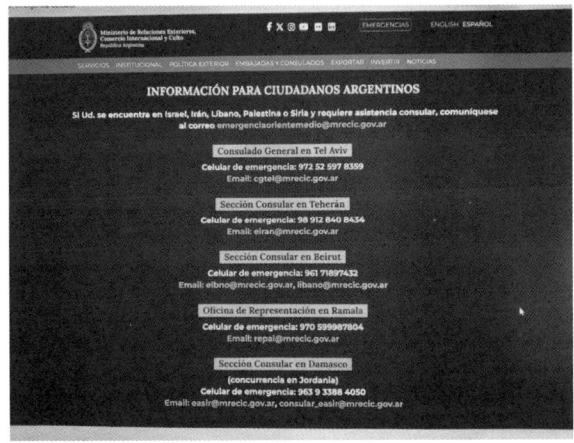

[그림 9.1] 아르헨티나 외교부 홈페이지 캡쳐

별도의 메뉴를 설치하여 출국 당시 가장 주의를 기울여야 하는 지역들과 동 지역에 소재하고 있는 아르헨티나 공관의 긴급 휴대폰 번호와 이메일 주소를 함께 안내하고 있다.

### 라. 아르헨티나 재외공관 연락처

아르헨티나 외교부 홈페이지는 외국을 방문하는 아르헨티나 국민을 위하여 그 나라 소재 아르헨티나 공관 비상연락처를 게재하고 있으며, 방문하는 국가에 아르헨티나 공관이 없는 경우 인접국 소재 아르헨티나 공관의 비상 연락처를 게재하고 있다. 또 해당 홈페이지에는 영사가 긴급하게 조력을 제공하는 경우를 명시하고 있는데 아래와 같다.

① 재난 그리고/또는 무력 분쟁으로 인해 아르헨티나 국민이 영향을 받는 경우

② 구금 그리고/또는 경찰과 관련된 심각한 사고로 인해 해외 거주 아르헨티나 국민이 영향을 받는 경우

③ 입국 거부 및 추방으로 인해 아르헨티나 국민이 영향을 받는 경우

④ 해외에서 사람에 대한 어떤 조치로 인해 아르헨티나 국민이 그 피해자가 된 경우

⑤ 폭력 사태로 인해 아르헨티나 국민이 그 피해자가 된 경우

⑥ 해외에서 심각한 사고 또는 입원으로 인해 아르헨티나 국민이 영향을 받는 경우

⑦ 해외에서 아르헨티나 국민이 사망하는 경우

## 마. 여행경보제도

아르헨티나는 우리나라와 달리 개별 국가들에 대한 여행경보제도는 별도로 운영하지 않고 있다. 따라서 세계 어느 나라에 대해서도 아르헨티나 국민의 여행을 금지하거나 제한하고 있지 않다. 하지만 아르헨티나 외교부 홈페이지는 외국으로의 여행(Viajar al exterior, Travel abroad) 메뉴 바로 아래에 "경고"(Alertas, Alerts) 메뉴를 게재하고 있다. 아르헨티나 외교부는 이 경고 메뉴를 통하여 아르헨티나 여행객들이 국외로 여행하기 이전에 꼭 염두에 두어야 할 사항들을 공지하고 있다. 예컨대 특정 국가의 정치적인 소요 사태, 무력 충돌 사태 등으로 인한 치안 불안 상황 등에 대한 안내를 통해 아르헨티나 국민들이 해당 국가 여행 시 위험 가능성을 사전에 인지하도록 안내하고 있다.

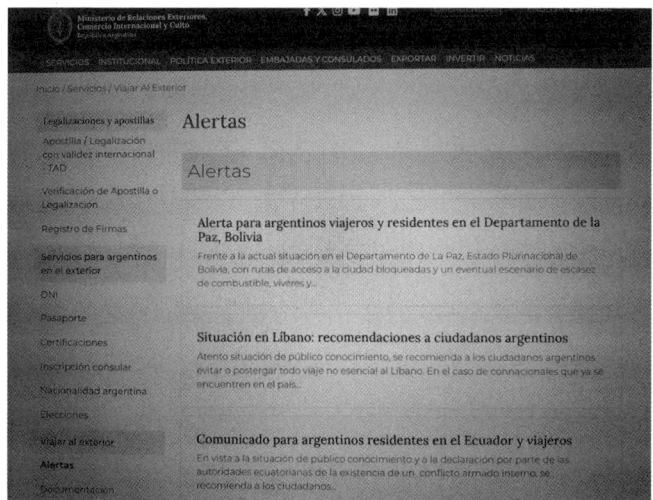

[그림 9.2] 아르헨티나 외교부 홈페이지 캡쳐

바. 권고(Recomendaciones)

아르헨티나 외교부 홈페이지는 "경고"(Alertas) 메뉴와 별도로 해외로 여행하는 아르헨티나 국민들이 해외 여행시 겪을 수 있는 불편을 줄이기 위하여 여행하기 이전에 미리 알아두면 도움이 되는 내용들을 정리하여 "권고"(Recomendaciones) 메뉴에 게재하고 있다. 여기에는 특정 지역이나 시기에 야기될 수 있는 문제들을 사전에 아르헨티나 국민들에게 설명하고 있다.

사. 남미공동시장 회원국간 영사협력 체제

아르헨티나, 브라질, 우루과이 및 파라과이 등 4개국이 정식 회원국으로 되어 있는 남미공동시장(Mercado Común del Sur, Mercosur)은 1995년 출범 당시에는 경제 및 무역 통합을 목적으로 하였지만 시간이 흐름에 따라 회원국들간 협력의 범위와 깊이가 확대되어 현재에는 경제 및 무역은 물론 정치, 사회, 문화 등 사실상 거의 모든 분야에서의 협력을 추구하는 지역통합체 성격을 가지게 되었다.

아르헨티나의 영사조력 제공과 관련하여 한가지 특기할 만한 사항은 이 남미공동시장 회원국과 준회원국들간에는 긴급한 상황인 경우 회원국과 준회원국 공관이 다른 회원국이나 준회원국 국민에 대해 영사조력을 제공할 수 있는 시스템이 마련되어 있다는 것이다. 2019년 7월 16일 남미공동시장 4개 회원국이 서명한 이 협력체제(El Mecanismo de Cooperación Consular del Mercosur, The Consular Cooperation Mechanism of the Mercosur)는 2025년 5월 현재 서명국들의 비준 절차가 마무리되지 않아 아직 발효되지는 않은 상태이다. 하지만 향후 비준 절차가 마무리되어 발효되게 되면, 아르헨티나 국민이 아르헨티나 재외공관이 존재하지 않은 지역에서 긴급하게 영사조력이 필요한 경우 남미공동시장의 다른 회원국인 브라질, 우루과이 또는 파라과이 공관의 도움을 요청할 수 있게 된다.

## 4. 아르헨티나의 영사조력 사례

### 가. 러시아-우크라이나 전쟁

2022년 2월 러시아가 우크라이나를 침공함으로써 양국간 전쟁이 발발하였다. 전쟁이 발발하자 우크라이나 내에 있던 많은 외국인들이 해외로 피난을 떠나게 되었는데 우크라이나에 거주하던 아르헨티나 국민도 동일한 상황에 처하게 되었다. 당시 공항이 폐쇄됨에 따라 이들 중 다수는 육로로 이동하여 국경을 넘었으며 이들이 도착한 폴란드, 헝가리 및 루마니아 접경지역에는 동 국가들에 주재하던 아르헨티나 공관 직원들이 사전에 도착하여 이들이 무사히 입국할 수 있도록 지원하였다. 당시 우크라이나에 거주 또는 방문 중이던 아르헨티나 국민은 100여 명 수준으로 많은 숫자는 아니었지만 우크라이나를 비롯하여 인접 폴란드, 헝가리 및 루마니아에 주재하던 아르헨티나 공관원들은 자국민의 안전한 탈출을 위하여 적극 노력했다.

### 나. 코로나19 팬데믹 사태

아르헨티나는 재외국민 보호와 관련, 기본적으로 귀국에 필요한 경비를 부담하지 않는다는 것이 원칙이다. 따라서 긴급상황이라 할지라도 예컨대 귀국 항공료를 지원하지는 않는다. 물론 아주 예외적인 상황에서 본국으로의 귀국 항공료를 부담하는 경우가 있기는 하나 이는 접경지역에서 아동의 보호자가 아동을 고의로 방기하는 경우, 자력으로 거동이 어려운 노인, 인신매매 피해 여성 등 긴박한 상황이 발생하였을 경우에 한하여 매우 예외적으로 귀국 항공편을 지원하는 경우가 있다. 그러나 이러한 경우는 소수로 아르헨티나 외교부의 예산 문제와도 관련이 있다.

아르헨티나 정부의 재외국민 보호 및 지원 원칙이 큰 융통성을 발휘하여 대규모의 영사조력을 한 예가 있었는데 바로 2020년 전 세계에 창궐한 코로나19 팬데믹 사태였다. 코로나19 팬데믹이 시작된 이후 2020년 3월 아르헨티나에서도 페르난데스(Fernandez) 대통령은 바이러스의 확산을 막기 위해 강력한 조치를 시행했다. 아르헨티나 정부는 잠재적 코로나19 감염자가 외국으로부터 입국하는 것을 막기 위하여 국내 통행금지 조치는 물론 아르헨티나 국경 역시 전면 폐쇄하는 조치를 단행하였다. 이에 따라 아르헨티나 모든 국경과 공항, 항구가 폐쇄되었다.

우리나라의 경우 국경을 폐쇄하지도 않았으며 특히 한국민의 귀국은 당연하게 생각했던 것과 달리 아르헨티나 정부의 폐쇄 조치는 외국인의 아르헨티나 입국 금지는 물론, 외국에 여행 중이던 아르헨티나 국민의 귀국도 금지하는 매우 강력한 조치였다. 이 결과 외국을 여행 중이던 수많은 아르헨티나 국민의 귀국이 불가능하게 되었으며, 언제 귀국할 수 있을지도 알 수 없는 상태에서 기약 없이 장기간 해외에 체류해야 하는 어려운 상황에 직면하게 되었다. 이렇게 되자 이들은 당연히 아르헨티나 정부에 자신들이 귀국할 수 있도록 아르헨티나 재외공관의 보호와 영사조력을 요구하게 되었다.

아르헨티나 외교부는 우선 재외공관을 통하여 주재국에 머무르고 있는 아르헨티나 국민을 접촉하여 이들 가운데 귀국을 희망하는 인원을 파악하도록 지시하는 한편, 항공을 포함한 모든 교통수단이 마비된 상황에서 보건부, 교통부, 이민청 및 국적항공사 등과의 긴밀한 협조를 통해 귀국 희망자들을 아르헨티나로 데리고 올 수 있는 방안을 찾기 시작했다. 이에 따라 아르헨티나 재외공관들은 주재국 내 아르헨티나 국민을 접촉하여 귀국 희망 여부를 파악하고 항공편이나 육로 이동 수단을 안내하였다. 아르헨티나 외교부에 따르면 2020년 3월 16일부터 2020년 6월 30일까지 총 205,769명의 아르헨티나 국민이 귀국하였는데 이 가운데 88,463명은 아르헨티나 정부가 마련한 항공편을 이용하였고 117,306명은 육로 교통수단을 이용하여 귀국하였다. 아래 사진은 아르헨티나 정부가 제공한 항공편을 이용하여 아르헨티나로 귀국하고 있는 모습이다.

이 과정에서 아르헨티나 재외공관들은 본부의 지시에 따라 한편으로는 주재국에 남아 있는 아르헨티나 국민의 귀국 희망 의사를 확인해야 했으

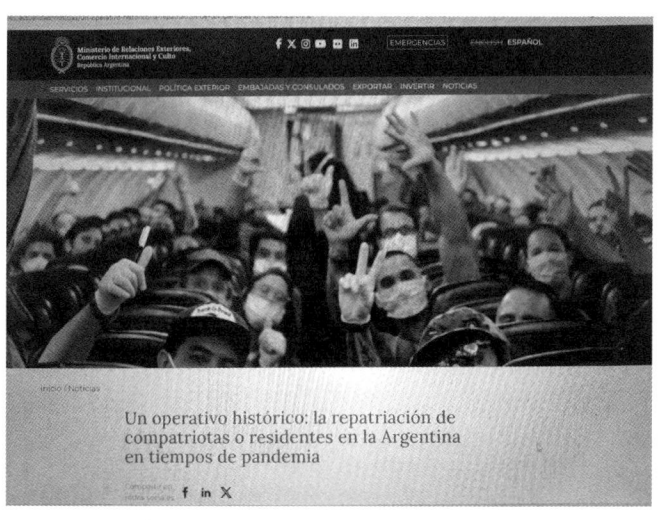

[그림 9.3] 아르헨티나 외교부 홈페이지 캡쳐

며, 동시에 코로나19 바이러스에 감염되어 있을지 모르는 국민의 귀국은 방지해야 하는 이중으로 어려운 업무를 수행해야 했다. 아르헨티나 정부는 귀국이 어려워진 아르헨티나 국민을 지원하기 위하여 이례적으로 기금을 마련하여 이를 재외공관에서 활용하도록 했다. 다만 이 기금을 집행하기 위해 재외공관원이 각 개인이 숙박비나 식비를 감당할 경제적 능력이 있는지 없는지를 파악하는 것은 현실적으로 쉽지 않은 일이었다. 아르헨티나 재외공관들의 조력에 힘입어 코로나19 팬데믹 초기 단계에서 많은 아르헨티나 국민이 안전하게 귀국할 수 있었다.

아르헨티나의 재외공관들은 2020년 6월 이후에도 귀국하지 못하는 상황에 놓여 있는 아르헨티나 여행객들에게 최대한의 행정적인 편의를 제공하기 위하여 노력했다. 그런데 코로나19 사태가 장기화되자 사태 초기 단계에 귀국하지 못했거나 다른 이유 등으로 인해 귀국하지 않았던 아르헨티나 국민이 자신들도 귀국할 수 있도록 항공기 제공 등의 정부 조력을 요구하기 시작했다. 아르헨티나 국내 언론들은 이들의 요구를 보도하면서 해외

[그림 9.4] 『Infobae』 2020.6.23. 기사 캡쳐

여행객을 지원하기 위한 아르헨티나 정부의 영사조력이 부족하다고 비판했다. 그러나 아르헨티나 정부는 민원과 언론의 비판에도 불구하고 이들이 단기 여행객이라기보다는 거주국에 장기 체류하는 사람들이라고 판단하여 이들에 대해서는 귀국에 필요한 항공편이나 교통수단은 물론 경제적 지원도 하지 않았다. 앞의 사진은 귀국을 희망하는 아르헨티나 국민이 아직도 18,000명이나 있는데 아르헨티나 정부가 이들에게 항공편을 제공하지 않는 것을 비판하는 당시 아르헨티나 언론 보도이다.

## 5. 맺음말

아르헨티나 외교부는 재외국민들에 대한 영사조력과 관련하여 인원과 예산의 제약을 극복하기 위해 노력하고 있으며 이를 위해 외교부 홈페이지와 디지털 기술을 적극 활용하고 있다. 외교부 홈페이지 내 메뉴를 일목요연하게 정리하여 안내하는 것은 물론 해외로 출국하는 경우 메뉴를 별도로 만들어 관련된 정보를 체계적으로 국민에게 제공하고 있다. 또한 출국하는 국민에게 자신의 여행 일정과 휴대폰 번호를 사전 등록하도록 권고하여 필요시 이들의 휴대전화로 관련 정보를 제공하고 있다. 우리나라는 영사콜센터나 sns를 이용한 영사조력 등 보다 발전된 영사조력 시스템을 보유하고 있으므로 우리나라의 경험을 아르헨티나와 공유할 수 있는 여지가 많다고 할 수 있다.

아르헨티나 외교부는 2020년 코로나19 팬데믹 상황 당시 과중한 업무로 인하여 매우 어려운 상황임에도 불구하고 긴급하게 귀국해야 하는 우리나라 방문객들의 출국에 필요한 문서 발급 등 행정조치들을 신속하게 처리해

준 바 있다. 또한 아르헨티나 정부는 우리나라 기업이 아르헨티나 북부 지역에서 리튬 생산 공장을 건설할 당시 코로나19 팬데믹으로 인해 아르헨티나 국내 입국이 전면 중단된 상황하에서도, 리튬 추출 공장 건설에 필요한 우리나라 엔지니어 수십 명의 입국이 신속하게 이루어질 수 있도록 적극 협조해 주었다. 이와 같은 아르헨티나 정부의 협조는 코로나19 팬데믹 발생 당시 우리 정부가 아르헨티나에 적극적으로 제공한 협력에 힘입은 바도 있다. 우리 정부는 코로나19 팬데믹이 아르헨티나에 창궐하기 시작하자 보건 당국자 간 영상회의 및 의료기관 간 영상회의 등을 통해 초기 대응 방안에 대한 우리나라의 노하우를 전달했고 특히 우리나라가 개발한 코로나19 자가진단 앱을 공유한 바도 있다.

영사조력이 필요한 상황은 언제든 발생할 가능성이 있으며 천재지변, 무력 충돌, 항공기 또는 선박사고 등의 경우 신속한 대응이 절실하게 필요하다고 할 수 있다. 특히 이 같은 경우에는 한 국가의 대처만으로는 부족하며, 관련된 국가간 협력이 필요한 경우가 대부분이다. 따라서 앞으로도 긴급사태 발생 가능성에 대비하여 재외국민에 대한 영사조력이 신속하게 이루어질 수 있도록 우리나라와 아르헨티나 양국 외교 당국 간 및 재외공관 간 협력 채널을 보다 유기적이고 효과적으로 구축해 놓을 필요가 있을 것으로 판단된다.

〈참고문헌〉

아르헨티나 관보(argentina.gob.ar/normativa/nacional/decreto-8714-1963-92539)
아르헨티나 정부 포털(argentina.gob.ar/argentinosenelmundo)
아르헨티나 외교부 홈페이지(cancilleria.gob.ar/argentinos-en-el-exterior)
주한아르헨티나대사관 홈페이지(ecore.cancilleria.gob.ar/es/servicios-consulares)

주한아르헨티나대사관 영사 면담(2025.2.11. 및 2025.3.6.)

남미공동시장 홈페이지(mercosur.int/ciudadania/estatuto-ciudadania-mercosur/3-cooperacion-judicial-y-consular/)

La Nacion紙(lanacion.com.ar/sociedad/el-gobierno-divulgo-cuantos-argentinos-estarian-viviendo-en-el-exterior-y-los-principales-paises-nid26112024/)

Infobae紙(infobae.com/politica/2020/06/23/varados-en-el-exterior-hay-18000-argentinos-que-quieren-regresar-pero-el-gobierno-no-les-pondra-vuelos-humanitarios/)

〈그림〉

[그림 9.1] 아르헨티나 외교부 홈페이지 캡쳐
[그림 9.2] 아르헨티나 외교부 홈페이지 캡쳐
[그림 9.3] 아르헨티나 외교부 홈페이지 캡쳐
[그림 9.4] 『Infobae』 2020.6.23.기사 캡쳐

제10장

# 튀르키예의 재외국민 보호제도와 영사조력

이희철(현 서울디지털대학교 객원교수, 전 주튀르키예 총영사)

## 1. 튀르키예의 재외국민 보호제도

### 가. 튀르키예의 재외국민 보호제도의 형성

튀르키예의 재외국민 보호 역사의 시작은 1950년대로 거슬러 올라간다. 1955년에 튀르크 노동자가 이탈리아에 이주한 것이 시작이었다. 유럽의 경제성장기에 부족한 노동력을 충당하기 위해 1961년 독일이 노동자 수입을 시작한 이래 튀르크 노동자들은 독일을 시작으로 프랑스, 네덜란드, 벨기에, 오스트리아, 스위스 등 서유럽국가로 1970년대까지 이주하였다. 1960년대 튀르키예의 서유럽으로의 이민은 당시 수용국(독일, 프랑스, 네덜란드, 벨기에 등), 이민 수출국인 튀르키예, 그리고 이주민들 등 3자 모두 '튀르크인들의 이주'는 잠정적일 것으로 생각했다.[1] 하지만, 1970년대 이후 유럽의

---

[1] Christine Inglis(2009), Turks Abroad: Settlers, Citizens, Transnationals, International Journal on Multicultural Societies(IJMS) (Revised edition) Vol. 11, No. 2, p.107

경기 침체로 노동자 이주는 주춤했지만, 이주 형태가 가족 결합으로 변하면서 튀르크인들의 유럽 이주 행렬이 계속되었다. 1980년대 군사 쿠데타로 인한 군사정부 등장 이후 남동부 지역에서의 쿠르드 테러 활동으로 정치적 목적으로의 이주도 늘어나게 되었고, 튀르크 근로자들의 유럽 이주는 2000년대까지 간헐적으로 이어지면서[2] 현재 유럽에는 이민 3세대에 걸쳐 약 700만 명의 튀르크인들이 거주하고 있다.[3]

튀르키예 정부의 이민 정책은 점차 변화하게 되었는데, 유럽 각국에 거주하는 무슬림 튀르크인들이 최대 다수의 다문화 커뮤니티를 형성하면서 현지 당국, 주민들과 정치·경제·사회·문화적으로 갈등을 겪게 되었기 때문이었다. 그로 인해 2000년대 이래로 현지 사회 및 주민과의 동화(assimilation), 통합(integration), 다문화주의(multiculturalism) 문제가 본격적으로 거론되기 시작했다. 해외 튀르크인 사회에서 발생하는 문제와 요구는 취업, 직장 생활과 관련된 문제를 넘어 언어와 문화적 정체성 보존과 같은 기본적인 요구 사항을 포함하며 다양화되었다. 튀르키예 정부는 대외적으로는 동포들이 유럽 현지에서 겪는 이슬람교도에 대한 편견과 차별을 해소하고, 대내적으로는 튀르크인들이 정체성을 잃지 않고 모국과의 유대감을 가질 수 있도록 하는 데 정책과 정치역량을 집중해 왔다. 튀르키예의 재외국민 보호정책의 기본 방향은 서유럽 거주 동포들의 생명과 안전 확보를 위한 것이었다. 2010년대 초반까지 유럽 재외동포들의 법적 지위 및 대우 문제, 권익 신장, 문화적 유대감, 영사·민원 서비스 등의 재외국민 보호제도

---

2 Seda Aydin & Eva Østergaard-Nielsen(2020), Diaspora Policies, Consular Services and Social Protection for Turkish Citizens Abroad, Migration and Social Protection in Europe and Beyond (Volume 3), p.402.

3 https://ytb.gov.tr/en/corporate/presidency-for-turks-abroad-and-related-communities (2025.2.14. 검색)

와 정책의 사령탑 역할은 외교부가 단독으로 수행해 왔다.

튀르키예의 재외국민 보호정책이 해외에 거주하는 국민과 함께 여행자들에게도 본격적으로 적용된 것은 2010년 이후였다. 2010년을 해외여행자들에 대한 보호정책의 원년으로 보는 이유는 튀르키예 외교부가 영사콜센터를 설치·운영을 시작한 해가 2010년이기 때문이다. 우리나라 외교부가 영사콜센터를 개소하였을 때는 해외 출국자 수 1천만 명대를 기록한 2005년이었다. 2010년내 튀르키예인들의 해외 이주는 연평균 10만 명대를 유지했고,[4] 2010년에 해외여행자 수는 650만 명대를 기록했다.[5] 국제통화기금(IMF) 자료에 따르면, 튀르키예는 국내총생산(GDP) 1조 240억달러로 2023년 기준 세계 17위의 경제 대국으로서 중진국에서 벗어나 선진국 대열에 합류하기 위해 고전분투하고 있다.[6] 튀르키예는 외국인 관광객 수가 매년 새로운 기록을 경신하고 있지만, 해외여행과 휴가를 선호하는 튀르키예인의 수도 증가하고 있다. 튀르키예 통계청(TÜİK) 데이터에 따르면, 2023년에 해외로 나가는 튀르키예인의 수가 처음으로 1천만 명을 초과했다.[7] 매년 더 많은 수의 국민이 해외로 여행하거나 해외에 거주하므로 신속한 영사조력과 해외여행 안전망 확충의 필요성이 증가하고 있다.

---

[4] Melike Boztilki(2023), "Neden Gitmek İstiyorlar? Z Kuşağı Kadınların Göç Etme İstekleri Hakkında Bir Araştırma", Pamukkale Sosyal Bilimler Enstitüsü Dergisi, p.158.

[5] Günay Erol(2020), Türk Turistlerin Profili: Yurtdışını Ziyaret Eden Türk Vatandaşlara Yönelik Bir Araştırma, Türk Turizm Araştırmaları Dergisi, p.842.

[6] https://www.worldbank.org/en/country/turkey/overview(2025.3.2 검색)

[7] 2025년 2월 대한민국 외교부는 연간 해외여행객이 3000만 명에 달할 것으로 추산했는데, 2025년 현재 튀르키예의 해외여행객 수는 우리나라의 1/3 수준에 이르렀다. 우리나라가 출국자 수 1천만 명을 돌파해 1천8만 명을 기록한 해는 2005년이었다(연합뉴스 2015.3.31. 자 「2005~2014 한국인 방문객 수로 본 여행지 주가」 제목의 기사 참조).

## 나. 튀르키예 재외국민 보호의 법적 근거

세계적으로 영사 책임을 법률이나 규정으로 성문화하려는 움직임이 증가하고 있지만, 이러한 관행이 결코 보편적인 것은 아니다.[8] 각 국가의 재외국민 보호를 위한 영사조력에 관한 법적 근거는 국가권력의 재량, 헌법, 국내법, 국제조약 등을 들 수 있다. 튀르키예의 경우, 튀르키예 영역 밖에 있는 자국민에 대한 국가의 보호·지원과 관련된 국가의 의무를 1982년 헌법 제62조에 명시하였다. 제62조는 "국가는 외국에서 일하는 튀르키예 국민의 가족 통합, 자녀 교육, 문화적 요구 및 사회 안전을 보장하고, 모국과의 관계를 보호하며, 본국으로 돌아올 수 있도록 지원하는 데 필요한 조처를 한다."라고[9] 법적인 기반을 마련하고 있다. 1921년 제헌헌법과 1924년, 1961년 헌법에는 해외 거주 동포들에 대한 정부의 보호 조항이 없었다. 그러나 1960년대 이래로 더 나은 환경과 더 높은 임금을 기대하며 서구 유럽으로 이주한 노동자들의 체류가 장기화함에 따라, 이들 '노동자'들에 특별히 유념하여 1982년 헌법에 재외국민 보호 조항이 처음으로 담기게 되었다.

> 헌법 제62조 국가는 외국에서 일하는 튀르키예 국민의 가족 통합, 자녀 교육, 문화적 요구 및 사회 안전을 보장하고, 모국과의 관계를 보호하며, 본국으로 돌아올 수 있도록 지원하는 데 필요한 조처를 한다.

---

8 Consular Assistance in Domestic Legal Frameworks Research Briefing(2024), London: REDRESS, p.4.
9 튀르키예 헌법 제62조는 다음과 같다: Devlet, yabancı ülkelerde çalışan Türk vatandaşlarının aile birliğinin, çocuklarının eğitiminin, kültürel ihtiyaçlarının ve sosyal güvenliklerinin sağlanması, anavatanla bağlarının korunması ve yurda dönüşlerinde yardımcı olunması için gereken tedbirleri alır.

이 조항은 '사회적, 경제적 권리와 의무'(본문의 제4장)라는 제목 아래 국가의 보호 의무를 명시하고 있다. 튀르키예는 상기 헌법 규정 외에도 국적법(Türk Vatandaşlığı Kanunu), 민법(Türk Medeni Kanunu) 등을 통해 국가의 구체적인 재외국민 보호 의무를 구체화하고, 영사 관계를 규율하는 가장 기본적 조약인 비엔나협약[10]과 유럽인권조약[11], 국제인권규범[12], 양자협약(bilateral agreements) 등 인권 보호와 증진에 대한 국제적 합의를 규정한 다자간 조약을 통해서도 재외국민들이 거주국에 머물면서 튀르크인의 정체성을 지키며 재외동포 권익 향상을 위한 정책을 시행해 오고 있다.

지리적으로 유럽과 아시아의 경계 지대에 있는 튀르키예는 유럽평의회(CoE), 유럽안보협력기구(CSCE), 경제개발협력기구(OECD), 북대서양조약기구(NATO) 등 거의 모든 유럽 기관의 창립 회원국으로 유럽 일부로 평가되는 국가이다. 아직은 유럽연합(EU)의 완전한 회원국은 아니지만, 근대 공화국 수립 이래 추진해 온 EU 가입은 여전히 전략적 우선순위로 남아 있다. 전통적으로 친서방 지향적인 노선을 견지해 오며 '재외국민 보호'를 유럽과의 외교에서 우선 정책과제로 다루는 튀르키예의 영사 지원 업무는 여권 발급이나 단순 사건 사고의 처리 같은 일상적 영사 지원 범위보다는 더 광범위한 개념과 정책 문제이다.

---

[10] 영사관계에 관한 비엔나협약(Vienna Convention on Consular Relations: 이하 "비엔나영사협약"이라고 함)은 영사관계에 관하여 규정하는 다자간 국제조약이다. 이 협약은 고래(古來)로부터 확립되어 온 국가 간의 영사관계를 규율하는 기본법으로서, 영사에 관한 포괄적인 관습 및 국제법 규칙을 성문화한 것이다.
[11] 「유럽인권협약」(European Convention on Human Rights, ECHR)은 제2차 세계대전 이후 인권유린의 역사를 반성하는 의미에서 유럽 국가가 체결한 국제인권조약이다. 유럽인권협약은 유럽의 최소한의 인권보장을 위한 규범이다(정애령(2020), 유럽연합(EU)의 유럽인권협약 가입과정의 문제에 대한 고찰, 세계헌법연구 26권3호, p.265).
[12] 국제인권규범에는 유엔헌장, 세계인권선언, 비엔나 인권선언 및 행동계획, 국제인권협약 등이 포함된다.

2000년대는 정치, 외교 면에서 튀르키예가 패러다임의 전환을 이끈 시기이다. 튀르키예의 국제적 위상을 높이고 글로벌 강국으로 변화시키려는 열망을 담고 신오스만주의(neo-Ottomanism)를 채택한 정의개발당(AKP) 정부 주도 아래 외교와 정치에도 큰 변화가 생겼다. 변화된 정책을 재외국민 차원에서만 살펴보면, 튀르키예 정부는 그간 재외국민, 재외동포라고 인식해 온 '그들'을 디아스포라(Diaspora)[13]로 인식하기 시작했다. 1990년대 이래로 급속히 부상한 디아스포라 연구와 디아스포라의 외연 확장이라는 세계적인 경향에 영향을 받았기 때문이었다. 디아스포라는 원래 세계 각지에 흩어져 살면서도 자신들의 규범과 관습을 지켜온 유대인의 삶을 지칭하는 말인데, 튀르키예에서는 튀르크 문화를 지키며 유럽, 중동, 미주 지역에 살고 있는 튀르키예인과 다양한 이주집단을 상징하는 말로 사용되었다. 튀르키예 정부는 튀르크인 디아스포라를 외교 자산으로 보는 한편, 다른 한편으로는 과거 오스만제국, 현재 튀르키예공화국의 지리적·역사적·종교적 정체성을 강조하면서 튀르크인 디아스포라를 공공외교 활동으로 연결하며 유용한 '자원'으로 개념화하는 디아스포라 정책을 펼쳤다.

재외국민 보호에 관한 법적 근거에도 변화가 일어났다. 2017년 4월 16일 국민투표를 통해 채택되고 2018년 6월 24일 대통령선거 이후 전면 시행된 대통령제 정부 시스템(Cumhurbaşkanlığı Hükümet Sistemi; presidential system)[14]의 틀 내에서 외교부와 모든 국가 기관의 임무, 책임, 조직이 재편

---

[13] 이스라엘 히브리대학의 가브리엘 셰퍼(Gabriel Sheffer)는 그의 저서(Diaspora Politics)에서 해외에 사는 사람들이 어떻게든 고국과 특별한 유대감을 형성하려고 하고, 해외에 있을 때도 모국에 있는 것 같은 느낌을 경험하려고 하는지에 대해 설명하고 이러한 인간 공동체를 "디아스포라"라고 규정했다. 2000년대 이래 세계 학계에서 디아스포라의 개념이 민족이산을 겪은 다른 초국가적 집단들의 경험을 기술하는 보편적 개념으로 확장되면서(신기영 2016, p.26), 튀르키예 정부도 해외의 튀르크족 인적차원이라는 측면에서 해외 거주 자국민(동포)들에 대해 정책적 관심을 가지게 되었다.

성되었다. 2018년 7월 10일 「대통령실 조직에 관한 대통령령(大統領令) 제1호」에 따라 2010년 7월 7일자 「외교부 설립 및 직무에 관한 법률」 제6004호가 폐지되는 비약적인 변화가 이루어졌다. 이에 따라 외교부 지위는 다른 정부 부처와 마찬가지로 대통령 직속 기관으로 변경되어 외교정책을 결정하는 기능이 폐지하고 대통령의 외교정책 결정을 집행하는 기관이 되었다.[15]

「외교부 설립 및 직무에 관한 법률」이 폐지됨에 따라, 외교부의 임무는 「대통령실 조직에 관한 대통령실 대통령령 제1호」에 명시되었다. 튀르키예 외교부의 임무를 적시한 「대통령실 조직에 관한 대통령령 제1호」(Cumhurbaşkanlığı Teşkilatı Hakkında 1 sayılı Cumhurbaşkanlığı Kararnamesi) 제128조 f)항은 재외국민 보호와 관련하여 다음과 같이 적시하고 있다.[16]

> 대통령령 제1호 제128조 f)항 외교부의 재외국민 보호 조문(條文)
> "해외에 거주하는 국민의 권리와 이익을 보호하고 삶의 질을 향상하기 위한 임무를 수행하며, 해외 거주 국민과 튀르키예공화국 시민권을 보유한 법인을 지원하고 영사 보호를 제공하는 것"

2000년대 이래로 튀르키예 정부는 유럽, 중동, 미주 등지에 거주하는 재외국민 보호를 위한 적극적인 정책을 시행하고 있다. 특히 튀르키예 정부가 '튀르키예공화국 창건 100주년'을 맞이한 2023년을 기점으로 국부 아타

---

14 튀르키예는 정치체제로 의원내각제(parliamentary government system)를 채택해 왔으나, 2017년 개헌으로 대통령 중심제(presidential system)를 채택하고 있다.
15 Temel İskit & Betül Yüce Dural(2018), Diplomasi Tarihi, Anadolu Üniversitesi Yayını NO: 2677, p.183.
16 2018년 7월 10일 자 제30474호 관보, https://www.mevzuat.gov.tr/mevzuat?MevzuatNo=1&MevzuatTur=19&MevzuatTertip=5(2025.4.1. 검색)

튀르크의 "국내 평화, 세계 평화"(Peace at home, peace in the world) 정신에 따라 시행되는 '진취적이고 인도주의적인' 외교정책을 표명하면서 튀르키예공화국 영역 밖에 있는 재외국민에 대한 국가의 보호와 지원을 강화하는 정책을 시행하고 있다. 재외국민 보호가 외국의 영토 내에서 이루어지는 특성상 영사(consular affairs)는 외교 영역과 영사 영역을 구분하는 경계를 끊임없이 넘나드는 국제적 현상에 비추어 볼 때, 튀르키예의 영사 지원 문제는 특히 유럽과의 관계에서 정치적인 문제이자 외교적인 문제로 두드러지고 있다.

이와 동시에, 튀르키예 외교부는 해외여행자의 수가 급증하고 해외 생활이 일상화되는 추세에 대응하기 위해 해외에서 사건이나 사고를 당한 국민을 보호하기 위한 영사 지원을 강화하고 있다. 튀르키예 외교장관은 국회의 대정부 질문이나 예산 심의 회의, 공관장 회의 등을 통해 외교부의 재외국민 보호 활동을 상세하게 역설하고 있다.

## 2. 튀르키예 외교부의 재외국민 보호제도

### 가. 튀르키예 외교부의 영사국 조직개편

튀르키예 외교부는 2024년 4월 6일 대대적인 조직개편을 단행했다.[17] 이는 세계사적 위기와 변화의 소용돌이 속에서 지속가능한 글로벌 협력체제를 구축하기 위한 노력의 하나로 '국가적이고 독립적인 외교정책'(milli

---

17 외교부 조직개편의 상세 내용에 관해서는 2024년 4월 6일자 BBC NEWS Türkçe 기사를 참조 바람. https://www.bbc.com/turkce/articles/c164681ed10o(2025.4.4. 검색)

ve bağımsız dış politika)이라는 구호를 내세운 하칸 피단(Hakan Fidan) 외교부 장관[18]의 방침으로 이루어졌다. 피단 외교장관은 오늘날 외교는 안보·국방·정보·경제·무역·금융·에너지·환경·문화 등 복잡한 국제적인 이슈 관계망으로 얽혀 있으므로 각국의 외교장관은 일선 부처 및 기타 관련 기관과 국가적 입장을 조정하는 데 더욱 적극적인 역할을 하도록 강요받고 있다고 피력하면서 외교부의 대대적인 조직개편의 필요성을 강조해 왔다.[19] 피단 외교장관이 주도한 조직개편은 대통령령 제158호(관보 제32512호)에 의거, 영사업무를 담당하는 기존의 영사 국(局, Bureau)은 이름을 변경했고, '영사민원·해외동포국'과 '이주정책·비자국'[20] 등 두 개의 국으로 분리·확대 신설되었다.

전통적인 영사국이 두 개의 국으로 재편된 것은 획기적이었다. 1920년 5월 외교부 설립 이래 전통적으로 영사국(領事局)이 독점적, 포괄적으로 영사와 이민업무를 담당해 왔기 때문이었다. 외교부 설립 이후 100여 년이라는 한 세기가 지난 후에 영사국의 조직개편으로 재외동포 보호의 축을 이루는 '영사민원'과 '해외동포보호'라는 두 가지 업무가 '영사민원·해외동포국' 관할 아래, 그리고 2000년대를 기점으로 외국인 근로자와 난민의 유입이 급증하여 외국인 체류의 관리와 정책, 사회통합의 문제 등은 '이주정책·비자국'의 담당으로 들어가게 되었다.

---

18 하칸 피단(Hakan Fidan, 1968~) 외교부 장관은 쿠르드계 아버지와 튀르크인 어머니 사이에 태어난 튀르키예인으로 2010~2023년간 튀르키예 국가정보원(MIT)장을 역임하였고 2023년 6월 5일 외교장관으로 취임했다.
19 Hakan Fidan(2023), Turkish Foreign Policy at the Turn of the 'Century of Türkiye': Challenges, Vision, Objectives, and Transformation, Insight Turkey, Vol.25/No.3, p.24.
20 영사민원·해외동포국의 현지어는 Konsolosluk Hizmetleri ve Yurtdışında Yaşayan Vatandaşlar Genel Müdürlüğü(약어 KOGM), 이주정책·비자국의 현지어는 Göç Politikaları ve Vize İşlemleri Genel Müdürlüğü(약어 GVGM) 이다.

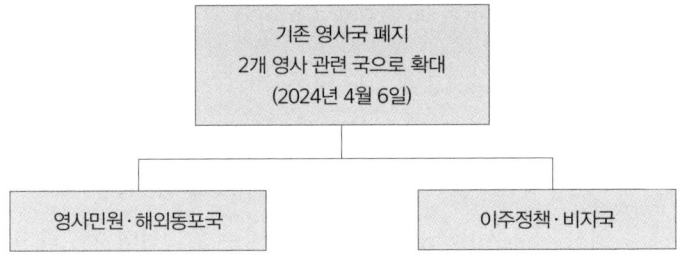

[그림 10.1] 튀르키예 외교부의 영사국 개편

최근 튀르키예 외교부의 영사국 조직개편의 배경은 다음과 같다. 첫째, 체계적이고 일관성이 있는 영사·이민 행정의 거버넌스 구축이 필요했기 때문이었다. 내국인의 영사업무와 외국인의 이주 관련 업무가 외교부, 법무부, 문화부, 노동부, 경찰청, 종교청, 해외튀르크공동체청 등 다수의 부처에 분산되어 있어 부처 간 효율적인 공조 체제 구축이 요구되었다. 영사국의 조직개편은 재외국민 보호 차원에서 혁신적인 일로서 재외국민과 해외여행객들을 위해 다양한 영사민원 서비스와 편의를 제공하려는 정부의 확고한 의지의 표현으로 해석할 수 있다.

둘째, 이민 유출국이었던 튀르키예가 이민 순유입국으로 변화하였기 때문이다. 튀르키예에서 이민 문제는 내국인의 해외 이민(emigration) 송출국에서 출발했으나 현재는 시리아, 아프가니스탄, 이라크, 이란 등에서 유입된 난민 360만 명이 체류하고 있다.[21] 투자이민 프로그램으로 외국인이 시민권을 취득하는 사례가 늘어나는 등 튀르키예는 외국인이 국내로 유입되는 이민(immigration) 수용국으로 전환되어 가는 중이다. 외교부는 새로운 환경에 들어선 출입국·이민·난민의 업무를 공항·항만·국경에서 관리함

---

[21] Türkiye Model in Humanitarian Aid(2023), Publication by Presidency's Directorate of Communications, p.112.

으로써 인구이동의 양과 질을 통제하고 이민자 사회통합정책을 총괄적으로 조정하고 집행해 나가기 위해 '이주정책·비자국'을 신설하였다.

2024년 새로 조직된 두 개의 영사 관련 국(局)은 이름에서 알 수 있듯이 전자는 내국민의 여권, 재외국민등록, 결혼, 이혼, 상속, 국적, 재난지원, 법률지원 등 영사 사무 서비스를 제공하고, 후자는 외국인의 이주와 비자에 관한 업무를 담당한다. 상기「대통령실 조직에 관한 대통령령 제1호」제139조에 명시된「영사민원·해외동포국」과「이주정책·비자국」의 주요 임무는 다음과 같다.

**1) 영사민원·해외동포국(KOGM)의 임무**
(1) 영사 관계 및 관련 협상을 수행하고 조정
(2) 관련 기관 및 단체와 협력하여 해외에 거주하는 국민 및 해외에 거주하는 튀르크 공동체의 외교 문제와 연계된 부동산 관련 업무와 활동 수행
(3) 법무부와 협력하여 범죄인 인도 및 이송과 관련된 업무 수행
(4) 해외동포를 위한 튀르키예어 교육, 종교 활동, 노동 및 사회보장, 가족 및 사회 복지에 관해 관련 기관 및 단체와 협력
(5) 외국인 혐오증, 차별, 인종 차별 및 이슬람 혐오증에 반대하는 활동 수행 및 관련 기관과 협력
(6) 장관이 부여한 기타 임무 수행

이러한 '영사민원·해외동포국'의 임무를 들여다 보면, 튀르키예 외교부의 영사조력의 무게 중심이 어디에 있는지를 가늠할 수 있다. '영사민원·해외동포국'의 임무 (2)항에는 튀르크공동체가 언급되어 있고 (4)항에는 튀르키예어 교육, 종교 활동 등이 언급되어 있다. 이러한 임무는 유럽 내 동포사

회와 다양한 튀르크 공동체(communities)를 지원하기 위해 2010년 튀르키예 문화관광부 산하에 설립된 해외튀르크공동체청(YTB)의[22] 임무와 겹치고 있다. 해외튀르크공동체청은 튀르크공동체에 문화, 교육, 사회적 지원을 통해 모국-거주국 간 우호 관계를 구축하기 위해 공공외교 성격의 차원에서 해외동포의 민족성 고취를 위한 사업을 하고 있다. 이는 유럽에 거주하는 700만 재외동포 자산을 모국 발전에 활용하기 위한 국가적 전략의 일환이다. 이에 따라 튀르키예의 재외국민 보호는 직접적으로 지원하는 외교부와 간접적으로 지원하는 해외튀르크공동체청 등 두 채널로 상호보완적으로 수행되고 있다. 이 두 기관은 재외국민 보호에서 핵심 임무는 다르지만, 해외위난 상황시에는 공조 체제를 가동한다.

튀르키예 정부의 재외동포 보호정책이 2000년대 이전까지는 적응, 동화, 정체성에 초점이 맞춰졌다면 2000년대 이래로 재외국민 보호정책은 주로 거주국에서의 위상강화, 모국과의 연계에 초점이 맞추어지고 있다. 그렇다고 해서 사건·사고 발생 시 긴급한 재외국민 보호를 위한 영사조력이 경시되는 것은 아니다. 튀르키예 정부의 재외국민 보호정책은 체계적이고 종합적인 정책으로 1980년대 이래 시행되어 온 것으로 자국민보호 의무, 영사서비스 제공, 긴급상황지원, 재외공관의 역할 강화, 국제협력, 시대적 변화에 따른 정책 개발 등 재외국민 보호를 위한 정부의 당연한 활동 범주 모두를 담고 있다고 할 수 있다.

### 2) 이주정책·비자국(GVGM)의 임무

(1) 비자발급 절차 수행, 관련 기관 및 단체와 협력 및 필요시 조정 활동

---

22 해외튀르크공동체청의 현지어와 영어명은 다음과 같다; Yurtdışı Türkler ve Akraba Topluluklar Başkanlığı, Presidency for Turks Abroad and Related Communities.

수행

(2) 비자정책 결정을 위한 연구 수행

(3) 이민 및 망명 활동을 추적하여 국가의 이민 정책 수립에 기여

(4) 공공질서 및 치안을 이유로 일부 외국인의 입국을 제한하는 요청을 관련 기관과 단체에 전달

(5) 외교부 직무 범위 한도 내에서 해양 및 항공 문제에 관한 양자간 상업 협정, 국경 문제에 관한 계약 규정 및 관련 기관 및 조직과 협력하여 다자간 규정 준수와 이행, 국경 관문에 관한 업무 및 국적 항공기의 항행 허가 업무의 조정 역할

(6) 장관이 부여한 기타 임무 수행

### 나. 외교부 본부 영사콜센터

튀르키예 외교부는 2010년부터 영사콜센터를 운영하고 있다. 튀르키예 외교부의 영사콜센터 운영은 2005년 미국 시카고 주재 총영사관이 운영한 영사콜센터가 시초였다. 주시카고 총영사관의 영사콜센터가 성공적으로 운영되자 2007년에 앙카라에 있는 외교부 내에 영사콜센터를 시험 운영했고, 2010년에 외교부는 '7일 24시간' 근무하는 정부 차원의 통합 영사콜센터 운영을 개시했다. 튀르키예 외교부는 2013년에 1월 28일 영사콜센터가 개설되었음을 홍보하는 2분 14초 분량의 유튜브 영상[23]과 6월 26일 1분 16초 분량의 '외교부 영사콜센터 유튜브 채널'로 영사콜센터 임무와 활동 내용을 홍보했다. 새롭게 조직된 영사콜센터의 이용을 활성화하고 영사콜센

---

23 튀르키예 외교부 영사콜센터 유튜브 채널명은 〈T.C. Dışişleri Bakanlığı Konsolosluk Çağrı Merkezi〉이고, 우리말로는 〈튀르키예공화국 외교부 영사콜센터〉이다.

터에 대한 국민의 인지도를 높이기 위한 것이었다. 이 홍보 영상에는 해외에서 도움이 필요한 튀르키예 국민에게 상담과 통역 서비스로 언제 어디서나 편리하게 필요한 지원을 아끼지 않겠다고 강조했다.

아나돌루통신사(AA)의 2022년 2월 보도에 따르면, 영사콜센터가 처음 개설된 2005년부터 2016년까지 6백만 건, 2021년까지 7백만 건,24 2022년 2월까지 750만 건의 영사업무를 처리했다.25 외교부가 매년 발간하는 「외교부 연간 활동보고서」의 최근 자료에 따르면, 외교부 영사콜센터는 2021년부터 2024년까지 총 3,081,488건의 민원을 접수하였는데,26 이는 4년간 연평균 77만 건의 영사 민원 업무를 처리한 셈이다. 연중무휴 하루 24시간 운영되는 외교부 영사콜센터 근무자 수는 2013년 24명, 2016년 40명, 2021년 45명, 2022년 60명으로 증가했다.

튀르키예 외교부는 홈페이지의 공지사항을 통해,27 영사콜센터의 연락처와 업무내용을 안내하고 있다. 이에 따르면, 영사콜센터는 연중무휴로 운영되고 있으며, 미국·캐나다와 독일·오스트리아·영국·네덜란드·프랑스 등 유럽 각국에서 영사콜센터로 거는 전화번호를 공지하고 튀르키예 국민은 병역, 여권, 주민등록, 결혼, 국적, 공증과 같은 제반 영사업무와 비자나 여행 경보 등에 관해 질문을 할 수 있고 이에 대한 답변을 받을 수 있다고 안내하고 있다. 영사콜센터에서는 튀르키예어 외에 7개 외국어(영어, 독

---

24 Türkiye Cumhuriyeti Dışişleri Bakanlığı 2021 Yılı İdare Faaliyet Raporu(튀르키예 외교부 2021년 활동보고서), p.70.
25 Konsolosluk Çağrı Merkezi 2005'ten bu yana 7,5 milyon çağrıya yanıt verdi, 아나돌루 통신사(AA), 2022년 2월 11일 자 기사.
26 이를 연도별로 보면 2021년 574,073건, 2022년 757,125건, 2023년 947,450건, 2024년 802,840건이다.
27 튀르키예 외교부의 홈페이지는 다음 URL을 참고 바람. https://www.mfa.gov.tr/disisleri-bakanligi-konsolosluk-cagri-merkezi-hakkinda-duyuru.tr.mfa(2025.2.20. 검색)

일어, 프랑스어, 이탈리아어, 플라망어, 러시아어, 아랍어)로 소통되어 정보가 제공되는데, 2024년부터는 소통 언어에 국제수어(International Sign Language)가 추가되었다.[28]

### 다. 재외공관의 전자민원 서비스

튀르키예는 해외 재외공관에서도 영사콜센터를 운영하고 있다. 해외에 있는 국민은 자신이 위치한 국가에서 가장 가까운 공관에서 영사 민원 업무를 처리할 수 있다. 재외공관의 영사콜센터에서는 출생, 인구(주민등록), 국내금융계좌, 결혼, 여권, 병역, 공증, 국적, 사망, 법률, 토지대장, 전자정부, 운전면허증, 노동 등 14개 분야에 대한 영사업무를 서비스하고 있으며 각 항목에 대한 정보를 제공하고 있다. 재외공관에서 영사 민원을 해결하고자 하는 사람은 영사 업무 웹페이지(www.konsolosluk.gov.tr)에 접속해야 한다.

여기서 먼저 튀르키예 외교부 재외공관은 연간 얼마나 많은 민원을 접수하고 처리하는지 알아보자. 외교부의 연간 활동보고서 내용에 따르면, 2021년 재외공관의 민원 접수 건은 2,912,988건, 2022년 3,414,590건, 2023년 3,298,087건, 2024년 290만 건을 기록했다.[29] 전체 재외공관이 연평균 천만 건의 민원을 처리한 셈이다. 튀르키예는 2024년 말 현재 261개의 재외공관을 운영하여 최대 재외공관을 개설한 세계국가 중 3위에 있는

---

28 Türkiye Cumhuriyeti Dışişleri Bakanlığı 2024 Yılı İdare Faaliyet Raporu(튀르키예 외교부 2024년 활동보고서), p.88. chrome-extension://efaidnbmnnnibpcajpcglclefindmkaj/https://www.mfa.gov.tr/data/BAKANLIK/2024-yili-idare-faaliyet-raporu.pdf(2025.2.21. 검색)
29 튀르키예 외교부 2021, 2022, 2023, 2024년도 연간 활동보고서의 내용을 참고함.

데,³⁰ 1개 재외공관당 연평균 38,300건의 민원을 처리했다. 피단 외교장관은 재외공관의 영사 서비스 업무 종류는 무려 70여 개에 달한다고 하면서, 튀르키예는 최대 영사 서비스를 제공하는 나라 중 선두에 있다고 평가했다.³¹

그렇다면 튀르키예 국민과 외국인은 튀르키예 재외공관의 영사 민원 서비스에 어떻게 접근하게 될까? 앞서 언급된 튀르키예공화국 영사업무 웹페이지에 접속하면 접촉을 희망하는 해외공관을 선택하라는 알림창이 뜬다. 한국에 있는 튀르키예인이 영사업무 웹페이지를 접속했다고 가정할 경우, 민원인은 알림창에 뜬 거주 국가명(대한민국)과 해외 공관명(서울 주재 대사관)을 선택해야 한다. "네, 이 공관에서 처리하기를 원합니다"라는 문자가 보이면 클릭하여 민원 신청을 공식적으로 하게 된다. 다음 절차는 방문신청(Randevu Al) 절차이다. 방문신청 바를 클릭하면 내국인과 외국인의 민원, 두 가지로 구별하여 진행된다. 내국인이 민원 업무를 신청하려면 신분증 번호를 기록하고 방문 희망 일자를 선택해야 한다. 외국인의 경우에는 추천 번호와 여권번호를 기록하고 여권 종류를 선택해야 한다. 이 절차를 마치면 민원인에게 방문 일자가 통보된다.

영사업무 웹페이지에서는 출생, 인구, 결혼, 여권, 병역, 공증, 국적, 사망, 법률, 전자정부, 운전면허증 등 11개 항목이 있고, 각 항목에 관하여서는 주요 민원에 대한 정보, 필요한 서류, 수수료, 자주 하는 질문 등 4개 소항목으

---

30 2024년 12월 10일 예산안 심의를 위한 국회 본회의에서 하칸 피단 외교장관이 언급한 내용이다. 각국이 전 세계에 보유하고 있는 외교 공관 수(글로벌 외교지수)를 발표하는 호주 로위연구소도 참고. Lowy Institute Global Diplomacy, https://globaldiplomacyindex.lowyinstitute.org/(2025.3.9. 검색).

31 2024년 12월 10일 하칸 피단 외교장관이 국회에서 행한 연설문에 언급된 내용이다. https://www.mfa.gov.tr/sayin-bakanimizin-tbmm-genel-kurulu-hitabi-10-aralik-2024.tr.mfa(2025.3.18. 검색)

> 튀르키예 외교부 영사업무 안내사항
> - 출생: 출생증명서(혼인에 의한 출생, 혼외자 출생), 국제결혼 출생신고서
> - 주민등록: 튀르키예 신분증(ID) 신청(출생 시, 기재사항변경 시, 분실 시)
> - 국내 YUVAM계좌: 재외동포의 국내 금융계좌 이용
> - 결혼: 결혼신청서, 결혼증명서, 가족증명서, 국제결혼증명서
> - 여권: 일반여권, 특별여권, 관용여권, 여권발급접수, 임시여권
> - 병역: 국외체재자 입영연기, 기여병역면제, 병역면제(이중국적자, 장애자)
> - 공증: 공증 필요 서류, 외국법원 발행 서류 공증, 공인 번역가의 번역문 공증
> - 국적: 국적취득 신청, 이중국적증명서, 국적포기, 블루카드
> - 사망: 시신운구신청서, 사망증명서, 외국국적자 사망증명서, 유산처리신청서
> - 법률: 범죄경력증명서, 공시송달, 법률자문가 면담신청
> - 전자정부: 전자정부(e-Devlet) 접속 인증
> - 운전면허증: 신규면허증 발급
> - 노동: 서비스업근로자, 가사근로자, 사회보장

로 다시 나누어 상세히 설명해 주고 있다. 주제별 안내 내용은 다음과 같다.

또한 ① 메신저앱 whatsapp, ② 장애인용, ③ 해외공관의 영사콜센터와 소통할 수 있는 3개의 아이콘이 별도로 기능을 하고 있다. 논지 전개에 비약일 수 있지만, 외교 네트워크의 크기, 외교 비중, 메시지의 효율성, 국제사회에서의 가시성 등을 측정하는 디지털 외교지수(Digital Diplomacy Index)[32]에서 2024년 현재 튀르키예는 G20국가 중 8위를 기록하고 있다. 이러한 맥락에서 영사행정 디지털화의 선구적 기관이 된 튀르키예 외교부는 본부와 해외 주재 공관 간 의사소통 시스템, 국민에게 제공되는 서비스 품질을 높이기 위한 영사 네트워크 구축, 전자 비자신청, 영사콜센터, 세계 대중을 위한 공공외교 등에 디지털 기술을 집중적으로 활용하고 있다.

---

32 김태환(2023), 한국 디지털 공공외교 현황과 활성화, 주요국제문제분석 2023-31, 국립외교원 외교안보연구소, p.18

### 라. 외교부의 영사조력의 대상

영사조력법은 해외에 있는 자국민이 위기에 처했을 때 국가가 제공하는 보호 및 지원을 규정한 법률이다. 튀르키예는 우리나라와 같은 영사조력법을 제정하지는 않았다. 그러나 『해외 영사관의 지원』(Yurt dışında Konsolosluk Desteği)이라는 제목의 안내책자와 외교부의 「해외여행을 하려는 사람들을 위한 영사 안내」 제목33의 홈페이지에는 해외여행 및/또는 거주 국가 이외의 국가로 여행할 때 주의해야 할 사항, 해외에서 안전을 위해 대비해야 할 일, 어려움에 직면하였을 때 영사관이 제공할 수 있는 지원의 범위가 상세하게 요약되어 있다.

튀르키예 외교부는 해외에 거주하는 국민을 지원하고 영사보호를 제공하는 것은 해외에 주재하는 대사관과 총영사관의 주요 임무 중 하나라고 밝히고 있다. 그렇다면, 튀르키예 외교부의 영사조력 대상은 어느 범위까지일까? 상기 안내문에 따르면, 튀르키예 영사조력의 대상은 첫째, 튀르키예공화국 국민, 둘째, 현지 법률이 허용되고 민원인의 신청이 있는 경우 튀르키예 국민 외에 다른 국가의 국민도 지원할 수 있다고 명시하고 있다. 튀르키예 국적법34은 혈통주의(jus sanguinis)를 기반으로 부모 중 한쪽이 튀르

---

33 튀르키예어로는 「Yurt Dışına Seyahat Edeceklere Konsolosluk Rehberi」이며, 웹페이지 URL은 https://www.mfa.gov.tr/yurt-disina-seyahat-edeceklere-konsolosluk-rehberi.tr.mfa (2025.3.8. 검색)

34 튀르키예 국적법 법령 제5901호는 2009년 5월 29일 튀르키예 국회에서 승인되었으며 2009년 6월 12일 관보 제27256호에 게재되어 발효되었다. 새로 개정된 국적법은 튀르키예를 포함하여 세계 각국의 사회, 경제 분야의 급속한 발전과 변화에 발맞추어 튀르키예 시민권 취득 및 상실 과정을 단순화하고, 불필요한 형식을 제거하여 서비스의 속도와 효율성을 보장한다는 취지로 개정되었다. 이러한 맥락에서 국적법에 새로운 체계가 만들어졌고 정의나 개념이 더 이해하기 쉽게 서술되었다. 특기할 만한 혁신 중의 하나는 튀르키예 국민이 외국 시민권 취득을 위한 사전 허가 취득 의무를 폐지함에 따라 튀르키예 국민은 이중국적 취득이 가능하게 되었다.

키예 국적자이면 자녀는 출생과 동시에 튀르키예의 국적을 취득한다. 국적 취득 방법은 출생 외에도 귀화의 방법과 일정 금액 이상의 부동산을 구매하거나 투자하는 경우에도 국적을 취득할 수 있다.

긴급한 상황이 발생하여 영사조력을 요청하려면, 연중무휴 24시간 운영되는 영사콜센터(+90 312 292 29 29)에 연락하여 사건·사고를 접수하게 해야 한다. 미국, 캐나다, 독일, 오스트리아, 영국 등 동포가 많이 거주하는 7개 국가에서 영사콜센터 전화번호는 외교부 홈페이지에 별도 공지되어 있고, WhatsApp(+90 312 292 29 29)을 통해서도 외교부 영사콜센터에 연락할 수 있다. 민원을 접수한 영사콜센터는 민원인에게 필요한 정보와 안내를 즉각 제공해야 한다. 민원인의 문제 해결에 후속 조치가 필요한 경우, 외교부 본부의 영사콜센터는 즉시 가장 가까운 해외공관이나 부처 관련 기관에 전달한다. 해당 정보를 접수한 담당자/부서는 즉시 조처하고 민원인에게 해결 상황을 직접 연락하는 방식이다. 긴급상황 발생 시, 해외공관 홈페이지에 게시된 전화번호를 통해 해외공관으로 직접 전화할 수도 있다.

### 마. 영사조력의 구체적 내용

튀르키예 외교부는 영사조력과 관련, 지원할 수 있는 사항과 지원할 수 없는 사항을 명확하게 구분하고 있다. 해외공관에서 통상적으로 제공하는 일반 영사업무(여권, 시민 등록, 공증, 시민권, 병역, 결혼 등록 등)는 영사조력의 범위에서 제외된다. 외교부가 영사조력을 제공할 수 있는 경우는 아래 8가지 상황으로 구체적 내용은 다음과 같다.

반면, 튀르키예 외교부는 영사조력을 할 수 없는 상황을 18가지 사례로 구분하여 상세하게 설명하고 있다. 영사조력이 안 되는 상황을 큰 카테고

> **튀르키예 외교부의 영사조력 가능 상황**
>
> 1. 여권분실·도난: 해외에서 여권 분실과 도난 시 튀르키예로 귀국을 위해 유효한 임시여권을 발급받을 수 있다.
> 2. 당국과의 의사소통: 민원인이 직면한 비정상적인 상황에 대해 도움이나 지원을 요청하는 경우, 현지 당국 또는 튀르키예의 관련 기관이나 단체 등과 의사소통하는 데 도움을 제공한다.
> 3. 구금·체포·수감 시: 해외 당국에 의해 구금·체포·수감 등으로 자유가 제한되었을 때 해외공관의 영사는 민원인의 요청에 따라 가능한 한 빨리 민원인을 만나고 연락하는 데 필요한 조처를 한다.
> 4. 긴급한 상황을 연고자에게 통지: 민원인이 요청하면 해외에서 겪는 특이한 상황 또는 지역 당국에 의한 자유 제한(구금, 체포, 유죄 판결)에 관해 친척이나 친구 등 지인에게 연락한다.
> 5. 아동 유괴·친척 사망·실종자 수색: 해외공관은 아동 유괴, 해외 친척 사망, 실종자 수색 등의 경우 현지 당국에 접촉하고 조처하며, 국내 관련 기관 및 단체와 협력하여 필요한 후속 조치를 수행한다.
> 6. 인적 및 자연 재난: 체재하는 국가에서 전쟁, 내전, 봉기, 자연재해 등의 상황 발생으로 신변안전 차원에서 지원이 필요할 경우, 해외공관은 튀르키예 국민을 해당 국가에서 격리(출국)하는 데 필요한 조처를 한다.
> 7. 신속 해외송금: 여행하는 국가에서 재정적으로 어려움을 겪게 된 경우, 친인척들이 민원인에게 긴급 경비를 송금할 수 있도록 지원할 수 있다.
> 8. 현지 전문가 정보 제공: 여행하는 국가의 현지 변호사, 병원, 의사, 공인 번역가 등 필요할 수 있는 사람과 기관의 연락처 정보를 제공할 수 있다.

리로 보면, 개인 간의 민사 분쟁, 주재국의 법률 위반, 주재국의 사법 주권 침해, 개인적인 책임 및 의무 소홀 등 재외공관의 능력이나 권한을 초과하는 사항들이다. 튀르키예 외교부가 영사조력이 어렵다고 적시한 상황을 제목만 열거하면 아래와 같다.

△유효한 여권, 비자 미소지자, △주재국의 이민법 간섭 불가, △규정

된 일반 영사업무 이외의 업무, △개인 간의 분쟁, △변호사 선임, △범죄 사건 개입, △실종자 수색, △범죄 재소자의 석방, △주재국의 사법 절차 간섭, △주재국 교정 환경 이상의 수준 요구, △주재국 형법 절차 간섭, △개인적인 금전 채무, △여행 예약 대행, △사적 업무에 공관 직원 동행, △주재국 의료 수준 이상의 요구, △동의 없는 개인 정보 공유, △기숙사·주택 임대 계약

튀르키예 외교부는 철저한 봉사 정신으로 민원인을 항상 존중하며, 민원인에게 전문적인 조력을 위한 「영사조력에 관한 원칙」을 행동강령으로 정리하고 있다. 「영사조력에 관한 원칙」은 민원인에게 영사조력을 제공하는 동안 외교부와 해외공관은 국내의 규정, 현지 규정 및 국제 협약의 틀 내에서 민원인에게 어떻게 도움을 줄 수 있는지 명확하고 간결하게 설명하며, 모든 튀르키예 국민이 예외 없이 영사 서비스의 혜택을 받을 수 있도록, 편견 없는 영사 서비스와 지원이 제공하도록 최선의 노력을 기울인다는 내용이 담겨 있다. 이와 함께 다양한 채널을 통해 접수된 건설적인 비판과 민원인의 불만 사항에 대해서도 전문적이고 공정하게 접근하기 위해 최선의 노력을 기울인다고 약속하고 있다.

## 3. 여행경보 제도

튀르키예는 우리나라와 같은 단계별(여행유의, 여행자제, 출국권고, 여행 금지) 여행경보 제도를 갖고 있지는 않다. 튀르키예 외교부는 우리나라보다 2년 늦은 2006년부터 여행경보를 하기 시작했다. 시행 초기 1~2년은 여행

국가의 위험 수준을 알리는 것보다는 양자 협정에 따라 입국 비자가 면제된 국가를 알리는 것이었다. 단계별 여행경보 제도는 없지만, 경보 내용을 살펴보면 우리나라의 경보단계에 있는 여행유의, 여행자제, 출국권고 등의 내용을 담고 있고, 그 외에도 여행 연기, 여행 재검토 등의 어휘도 사용하고 있다.

예를 들어보면, 2020년 2월 10일자 몽골에 대한 여행경보에서는 "몽골 여행을 계획하는 국민은 위에 언급한 상황에 유의해 줄 것을 바란다"(⋯ yukarıda kayıtlı hususları dikkate almalarında yarar bulunmaktadır)라며 여행유의 수준의 경보를 했다. 2024년 8월 4일 레바논에 대한 여행경보에서는 레바논에 여행하는 것을 자제하여 줄 것(Lübnan'a seyahat etmekten kaçınmaları)이라며 여행자제를, 그리고 동시에 다른 사항에서는 레바논에서 출국할 것을 권고한다(Lübnan'dan ayrılmaları tavsiye olunmaktadır)라며 출국권고의 여행경보를 공지했다.

튀르키예 외교부의 여행경보는 재외공관의 건의를 받아 외교부 본부에서 검토한 후 발령한다. 여행경보 공지는 일회성이며, 공지 이후 연장이나 해제 등의 조치는 별도로 하지 않는다. 여행경보 공지를 2011년부터 살펴보면 2011~2015년은 매년 두 자릿수 공지 건수를 기록했으나, 2016~2024년은 매년 한 자릿수 공지를 기록하고 있다. 연도별 여행경보 공지 건수를 보면, 2010~2015년은 총 168건, 2016~2020년은 39건, 2021~2024년은 15건으로 여행경보 공지 건수는 15년 사이 대폭 줄었음을 알 수 있다. 튀르키예 외교부는 여행 경보 공지를 사회관계망서비스(SNS)를 통해 하는 경우가 있는데, 이 경우 외교부 홈페이지의 여행경보 공지에는 반영되지 않는 사례도 있다.

튀르키예 외교부는 지역정세 불안정, 정정불안, 보건, 테러, 재난 등으로

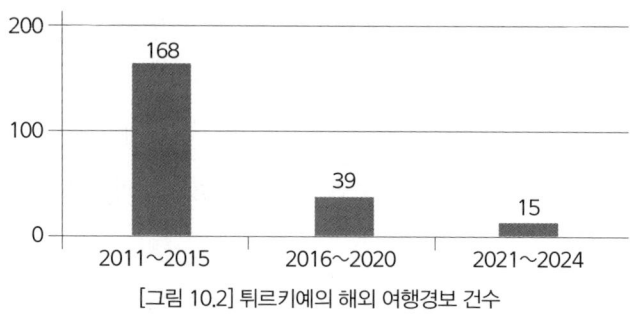

[그림 10.2] 튀르키예의 해외 여행경보 건수

여행·체류 시 단기적인 긴급한 위험이 있어 특별한 주의가 필요한 경우에 한 해 여행 경보를 고시한다. 튀르키예는 연간 5000만 명 이상이 방문하는 세계 6대 관광 대국으로 튀르키예 외교부는 다른 나라에 대한 여행경보 발령을 신중히 하는 것으로 보인다. 기록을 확인해 보면, 튀르키예는 그간 우리나라에 대해 단 한 번도 여행경보를 발령하지 않았고, 2024년 12월 3일 23시부터 다음 날 04시 30분까지 계속된 비상계엄 상황에도 여행경보 발령이 없었다.

## 4. 해외위난 영사조력 사례

### 가. 코로나19 팬데믹 시기 해외 체류 자국민 수송 작전

2019년 12월 중국 우한에서 처음 발생한 신형 코로나바이러스(COVID-19)로 인해 세계는 지금까지 알려지지 않고, 방어 메커니즘도 알려지지 않은 전염병에 직면하게 되었다. 2020년 1월 20일에 발표된 코로나바이러스 보고서를 통해 세계보건기구(WHO)는 바이러스가 인간에서 인간으로 전염된다는 성명을 발표했다. 2020년 1월 30일 글로벌 비상사태가 선포되었고, 2020년 2월 11일 새로운 의료 코로나바이러스의 명칭이 COVID-19로 발표되었다. 이어 3월 11일에는 세계보건기구(WHO)가 코로나19 팬데믹을 선언했고, 코로나19는 2020년 세계적으로 가장 중요한 의제가 됐다.[35] 2020년 뉴욕과 마드리드, 그리고 세계의 수많은 대도시에서는 코로나19로 인한 사망자들이 빙상경기장과 거리 곳곳에 방치되었다.[36] 전 세계에 전례 없는 규모의 충격과 피해를 주며 무섭게 번져가는 코로나에 대응하여, 세계 각국은 감염 확산 방지와 국가적 위기를 극복하고 자국민의 건강과 안전을 위해 저마다의 상황에 맞는 방역 정책 틀을 수립하는 데 고심해야 했다. 튀르키예는 국가적 차원에서 에르도안 대통령의 지휘 아래 다양한 팬데믹 대책이 시행되었다. 코로나19가 급속히 확산하는 상황에서 외교부의 최우선 과제는 국외에 거주하고 체류하는 자국민의 복지와 안전, 그리고 그 최종적으로는 모국으로 철수시키는 것이었다.

대통령의 지시에 따라 외교부의 임무는 각국의 국경 폐쇄로 해외에서 발이 묶인 국민을 튀르키예로 신속하고 안전하게 데려오는 것이었다. 이를 위해 튀르키예 외교부는 2020년 3월 25일 야부즈 셀림 크란(Yavuz Selim Kıran) 차관을 위원장으로 한 '조정지원센터(DKDM, The Coordination and Support Centre)'를 조직했다.[37] 조정지원센터는 코로나19 전염병과 관련된 모든 상황을 모니터링하고 평가하지만, 주로 관광객, 근로자, 방문객으로

---

35 Türkiye'nin Koronavirüsle Başarılı Mücadelesi-Asrın Küresel Salgını(2021), Cumhurbaşkanlığı İletişim Başkanlığı Yayınları, p.23.
36 최명호(2023), COVID-19 팬데믹의 사회 경제적 영향: 2021년 말부터 2022년 중반까지 중남미 4개 주요 국가 사례 연구. p.56.
37 https://www.mfa.gov.tr/koronavirus-salginindaki-rol-ve-vizyonumuz-20-04-2022.tr.mfa(2025.3.9. 검색)

서 일시적으로 외국에 체류하다가 국경 폐쇄로 인해 그곳에 갇힌 사람들을 본국으로 송환하기 위해 국내외 관련 부처·기관과 공조 체제를 구축했다. 무엇보다도 조정지원센터는 국경 폐쇄로 인해 발이 묶인 국민의 대피 및 송환 과정에서 튀르키예 전역의 부처·기관들과 협력과 조정을 보장하는 구심점 역할을 했다.

조정지원센터의 관리 아래 해외 대사관과 영사관은 해외에서 좌초되어 어려움을 겪고 있는 국민을 파악하고 돕기 위해 하루 24시간 개방되었다. 외교부는 3월 14일 코로나19 상황에 대한 여행 경보를 발령하고, 첫째, 외교부는 어떤 상황에서도 전화 및 기타 의사소통 수단을 통해 24시간 연중무휴로 국민이 계속 접근할 수 있도록 하는 것을 원칙으로 삼고, 외교부의 '영사콜센터'(+90 312 292 2929)는 전 세계에서 걸려 오는 전화에 연중무휴 24시간 응답하고 있으며, 둘째, 외교부는 재외공관, 해외 거주 국민, 비정부기구 등과 연대하여 항공편 중단으로 인해 일시적으로 해외에 머무는 국민이 직면한 문제에 대한 해결책을 찾을 것이라고 밝혔다.[38]

코로나19 팬데믹 시기 건강 문제, 장례, 경제적 어려움 등 해외 체류 국민의 모든 생활문제는 DKDM의 조정하에 튀르키예 해외공관에서 개별적으로 처리되었다. 재외공관은 비정부기구와 협력하여 도움이 필요한 시민들에게 식량과 현금 지원도 제공했다. 해외공관장이나 직원은 튀르키예인들이 집이나 호텔에서 튀르키예행 항공편까지 이동하도록 교통 편의를 적극 도왔다. 다른 나라에서 비행기를 타야 하는 일부 튀르키예인들의 경우, 외교차량 번호판이 달린 외교관 차량으로 폐쇄된 국경을 통과하여 공항으로

---

[38] 2020년 3월 14일자 코로나바이러스전염병 대책과 관련한 해외 체류 국민에 대한 여행경보, https://www.mfa.gov.tr/koronavirus-salgini-ile-mucadele-14-3-2020.tr.mfa(2025.3.10. 검색).

이동했다. 필요한 사람들에게는 필수 의약품도 지원했다. 코로나19로 인해 해외에서 사망한 사람들의 시신을 국내로 운구하고 장례 과정에 이르기까지 유족들의 염원과 필요를 파악하고 이를 충족시키기 위해 노력했다. 외교부의 DKDM은 교통·인프라부, 내무부, 청소년·스포츠부, 보건부, 재난위기관리청(AFAD), 적신월사(Türk Kızılay, Red Crescent) 및 튀르키예항공사(THY) 등과 협력하여 전 세계적으로 복잡하게 체류하고 있는 국민을 대피시키는 작업을 몇 달에 걸쳐 성공적으로 수행했다. 위기 발생 이후 142개국에서 10만 명 이상의 국민이 본국으로 귀환했다. 구체적으로는 659회의 항공편 수송, 89회의 육로수송, 23회의 해상수송을 지원했다.[39] 이는 튀르키예공화국 역사상 최대 규모의 이송작전으로 기록되었다.

### 나. 이스라엘-하마스 전쟁 관련 자국민 수송 작전

2023년 10월 7일 하마스 팔레스타인 무장단체가 이스라엘에 대한 무력 공격을 가하자, 다음 날 10월 8일 이스라엘은 하마스에 대한 공식적인 전쟁을 선포함으로써 가자 지구(Gaza Strip)에 대한 무력 침공이 시작되었다. 가자 지구 하마스의 공격으로 이스라엘 국민 1,143명이 사망하고 3,400명이 부상했으며 252명이 인질로 피랍되었다. 유엔 인도주의지원조정국(OCHA)에 따르면 약 팔레스타인인 35,000명이 사살되었고 8만여 명이 부상을 입었으며, 1,200명의 이스라엘인이 사살되고 5,432명이 부상했다. 하마스-이스라엘 전쟁이 시작된 직후 브라질과 그리스를 시작으로 많은 국가가 이

---

[39] 2022년 5월 18일자 튀르키예 국회 외교위 해외튀르크공동체청 하부위원회 회의록, p.6. https://www5.tbmm.gov.tr/develop/owa/komisyon_tutanaklari.goruntule?pTutanakId=2958 (2025.3.19. 검색)

스라엘과 가자지구는 물론 팔레스타인 자치정부가 통제하는 지역에서 자국민을 대피시켰다.

튀르키예 외교부는 10월 7일 이스라엘과 팔레스타인에 거주하는 자국민들에게 안전하고 폐쇄된 구역에 계속 머물러 줄 것과 텔아비브 주재 대사관, 예루살렘 총영사관 및 공관의 공식 웹사이트와 소셜 미디어 계정을 확인하여 향후의 진전 사항을 파악해 줄 것을 권고하는 여행 경보를 발령했다. 이어 이스라엘과 팔레스타인에서 일어나고 있는 폭력과 긴장에 대해 깊은 우려를 표하고 하루빨리 지역의 안정을 회복하는 것을 매우 중요하게 생각하며, 민간인의 희생을 강력히 규탄한다는 성명을 발표했다.40 이스라엘과 하마스 간의 전면적 위기가 고조되는 가운데, 외교부는 공항이 폐쇄되기 전에 가능한 한 신속하게 자국민을 철수시키기 위해 교통인프라부, 내무부 산하 재난위기관리청(AFAD) 등과 공조 체제를 구축했다.

피단 외교장관은 10월 14일 이집트 외교장관과의 회담 후 가진 공동기자회견에서 튀르키예 국민의 철수를 위해 이집트 및 이스라엘 당국과 긴밀히 협력하고 있다고 하면서 가자 지구에는 약 300명의 튀르키예 이중국적자가 있으며 그들 중 30명을 대피시키는 데 성공했지만, 국경 관문이 폐쇄돼 현재 철수작전은 계속되고 있다고 말했다.41 외교부는 육로로 자국민을 카이로로 이동시킨 후 카이로에서 튀르키예 국적 항공편으로 이스탄불로 귀환시키는 이송계획을 수립했다. 2023년 11월 26일 휘리예트(Hürriyet) 언론 보도에 따르면, 전쟁이 계속된 50여 일 동안 외교부의 이송작전으로 318명

---

40 2023년 10월 7일 제247호 튀르키예 외교부 발표문. https://www.mfa.gov.tr/no_-247_-_israil-filistin-baglaminda-yasanan-son-gelismeler-hk.tr.mfa(2025.3.19. 검색)

41 DW 2023년 10월 14일자 기사. https://www.dw.com/tr/bakan-fidan-i%CC%87sraili-uluslararas%C4%B1-hukuka-uymaya-davet-ediyoruz/a-67098748(2025.3.19. 검색)

이 카이로를 거쳐 모국으로 돌아왔다. 외교부의 왼쥐 케첼리(Öncü Keçeli) 대변인은 소셜미디어 X 계정을 통해 10월 8일 이후 12월 13일까지 1,047명의 자국민을 철수시켰다고 밝힌 데 이어, 2024년 2월 14일 현재 1,359명의 교민을 철수시켰다고 밝혔다. 튀르키예 외교부는 2024년 말까지 총 1,694명을 철수시켰다.[42]

한편, 이스라엘-하마스 전쟁이 발발한 지 하루 뒤인 2023년 10월 8일 레바논의 무장단체인 헤즈볼라는 가자지구에 대한 이스라엘의 강경 대응에 맞서기 위해 하마스와의 연대를 선언하며 이스라엘과 무력으로 대치하게 되었다. 이스라엘도 보복 공격으로 헤즈볼라의 거점을 공격했다. 2023년 10월 시작된 가자지구 전쟁은 레바논으로 확장되어 2024년 10월 1일 이스라엘의 레바논 침공으로 이스라엘과 헤즈볼라 양측은 서로를 공격하며 큰 전쟁의 양상을 띠자, 튀르키예 외교부는 레바논 거주 동포들도 철수시켜야만 했다. 2024년 10월 레바논 사태가 확대된 이후 시작된 자국민 철수작전에서는 영사콜센터(KÇM)를 통해 10월 10일 베이루트항을 출발하는 두 척의 선박으로 966명이 대피했으며, 10월 17일 전세기로 169명이 튀르키예로 이송되었다.[43] 튀르키예는 2006년 34일 지속된 이스라엘-레바논 전쟁 시에도 1,100여 명의 자국민을 긴급 철수시켰다.

튀르키예 외교부는 레바논에서 자국민 철수작전 계기에 자국민뿐만 아니라 21개국에서 2,120명의 외국인이 튀르키예를 거쳐 목적지 국가에 갈 수 있도록 지원했다. 이 국가들에는 캐나다, 미국, 덴마크, 호주, 뉴질랜드, 일본, 아르헨티나, 레바논, 팔레스타인, 필리핀, 영국, 한국, 인도네시아, 아일랜드, 스페인, 세르비아, 러시아, 프랑스, 핀란드, 스웨덴, 우즈베키스탄

---

42 상기 튀르키예 외교부 2024년 활동보고서, p.88.
43 상기 활동보고서, p.88.

이 포함되었다. 튀르키예는 해외에서 위난 발생 시 자국민뿐만 아니라 외국 국적 국민도 신속하게 도움을 지원하고 있다. 튀르키예 외교부의 트위터 계정에 공유된 정보를 인용하여 보도한 2023년 6월 9일 자 아나돌루 통신사의 기사에 따르면,[44] 2023년 4월 수단 내전 발생 시 자국민 긴급 대피 작전으로 튀르키예는 24개국 출신 외국인 421명을 포함해 총 2,382명을 대피시켰다.

## 5. 맺음말

이상 개괄적으로 살펴본 사실들을 토대로 튀르키예의 재외국민 보호제도와 영사조력에 대한 현황을 정리해 보면 다음과 같다. 튀르키예의 재외국민 보호정책은 1982년 헌법에 국가의 재외국민 보호 의무가 명시됨으로써 시작되었고, 재외국민을 모국과 거주국을 넘나드는 초국가적 공동체(디아스포라)로 인식하기 시작한 2000년대 들어 획기적으로 발전하였다. 2000년대 이래 튀르키예 재외국민 정책의 핵심 전략은 전 지구적 튀르크 공동체 네트워크를 형성하는 것이다. 튀르키예의 특징은 다음과 같다.

첫째, 튀르키예 재외국민 보호제도는 해외 거주, 특히 유럽에 거주하는 재외국민(영주권자, 체류자)과 장·단기 여행자 및 유학생의 안전과 권익 신장을 구현하기 위한 방향으로 설계되었다.

둘째, 튀르키예는 세계 3위의 해외공관 개설 국가이자 G20 국가 중 디지털외교지수가 8위에 있는 만큼 디지털 기술 활용도가 높은 국가로 광범위

---

[44] https://www.aa.com.tr/tr/dunya/sudandaki-catismalar-nedeniyle-toplam-1961-turk
-vatandasi-tahliye-edildi/2918721(2025.4.8. 검색)

한 영사 네트워크를 구축하고 고도화된 영사 서비스 시스템을 갖추고 있으며, 70여 종이 넘는 다양한 영사 서비스를 제공하고 있다.

셋째, 재외국민 보호의 핵심 임무를 수행하는 튀르키예 외교부는 재외국민(영주권자, 체류자, 유학생, 여행자)에 대한 영사 서비스를 위해 연중무휴의 영사콜센터를 본부와 전 재외공관에 가동하고 있다. 사건·사고, 재난 위기 등 긴급상황 발생 시 민원인과 피해자에 대한 체계적이고 전문적인 상담 서비스를 제공하는 한편, 재난 대응을 총괄 및 조정하며 필요한 조치를 지휘하는 사령탑 역할을 하고 있다.

넷째, 튀르키예는 헌법에 명시된 국가의 재외국민 보호를 구체화하고 있는 근거 법률이나 재외국민 보호를 위한 영사조력법 등을 별도로 규정하고는 있지 않다. 재외국민 보호정책의 효율적인 수행을 위해 관련 법률이나 규정을 마련하는 국제적 추세에 비추어 볼 때, 정부의 책임과 권한을 더 명확하게 하고 자국민에게 예측가능하고 체계적인 서비스를 제공하기 위해 하위법률과 규정은 보완할 여지는 남아 있다.

〈참고문헌〉

Christine Inglis(2009), Turks Abroad: Settlers, Citizens, Transnationals, International Journal on Multicultural Societies (IJMS) (Revised edition) Vol. 11, No.2.

Consular Assistance in Domestic Legal Frameworks Research Briefing(2024), London: REDRESS.

Hakan Fidan(2023), Turkish Foreign Policy at the Turn of the 'Century of Türkiye': Challenges, Vision, Objectives, and Transformation, Insight Turkey, Vol.25/No.3.

Seda Aydin & Eva Østergaard-Nielsen(2020), Diaspora Policies, Consular Services and Social Protection for Turkish Citizens Abroad, Migration and Social Protection in Europe and Beyond (Volume 3).

Türkiye Model in Humanitarian Aid(2023), Publication by Presidency's Directorate of Communications.

Günay Erol(2020), Türk Turistlerin Profili: Yurtdışını Ziyaret Eden Türk Vatandaşlara Yönelik Bir Araştırma, Türk Turizm Araştırmaları Dergisi.

Melike Boztilki(2023), "Neden Gitmek İstiyorlar? Z Kuşağı Kadınların Göç Etme İstekleri Hakkında Bir Araştırma", Pamukkale Sosyal Bilimler Enstitüsü Dergisi.

Temel İskit & Betül Yüce Dural(2018), Diplomasi Tarihi, Anadolu Üniversitesi Yayını NO: 2677.

Türkiye Cumhuriyeti Dışişleri Bakanlığı İdare Faaliyet Raporu, 2021/2022/2023/2024

Türkiye'nin Koronavirüsle Başarılı Mücadelesi-Asrın Küresel Salgını(2021), Cumhurbaşkanlığı İletişim Başkanlığı Yayınları.

김태환(2023), 한국 디지털 공공외교 현황과 활성화, 주요국제문제분석 2023-31, 국립외교원 외교안보연구소.

신기영(2016), 디아스포라론과 동아시아속의 재일코리안, 일본비평 14호.

정애령(2020), 유럽연합(EU)의 유럽인권협약 가입과정의 문제에 대한 고찰, 세계헌법연구 26권3호.

최명호(2023), COVID-19 팬데믹의 사회 경제적 영향: 2021년 말부터 2022년 중반까지 중남미 4개 주요 국가 사례 연구.

로라 고지, 알리스 데이비스(2023), BBC NEWS 코리아, 수단 내전: 한국 포함 세계 각국, 외교관 및 자국민 대피 작전 개시, 2023.4.24.

https://ytb.gov.tr/en/corporate/presidency-for-turks-abroad-and-related-communities

https://www.mevzuat.gov.tr/mevzuat?MevzuatNo=1&MevzuatTur=19&MevzuatTertip=5

https://www.mfa.gov.tr/disisleri-bakanligi-konsolosluk-cagri-merkezi-hakkinda-duyuru.tr.mfa

https://www.mfa.gov.tr/sayin-bakanimizin-tbmm-genel-kurulu-hitabi—10-aralik-2024.tr.mfa

https://www.mfa.gov.tr/yurt-disina-seyahat-edeceklere-konsolosluk-rehberi.tr.mfa

https://www.mfa.gov.tr/koronavirus-salginindaki-rol-ve-vizyonumuz-20-04-2022.tr.mfa

https://www.mfa.gov.tr/no_-247_-_israil-filistin-baglaminda-yasanan-son-gelismeler-hk.tr.mfa https://www5.tbmm.gov.tr/develop/owa/komisyon_tutanaklari.goruntule?pTutanakId =2958

https://www.aa.com.tr/tr/dunya/disisleri-bakanligindan-sudandaki-turk-vatandaslarina-cagri/2873912

https://www.aa.com.tr/tr/dunya/sudandaki-catismalar-nedeniyle-toplam-1961-turk-vatandasi-tahliye-edildi/2918721

https://www.dw.com/tr/bakan-fidan-i%CC%87sraili-uluslararas%C4%B1-hukuka-uymaya-davet-ediyoruz/a-67098748

https://www.bbc.com/turkce/articles/c164681ed10o

https://www.worldbank.org/en/country/turkey/overview

https://globaldiplomacyindex.lowyinstitute.org/

〈그림〉

[그림 10.1] 튀르키예 외교부의 영사국 개편

[그림 10.2] 튀르키예의 해외 여행경보 건수

제11장

# 결론: 재외국민 보호 강화 방안

한동만(전 외교부 재외동포영사 대사, 전 주필리핀 대사)

## 1. 재외국민 보호를 위한 그동안의 성과

### 가. 재외국민 보호 정책 추진 기반 확보

해외에서 분쟁이나 지진 등 자연재해 그리고 사건·사고가 발생할 때 정부가 재외국민을 보호하는 업무가 날로 중요해지고 있다. 해외에서 재외국민 보호는 헌법에 명시될 정도로 국가의 주요 임무 중의 하나로 설정되어 있다. 헌법 제2조 2항(국가는 법률이 정하는 바에 의하여 재외국민을 보호할 의무가 있다)에 따라 2021년 1월부터 재외국민 보호를 위한 영사조력법을 시행하고, 재외국민 보호 관련 현장 대응 역량 강화를 위한 인력·예산을 확충하는 한편, 재외국민 보호를 위한 5개년 기본계획을 수립하여 재외국민 보호를 위한 제반 노력을 기울여 왔다.

사건·사고 예방을 위해 외교부는 여행경보 단계, 안전정보 문자서비스 제공, 인터넷 등록제(동행)를 운용하고 있다. 또한, 해외에서 사건·사고가 발생하였을 때 재외국민 보호를 위해 영사콜센터와 해외안전상황실을 24시간 운영하고 위중한 사건·사고나 재난 상황이 발생하면 신속대응팀과 긴급구조대를 파견하고 있다. 또한, 대규모 해외 위난 상황이 발생하면 '민관합동 해외긴급구호 협의회'를 개최하여 피해국에서의 인명 구조와 재난 구호를 위해 '대한민국 해외긴급구호대(KDRT: Korea Disaster Relief Team)'를 파견하고 있다.

### 나. 현장 중심의 통합 대응체계 확립

해외재난 발생 시에는 「재난 및 안전관리 기본법」 제14조-17조, 「중앙재난안전대책본부(중대본) 구성 및 운영 등에 관한 규정」 등에 따라, 2019년 헝가리 유람선 침몰 사고 당시 외교부 장관이 중앙대책본부장으로 업무를 총괄한 것처럼 외교부 장관이 중앙대책본부장으로서 업무를 총괄한다. 외교부 본부의 컨트롤 타워로서 해외안전상황실을 신설(2018년 5월)하여 24시간 365일 해외 사건·사고 실시간 모니터링을 지속하고 야간·주말 등 취약 시간대 신속한 초동 대응체계를 확립했다. 그리고 초동 대응의 신속성과 전문성 강화를 위해 국방부, 해양수산부, 경찰청, 소방청, 해양경찰청 인력을 파견받아 유관 부처와 유기적인 협조체계를 구축했다.

또한, 해외 위난 상황 대응을 위한 신속대응팀(2005년 4월) 창설 후에는 총 94회 파견(2025년 7월 현재)을 통해 대형 사건·사고와 재난 현장의 최전방에서 우리 국민의 생명과 안전 도모에 만전을 기했다. 그리고 영사콜센터를 통해 △사건·사고·민원 등 24시간 접수 상담·지원, △7개 언어(영어, 프랑스어, 일본어, 중국어, 스페인어, 러시아어, 베트남어) 통역서비스 제공, △국가별 안전문자 발송, △신속 해외송금 제도, △카카오톡 상담, △맞춤형 안전

문자 발송, △무료 전화 앱 등 차세대 디지털 사업 시행을 통해 서비스의 양적·질적 수준을 높여왔다.

### 다. 해외 사건·사고 선제적 예방체계 강화

해외안전정보 적시 제공을 통한 재외국민 사건·사고 예방 활동을 위해 해외안전여행 홈페이지 등을 통해 △최신 안전 소식, △국가·지역별 정보, △여행경보 발령 현황 등 종합 해외안전정보 제공, △사건·사고 발생 시 행동 요령 및 대응 방법 홍보, △모바일 동행 서비스, △위기상황별 대처요령 등 해외 긴급상황 발생 시 필요한 정보를 손쉽게 확인할 수 있는 해외안전 여행 앱을 개발하고 운영하고 있다.

## 2. 재외국민 보호 정책의 한계

### 가. 해외 사건·사고 증가로 현장 대응 기반 강화 시급

주요국 영사 1인당 담당 국민 수를 살펴보면 호주 약 11,000명, 일본 약 35,000명, 프랑스 약 38,000명에 달하는데 우리나라는 영사 1인당 재외국민 약 125,000명을 담당하고 있다. 총 181개 재외공관 중 83개 공관에 84명의 해외안전담당 영사가 배정되어 있지만, 그 외의 공관은 영사 1명이 사건·사고 외 여타 업무도 겸임하고 있으며 예산도 턱없이 부족한 상황이다. 매년 해외출국자와 재외국민 수는 증가하고 있으나, 급증하는 영사조력 수요와 비교하면 사건·사고 전담 영사 인력은 경찰주재관을 포함해도 162명에 불과하다.

## 나. 국내외 협업 네트워크 구축 및 제도화 필요성 대두

해외 위난 발생 시 중앙부처-지자체-시민 사회가 주어진 역할과 임무를 효율적으로 수행할 수 있도록 범정부 차원의 재외국민 보호 총괄·조정 체계 보완하는 것이 필요하다. 특히, 해외 응급환자 이송이나 무자력자(無資力者) 귀국 지원의 경우, 중앙부처-지방자치단체 간 협업과 사무분담이 불명확하여 사안별로 기관의 재량에 의해 서비스의 질과 범위가 상이할 가능성이 있으므로 통합된 제도화가 필요하다.

## 다. 해외 안전여행에 대한 대국민 인식 제고 필요

그간 정부의 홍보 노력에도 불구하고 해외 안전여행에 대한 국민들의 책임과 의무에 대한 인식은 아직도 충분하지 않은 상황이다. 재외국민 보호에 대한 국가의 책임과 서비스 향상에 대한 요구가 증가하는 만큼, 우리 국민들도 해외 안전여행을 위해 본인의 책임과 의무를 충분히 이해하고 행동하도록 국민적 공감대를 확대하는 것이 필요하다. 이를 위해 기존 홍보 유형과 방식의 내실화를 기하는 한편, 연령·직업·성별 등을 고려해 국민들이 보다 쉽게 정보를 접하고 이해할 수 있는 창의적인 홍보 전략 및 대책을 수립해야 한다.

### 라. 새로운 환경 변화에 따른 비대면 업무 수요 급증

신종 감염병 출현 및 복합재난 등과 같은 재난 유형의 다양화, 정보통신 기술 발달, 온라인 소통 플랫폼 일상화 등으로 인한 비대면 업무 수요가 급증하고 있음에도 불구하고 이러한 수요에 부응할 수 있는 영사 민원 업무의 디지털 기반은 다소 미흡한 실정이다. 따라서 앞으로 디지털 영사 민원 시스템 지속 개선과 함께, 디지털 챗봇·SNS 상담을 통한 영사콜센터 기능 개선도 검토해야 한다.[1]

## 3. 재외국민 보호 강화 방안

### 가. 재외국민 보호 인프라 강화 필요

이재명 대통령은 '국민 주권', '실용 행정', '불평등 해소'를 중시하며, 해외 체류 국민도 정부가 끝까지 책임진다는 원칙을 강조하고 있다. 이를 위해서는 재외국민 보호를 위한 재외공관 역량을 강화하고 영사인력 충원을 획기적으로 확대해야 하며 위기 상황 시 신속한 대응체계를 마련할 필요가 있다. 아울러 디지털 영사 민원 시스템을 구축하고 모바일 민원 서비스도 확대해 나가야 한다.

외교부는 기존 영사 외에 사건·사고를 전담하는 '해외안전담당 영사'를 주요 공관에서만 운영하고 있지만, 이들의 임기는 최대 10년에 불과하므로

---

1 외교부 제1차 재외국민 보호 기본계획(2021-2025), pp.10-32.

업무의 전문성과 연속성을 유지하기 어렵다. 재외국민 보호를 위한 영사조력법의 원활한 이행과 해외에서 사건사고나 자연재해를 당한 우리 국민에 대한 신속한 현장 서비스 강화를 위해 위한 필수 영사인력 확보가 절실하므로 해외안전 담당 영사 인력과 경찰 영사 증원을 통해 사건·사고 예방 및 대응능력을 높이고, 우리 국민의 안전한 해외 방문 및 체류에 이바지하도록 해야 한다.

아울러 공관 비상주 국가 또는 대사관이나 총영사관으로부터 원격지, 도서 지역 등 영사의 신속한 대응이 어려운 지역에서는 사건·사고 처리 등 재외국민 보호를 위해 현지 실정에 밝은 교민을 영사협력원으로 위촉하여 사건·사고의 초동 조치를 하고 있는데 이러한 영사협력원도 확대해야 한다. 중장기적으로 영사 전문 인력 양성을 위해 영사외교 과목을 가르치는 대학과 연계한 협력을 더욱더 확대하는 것이 필요하다. 또한, 사건·사고 데이터베이스 구축 및 디지털 영사 민원 서비스 고도화 예산을 중점 확보하고 지속적인 환율 상승으로 공관 지원 규모가 축소될 우려가 있으므로 재외국민 보호 예산을 더욱 확충할 필요가 있다.

### 나. 영사조력 범위의 명확화와 자력구제의 원칙

영사조력의 범위를 구체화, 세분화하는 과정에서 국민적 공감대를 형성해야 한다. 국내 유사 사례에서 정부가 제공하는 보호 수준과 형평성을 고려하여 영사조력을 제공해야 한다. 이런 차원에서 재외국민 보호를 위한 영사조력법은 재외국민이 폭행, 협박 등의 행위를 하여 영사조력의 제공에 현저한 지장을 초래할 때는 영사조력 제공을 거부하거나 중단할 수 있도록 규정하고 있다.

그리고 자력구제의 원칙에 따라 재외국민은 영사조력 과정에서 자신의 생명, 신체 및 재산의 보호에 드는 비용을 부담하고 예외적으로 재외국민을 긴급히 보호할 필요가 있는 경우 또는 비용을 부담하기 어려운 사정에 있다고 판단되는 경우 국가가 부담하도록 하고 있다. 해외 위난 상황에 부닥친 재외국민이 안전한 지역으로 대피할 수 있는 이동수단이 없어 국가가 이동수단을 투입하는 경우엔 국가가 그 비용을 대신 지급할 수 있다. 이 경우 지력으로 비용을 부담할 수 없는 경우를 제외하고는 해당 재외국민은 외교부 장관이 합리적인 범위 내에서 청구하는 비용을 상환해야 한다.

영사조력 범위와 관련하여 외교부 해외안전상황실이나 해외 주재 우리 대사관은 해외여행 및 체류 중 사고나 범죄를 당하여 어려움에 부닥친 우리 국민을 보호하기 위해 최선을 다하고 있다. 하지만 이 중 일부는 주재국 법률 및 국제법 그리고 대한민국의 영사조력 지침에 따라 대사관이 도와주기 어려운 사항이 있다. 따라서 아래와 같이 영사조력 범위를 적시하고 있는데 외교부와 해외공관 홈페이지 외에도 언론과 SNS를 통해 좀 더 많이 홍보할 필요가 있다

2024.6.12

| 구분 | 이런 도움을 드리겠습니다 | 이런 도움은 드릴 수 없습니다 | 사고유형 |
|---|---|---|---|
| 여권 분실로 인한 긴급여권발급 신속해외송금제도 이용 | • 여권 분실시 여권 재발급 또는 여행증명서 발행<br>• 필요시 긴급여권 발급지원<br>• 신속해외송금제도 이용 지원 등 | • 재외공관 근무시간 이후 무리한 영사서비스 제공 (심야, 새벽, 휴일 등)<br>• 금전대부, 지불보증, 벌금 대납, 비용지불, 비용관련 교섭 등(의료비, 변호사비, 보험료 등)<br>• 구금자의 석방 또는 감형을 위한 외교협상 등 | • 여권분실 및 여권훼손<br>• 현금, 신용카드 등 분실, 도난 |

| | | | |
|---|---|---|---|
| 정보제공 | • 재외국민 환자발생 또는 범죄피해시 의료기관 및 관계기관에 관한 정보제공<br>• 재외국민 범죄피해시 구제를 위한 주재국 제도·절차안내<br>• 우리 재외국민이 체포·구금·수감시 변호사·통역인 명단 제공 및 형사재판절차 안내 등 | • 통·번역 또는 법률자문 직접 제공<br>• 통·번역비, 소송비, 의료비 등의 지불보전보증<br>• 사적 민사 분쟁의 해결 및 이에 대한 지원 또는 개입 등 | • 환자(질병)<br>• 절도·소매치기<br>• 교통사고<br>• 혐오범죄 |
| 긴급조치 노력 | • 시급한 환자 발생시 연고자 및 관계기관과 협의하여 치료를 받을 수 있도록 노력<br>• 긴급구조 요청 접수시 주재국 관계기관에 구조요청 등 가능한 모든 조치 | • 각종 신고서 발급 및 대행<br>• 사건·사고 관련 상대측과의 보상 교섭 등 | • 해외 위난상황 (자연재해, 전쟁, 테러, 항공기·선박·철도 등 교통사고)<br>• 성범죄(피해 |
| 연고자 파악 및 고지 | • 재외국민 사망·실종 및 미성년자·환자인 재외국민의 사건·사고 발생시 연고자 파악·고지 등 | • 재외국민 본인 의사에 반하는 연고자 파악·고지 등 | • 실종<br>• 연락두절 |
| 재외국민 접촉 | • 재외국민 체포·구금·수감시 접촉(영사접견)<br>• 수감된 재외국민에 대한 정기적인 방문·면담을 통한 접촉 등 | • 수감된 재외국민의 연고자 면회에 소요되는 비용 지원 등 | • 체포·구금·수감시 |
| 관계기관 협조요청 | • 우리 재외국민이 체포·구금·수감시 국제법과 주재국 국내 법령에 따라 인도적 대우 및 신속하고 공정한 수사재판을 받을 수 있도록 주재국 관계기관에 협조요청 등<br>• 우리 재외국민이 범죄피해시 주재국 관계기관에 신속하고 공정한 수사요청 | • 주재국 수사 또는 사법절차에 해당하는 업무 수행<br>• 주재국 수사·사법절차에 대한 부당한 개입 또는 압력행사 등<br>• 범죄수사, 범인체포, 직접적인 신변보호 등 | • 체포·구금·수감시 |
| 유실물 관리 | • 유실물 습득시 2개월간 재외공관보관(2개월간 반환요청이 없을시 국내 경찰청으로 이송)<br>• 국내 경찰청 홈페이지에 유실물 관련 정보 게시 등 | • 유실물 무기한 보관<br>• 유실물 보관 및 반환에 필요한 비용부담 등 | |

헌법 제2조 2항을 엄격하게 해석하면 해외사건사고를 당한 재외국민을 보호하는 것은 해외에 여행, 체류하거나 거주하는 대한민국 국적을 가진 사람만이 보호 대상이며 국적에 상관없이 한민족의 혈통을 가지고 해외에 거주하고 있는 재외동포 모두가 해당이 되는 것은 아니다. 다시 말하면 약 700만 명의 재외동포 중 대한민국 국적을 보유하고 참정권이 보장된 약 250만 명의 재외국민이 보호 대상이다. 하지만 해외에서 사건·사고나 태풍, 지진과 같은 자연재해로 피해를 본 상황에서 즉각적으로 우리나라 국적 보유 여부를 판단하기 어려우므로 일단 필요한 영사조력을 시행하고 외국 국적을 보유한 것이 확인되면 국적 보유국에 사건을 이첩하거나 영사보호 또는 영사조력을 제공하도록 요청하여야 한다.

### 다. 디지털 기반 영사 서비스 혁신 및 해외 위난 대응체계 수립

4차 산업혁명 시대에 걸맞게 챗봇 기반 상담시스템을 구축하고, 빅 데이터를 활용하거나 인공지능 기반 영사콜센터 차세대 서비스를 확산할 필요가 있다. 예를 들면 테러나 내전 등 고위험 국가를 대상으로 맞춤형 안전문자를 제공하기 위해 대테러본부 등 관계 부처에 데이터 분석자료를 공유할 필요가 있다. 복잡·다변화되고 있는 위난 유형에 대해, 그간의 대응 사례와 경험을 적극적으로 반영하여 현실성 있는 해외 위난 대응체계를 수립하여야 한다.

이를 위해서는 감염병, 피랍, 정정불안, 증오범죄 등에 대한 매뉴얼을 보완하고 재외공관별 테러, 지진, 감염병 등 주재국 내 위난 상황을 상정하여 한인회·현지 지상사와 함께 연 1회 이상 합동 도상훈련을 확대함으로써 해외 위난 상황 발생 시 즉각적이고 효과적인 대응태세를 마련하는 것이 중요하다. 또한, 신속한 해외안전정보 제공 플랫폼을 구축하여 관계 부처, 지방자치단체, 여행사나 선교단체 등 이해관계자와 정보를 공유하여 쌍방향 소통이 신속히 이루어지도록 노력해야 한다.

### 라. 해외재난 발생 시 국내외 협업 네트워크 구축 및 제도화 필요

해외 위난 발생 시 중앙-지자체-시민 범정부 차원 협업 시스템을 강화할 필요가 있다. 현재 해외에서 위난 상황이 발생하면 외교부 장관이 총괄본부장이 되어 위난 상황 해결을 위해 노력하고 있지만, 해외 위난 상황에 따라 전문성을 가진 해당 부처와 지방자치단체의 협력이 절실히 필요하다. 또한, 신종 감염병이나 기후변화로 인한 태풍 등 자연재해 등 해외 위난 상황이 발생하면 외교부 해외안전상황실에 관계 부처 전문가가 즉각 파견되어 협업하는 체제가 구축되어야 한다.

### 마. 영사 분야에 대한 양·다자 간 국제협력 강화

우리 국민의 피해가 많은 국가를 대상으로 양자 영사협정을 추가로 체결하거나 기존 체결된 내용을 보완하여 재외국민 보호 체계를 정비하고 제도화해 나가는 노력이 필요하다. 그리고 양자 영사협정을 기초로 해외 체류 우리 국민 편익 증진 및 영사 관련 현안을 협의하는 양자 영사협의체를 현재 13개 국가에서 우리 국민에게 피해가 발생하는 사건·사고가 자주 일어나는 국가로 더욱 확대 운영하여야 한다.

2025년 5월 26일부터 5월 30일까지 해외에서 우리 국민 관련 사건·사고 또는 재난 발생 시 현지 정부와의 적극적인 협력 기반을 구축하기 위해 5개

국가(가나, 레바논, 말레이시아, 캄보디아, 페루)의 치안·재난 관계자들(5명)을 대상으로 「2025년도 제1차 치안관계자 초청사업」을 실시했다. 5개 국가 치안·재난관계자들은 이번 방한을 통해 우리나라 치안·재난 시스템과 문화에 대해 더욱 깊게 이해하게 되었으며, 이를 바탕으로 우리나라를 더욱 적극적인 상호 협력 파트너로 인식하게 되었다고 평가하는 한편, 향후 현지에서 우리 국민 대상 사건·사고 발생 시 신속한 지원과 적극적인 협조를 약속한 성과를 거두었다. 이처럼 외교부는 2015년부터 연 2회 재외국민 보호 역량 강화를 위한 네트워크 구축을 목적으로 해외 치안·재난 기관의 책임자들을 초청해 오고 있는데 해외 치안·재난기관과의 긴밀한 협조체계 구축을 위해 재외국민의 사건·사고가 자주 발생하는 국가의 치안관계자 초청사업을 더욱 확대해야 한다.

아울러 우리나라가 의장국이 되어 2016년 10월에 인천 송도에서 성공적으로 개최한 제3차 세계영사 포럼(Global Consular Forum)의 결과물인 '서울 선언문'을 구체적으로 이행하기 위해 운영위원회 소속 국가로서 국제적인 리더십을 발휘해야 한다. 그리고 세계영사 포럼이 상설적으로 운영되도록 제3차 세계영사 포럼에서 우리가 제의한 사이버 영사사무국을 운영하는 방안도 적극적으로 검토해 나갈 필요가 있다.[2]

---

2 한동만, "우리 국민의 해외 체류와 여행 시 사건·사고와 재외국민 보호", 한국외교협회 계간 외교, 외교 제147호, 2023.10, pp.53-57.

**부록**

# 스웨덴 영사 재정 지원법 전문

## 영사 재정 지원법(2003:491)

스웨덴 법령집(SFS)에는 현행 법률과 규정이 포함되어 있습니다. 헌법이 개정되면 기존 헌법은 새로운 헌법으로 대체됩니다.

SFS 번호: 2003:491

부처/기관: 외무부

발급: 2003-06-26

개정: SFS 2018:205까지

개정 등록: SFSR(정부 사무실)

원천: 전문(정부 사무실)

### 가) 일반 조항

제1조 해외 개인에 대한 재정 지원(영사 재정 지원)은 이 법의 규정에 따라 스웨덴 대표부와 영사관을 통해 제공된다. 영사 재정 지원은 9~13절에 명시된 대로 개인이 상환해야 한다.

제2조 이 법을 적용할 때 누군가가 스웨덴에 거주하고 있는지 여부는 제5장의 스웨덴 거주에 관한 규정에 따라 결정된다.

사회보험법. 법률(2010:1288).

제3조 영사 재정 지원은

1. 스웨덴에 거주하는 스웨덴 시민,

2. 스웨덴에 거주하는 난민 및 무국적자에게 제공될 수 있다.

제4조 특별한 사유가 있는 경우, 영사 재정 지원은

1. 스웨덴에 거주하지 않는 스웨덴 시민,

2. 제3조에 언급된 사람 외의 스웨덴에 거주하는 외국인에게도 제공될 수 있다.

제4조 a. 영사 재정 지원은 스웨덴이 유럽 연합의 다른 회원국과 관련하여 지고 있는 영사 의무에 따라 제공되는 범위 내에서 유럽 연합 시민과 그 가족에게도 제공될 수 있다. 이는 2015년 4월 20일자 제3국에서 대표자가 없는 유럽 연합 시민의 영사보호를 용이하게 하기 위한 조정 및 협력 조치에 관한 이사회 지침(EU) 2015/637에 따라 이루어졌으며, 원래 문구 그대로 95/553/EC 결정을 폐지한 것이다. 법률(2018:205).

제5조 스웨덴에서 본인 또는 가까운 친척의 고용 또는 자영업자로서의 사업으로 인해 다음의 사회적 혜택에 관한 권리를 얻을 수 있는 외국 시민은

1. 연합법,

2. 유럽 경제 지역(EEA)에 관한 협정,

3. 유럽 공동체와 그 회원국과 스위스 간의 인적 이동의 자유에 관한 협정에 따라 스웨덴 시민과 동일한 대우를 받아야 한다. 정부 또는 정부가 지정한 기관에서 발행한 규정에 명시된 조건에 따라 영사 재정 지원을 받을 권리. 법률(2010:1021).

### 나) 도움 받을 권리

제6조 해외에서 괴로움이나 기타 어려움을 겪어 재정 지원이 필요한 사람은 다른 방법으로는 필요를 충족할 수 없고 지원이 제공되는 것이 합리적일 경우 영사 재정 지원을 받을 자격이 있다.
필요한 비용에 대하여 합리적인 금액으로 지원을 제공한다.
정부 또는 정부가 지정한 기관에서 발행한 규정에 따라 사망자에게 지원이 제공될 수도 있다.
제7조 해외 법원 또는 기타 기관의 결정에 의해 자유를 박탈당한 사람에 대한 영사 재정 지원에는 예비 조사, 재판 또는 이와 같은 기타 절차 동안의 조사, 증거, 변호인 및 통역 비용이 포함될 수 있다. 이는 자유를 박탈당한 사람이 그러한 지원에 대한 특별한 필요가 있는 경우에 해당한다.
첫 번째 문단에 언급된 지원은 해당 절차가 자유 박탈로 이어질 가능성이 있고 특별한 이유가 있는 경우, 자유를 박탈당하지 않은 사람에게도 제공될 수 있다.
제8조 해외에서 폭력 범죄의 피해를 입은 사람을 위한 영사 재정 지원에는 범죄 수사, 증거 조사, 법적 지원 및 피해자가 권리를 행사하는 데 필요한 통역 비용이 포함될 수 있다.

### 다) 상환 및 보상의무

제9조 제6조에 따라 지원을 받은 자는 지원받은 지원을 국가에 상환하여야 한다.
18세 미만자에게 지원이 제공된 경우 보호자도 상환 의무가 있다.

지원이 스웨덴 선박에 근무 중이거나 근무했던 선원이나 다른 사람에게 제공되었고 그 지원이 법규나 협정에 따라 선박 소유자가 책임을 져야 하는 비용을 충당하기 위해 제공되었을 경우, 선박 소유자도 상환 의무가 있다.

제10조 범죄에 관한 재판 또는 예비수사를 위하여 제7조에 따라 지원을 받은 사람이 그 범죄로 인하여 유죄판결을 받은 때에는 그 지원금을 국가에 반납하여야 한다.

범죄에 관한 재판 또는 예비수사를 위하여 제7조에 따라 지원을 받은 사람이 무죄판결을 받은 때에는 특별한 사유가 있는 경우에만 지원금을 국가에 반납하여야 한다.

범죄에 대한 재판 또는 예비수사를 위하여 제7조에 따라 지원을 받은 사람이 유죄 여부가 판단되지 아니하는 경우, 지원을 받은 사람은 사정을 고려하여 합리적인 범위 내에서 국가에 그 지원을 상환하여야 한다.

제11조 제7조에 따라 범죄의 재판 또는 예비수사 외의 목적으로 제공된 지원을 받은 자는 사정을 고려하여 합리적인 범위 내에서 지원금을 국가에 상환하여야 한다.

제12조 제8조에 따라 지원을 받은 자는 특별한 사유가 있는 경우에만 지원금을 국가에 상환하여야 한다.

제12조 a. 국가가 원래 문구대로 이사회 지침(EU) 2015/637에 따라 제공되는 영사보호 비용을 유럽연합의 다른 회원국에 상환한 경우, 영사보호를 받은 사람은 이 비용을 국가에 상환해야 한다. 법률(2018:205) .

제13 조 제9조 또는 제10조 제1항에 따른 상환 의무 또는 제12조 a.목에 따른 배상 의무는 지급 의무자의 개인적 또는 재정적 상황과 일반적인 상황과 관련하여 특별한 사유가 있는 경우 조정 또는 면제될 수 있다.

제10조 및 제11조에 따른 상환의 경우 제31장은 사법소송법 제1조 제3항

을 준용한다. 법률(2018:205).

### 라) 수수료

제14조 제6조에 따라 제공된 지원을 상환할 의무가 있는 사람은 지원에 대한 수수료를 지불해야 한다.

### 마) 환불 결정

제15조 다른 유럽연합 회원국이 제공한 영사 재정 지원의 상환 및 영사보호 비용에 대한 국가 보상과 관련된 문제는 정부 기관에서 조사한다. 법률(2018:205).

### 바) 수집

제16조 지급의무 결정이 확정된 경우 지급되지 아니한 환불금, 배상금 및 수수료는 징수를 위하여 제출하여야 한다. 징수에 관한 규정은 국가채무 등의 징수에 관한 법률(1993:891)에 명시되어 있다. 징수가 이루어지는 경우, 집행은 시행법에 따라 이루어질 수 있다.
정부는 소액의 경우 회수를 요청할 필요가 없다고 규정할 수 있다. 법률(2018:205).

사) 권한 부여

제17조 정부 또는 정부가 지정한 당국은 영사 재정 지원을 받을 권리에 대한 추가 규정을 규정할 수 있다.
정부 또는 정부가 지정한 당국은
1. 사망자와 관련된 영사 재정 지원 및
2. 제14조에 따른 수수료에 관한 규정을 규정할 수 있다.

아) 항소

제18조 이 법에 따른 사항에 대한 결정은 일반 행정법원에 항소할 수 있다. 항소법원에 항소하는 경우 항소 허가가 필요하다.

과도기 조항

2003:491

1. 이 법은 2003년 9월 1일에 발효되며, 이때 해외 스웨덴 국민 등에 대한 재정 지원에 관한 법률(1973:137)(구법)은 더 이상 적용되지 않는다.
2. 영구 재정 지원에 관한 구법의 규정은 2003년 8월 말에 그러한 지원을 받고 있던 사람들에게 여전히 적용된다. 이러한 지원이 발효 후에 제공된 경우, 상환되지 않는다.

## 저자 소개

**한동만** dmhan85@gmail.com

연세대 정치학사

프랑스 파리1대학 국제행정 석사

알제리, 영국, 호주, 뉴욕, 워싱턴에서 근무

외교부 안보정책과장, 청와대 외교안보수석실 행정관, 통상홍보기획관, 국제경제국장, 주샌프란시스코 총영사, 재외동포영사 대사, 주필리핀 대사 역임

현 성신여대, 연세대, 가톨릭대 초빙교수, 서울대 아시아 연구소 방문학자

〈주요 저서〉

『영사외교의 이론과 실제』(공저, 2024, 글로벌콘텐츠)

『국제질서의 변곡점에 선 한국외교의 고뇌』(공저, 2024, 박영사)

『대한민국의 신 미래전략, 아세안이 답이다』(2019, 글로벌콘텐츠)

『실리콘밸리의 혁신, 창조경제의 꽃을 피우다』(2015, GNP Books)

『한국의 10년 후를 말한다: 글로벌 메가트렌드 변화와 우리의 미래전략』(2011, 한스미디어) 외 다수


**이상진** sjlee0228g@gmail.com

서울대 공법학과 학사

일본 도쿄도립대 정치학 석사

일본, 뉴질랜드에서 근무

총리실 경제조정실장, 행안부 국가기록원장, 재외동포영사 대사, 재외동포영사실장, 주뉴질랜드 대사 역임

현 연세대 객원교수, 숭실대 겸임교수, 성신여대 강사

〈주요 저서〉

『영사외교의 이론과 실제』(공저, 2024, 글로벌콘텐츠)

**백범흠** bekberge@naver.com
연세대 정치학사
경제외교대학 정치학 박사
오스트리아, 우즈베키스탄, 중국, 독일에서 근무
주중국대사관 총영사, 주다롄 영사사무소장, 주프랑크푸르트 총영사, 강원도청 국제관계대사, 한중일 3국협력사무국 사무차장 역임
〈주요 저서〉
『한국의 기원을 찾아서』(2022, 늘품플러스)
『지식인을 위한 한·중·일 4000년』(2020, 늘품플러스)
『통일 외교관의 눈으로 보다』(2019, 늘품플러스) 외 다수


**하태역** taeyouk23@gmail.com
고려대 독어독문학사
영국 옥스퍼드 외교관 과정 수료
영국 LSE(런던정경대학) 경제사 석사
휴스턴, 체크, 독일 이외 모스크바에서 세 번 근무(정무공사)
외교부 러시아.CIS과장, NSC 파견, 청와대 외교안보수석실 행정관, 유럽국장, 주키르기스스탄 대사, 주스웨덴 대사 역임
현 대한민국시도지사협의회 국제관계지원실장


**김완중** 912apple@gmail.com
외교부 동아시아통상과장, NSC 북핵 및 동북아 담당 행정관, 재외동포영사국장, 기획조정실장, 영사실장, LA 총영사, 호주 대사 역임
현 대한상의 ABAC 특별고문
〈주요 저서〉
『라성에 가면』(2020, 컬처플러스)


**안영집** youngjip87@gmail.com
서울대 외교학과 학사
미국 펜실베이니아대 정치학과 석사
워싱턴, 나이지리아, 영국 주재 한국대사관 근무, 뉴욕 소재 한반도에너지개발기구(KEDO) 정책부장 근무
청와대 외교안보수석실 행정관, 외교부 정책총괄과장, 북미국 심의관, 재외동포영사국장,

주제네바 차석대사 겸 군축대사, 주그리스 대사, 주싱가포르 대사 역임
현 한국외국어대학교 초빙교수

〈주요 저서〉

『역사와 문명속에 그리스 산책』(2020, 박영사)

『싱가포르 성공의 50가지 비결』(역서, 2020, 박영사)

『싱가포르 시각에서 바라본 미국』(역서, 2022, 박영사) 외 다수


**마영삼** ysma81@gmail.com

고려대 정치학사

Georgetown University 외교학 석사

미국, 유엔, 방글라데시, 이스라엘, 팔레스타인, 덴마크에서 근무

외교부 인권사회과장, 아프리카중동국장, 초대 공공외교 대사, 청와대 외교안보수석실 행정관, 총리실 의전과장, 주이스라엘 대사, 주팔레스타인 초대 대표, 덴마크 대사 역임

현 고려대 아세아문제연구원 연구위원, 제주대 영사외교센터 자문위원, 외교부 공공외교 자문위원

〈주요 논저〉

『영사업무와 외교』(2024, 온누리디앤피): 번역 감수

「이스라엘-하마스 전쟁과 국제규범의 적용」(논문, 『외교』, 2024)

「팔레스타인의 유엔 지위 격상으로 바라본 한국의 이-팔 정책 방향」(논문, 『한국중동학회논총』 제34권 제1호, 2013)

"Israel's Role in the UN during the Korean War"(*The Israel Journal of Foreign Affairs*, 2010) 외 다수


**이정규** jklee87@mofa.co.kr

서울대 경제학과

런던정경대(LSE) 국제정치학 석사

북한대학원 대학교 북한학 박사

영국, 리비아, 미국(워싱턴), 인도 주재 대사관 근무

주스웨덴 대사, 외교부 한미안보협력과장, 국방부 국제정책관, 외교부 차관보, 청와대 국가안보실 정책조정비서관 겸 NSC 사무차장 역임

현 세종연구소 객원 연구위원, 한국국제협력단 비상임 이사

〈주요 저서〉

『스웨덴과 한반도』(2023, 리앤윤)

**장명수** myungsoojang@hotmail.com
한국외대 스페인어과 학사
뉴욕, 헝가리, 칠레, OECD 사무국 근무
외교부 경제기구과장, 중남미국장, 주콜롬비아 대사, 주아르헨티나 대사 역임
현 대구가톨릭대학교 초빙교수, KOTRA 비상임이사

**이희철** hclee02@gmail.com
한국외국어대학교 문학사
튀르키예 국립 가지(Gazi)대학교 국제관계 석·박사
전 주튀르키예 앙카라 총영사, 튀르키예 국립 중동공과대학교(Middle East Technical University) 한국국제교류재단 객원교수
현 서울디지털대학교 교양과정 객원교수, 대한민국 외교부 외교정책 자문위원, 튀르키예 국립 역사위원회(TTK) 한국대표 회원
〈주요 논저〉
『오스만제국 600년사』(2022, 푸른역사)
『중간세계사 비잔티움과 오스만제국』(2024, 리수)
「18세기 프랑스에서 튀르크 문화의 재현(Turquerie)에 관한 연구」(2020, 『지중해지역연구』)
「오스만제국 동양학자 디미트리에 칸테미르(1673-1723)」(2021, 『역사문화연구』)
「한국·터키 관계 65년의 성취와 전망」(2022, 『외교』)
"The Global perception on the Three Great Cuisines in the World: Focused on the exploration of the historical background of Turkish cuisine's inclusion in the 'three'" (*Mediterranean Review*, 2021) 외 다수

**한의석** eshan@sungshin.ac.kr
중앙대 정치외교학사
중앙대/올바니 뉴욕주립대 정치학 석사
University of Southern California 정치학 박사
도쿄대 사회과학연구소 객원연구원, 한국정당학회 부회장, 한국공공외교학회『공공외교: 이론과 실천』편집위원장 역임
현 성신여대 정치외교학과 교수, 동아시아연구소장, 사회과학대학 학장, (재)한국의회발전연구회 감사
〈주요 논저〉
『빅데이터와 정치』(공저, 2024, 푸른길)

「이시바 정권의 국내 정치 상황과 일·미·한 관계」(2025, 『일본연구논총』, 제61호)
「재일 조선인의 대규모 북한 이주와 촉진요인」(2024, 『국가와 정치』, 제30집 제2호)
「대립하는 세계와 한국의 공공외교」(2023, 『공공외교: 이론과 실천』, 제3권 제2호) 외 다수